여자는 우주를
혼자 여행하지 않는다

THE HEROINE'S JOURNEY

Copyright © 2020 by Gail Carriger

Korean translation published by arrangement with
Nelson Literary Agency, LLC through Danny Hong Agency

이 책의 한국어판 저작권은 대니홍에이전시를 통한 저작권사와의
독점 계약으로 원더박스에 있습니다.
저작권법에 의해 한국내에서 보호를 받는 저작물이므로 무단전재와 복제를 금합니다.

여자는 우주를 혼자 여행하지 않는다

게일 카리지 지음 · 송경아 옮김

여성 영웅 서사의 세계

The Heroine's Journey

윈더박스

시작하며

나는 평생 훌륭한 선생님들께 배우는 축복을 받았지만, 그중에서도 오벌린 대학교 고전학부의 토마스 반 노트윅 선생님은 최고의 선생님이었다. 그래서 나의 여정을 시작하게 해주신 그분께 이 책을 바친다.

제게 왕관을 부수고 올림푸스산에서 내려오는 방법을 알려주셔서 감사합니다…….

그래, 이 말은 별로다.

이건 어떨까?

물러났다 되돌아오는 전형적인 패턴으로, 저는 이십여 년이 흐른 후 당신의 가르침으로 다시 돌아왔습니다. 제가 그 가르침을 그동안 내내 활용하고 있었다는 것을 전혀 깨닫지 못하면서요.

V 선생님. 저는 우리 모두 기대했던 대로 고전 고고학 교수가 되지는 못했습니다. 솔직히 말해서, 라틴어에는 절대 합격하지 못할 것 같았어요. 그렇지만, 4년 동안 베풀어주신 교육에 대해서는 말로 표현할 수 없을 정도로 깊이 감사드립니다.

선생님들은 그분들이 사람의 삶을 변화시키고 새로운 모험을 시작하게 만들었다는 것을 알고 계실까요? 알고 계셨으면 좋겠습니다.

제 '여성 영웅의 여정'에서 친구이자 멘토가 되어주셔서 감사합니다.

서문

여성 영웅의 여정

'여성 영웅의 여정'은 '남성 영웅의 여정'과 완전히 다른 서사 구조이다. '여성 영웅의 여정'은 존재한다. 그것은 언제나 존재해왔고, '남성 영웅의 여정'에서 파생된 것이 아니며, '남성 영웅의 여정'을 원천으로 하지도 않는다. 나는 아주 오랫동안 모든 사람이 이 사실을 안다고 생각했다.

내 생각이 틀렸다.

그래서 (소설가인) 내가 이 논픽션 책을 쓰게 된 것이다.

논픽션의 가장 오래된 요령은 세 가지라고 한다.

❶ 앞으로 할 일을 말한다.
❷ 그 말대로 한다.
❸ 한 일을 말한다.

사실일까? 만약 당신이 섹스 신을 쓰고 있다면 이것은 야한 이야기에도 똑같이 적용된다⋯⋯ 혹은 삶 자체에도.

그래서 앞으로, 나는 '여성 영웅의 여정'의 기본사항을 말하고 그것을 '남성 영웅의 여정'과 비교해서 이야기할 것이다.

그다음에는 고대 신화와 현대 대중문화를 활용해 그 기본사항에 대한 증거를 제시할 것이다. 그다음 그것들을 모두 분류해서 여러분 스스로 활용할 수 있도록 할 것이다. 마지막으로는, 여러분에게 내가 처음에 한 말을 상기시킬 것이다. 지식은 최고로 야한 이야기이다.

그럼, 우리가 올바른 길에서 시작하기 위해서 말해보자.

'남성 영웅의 여정'을 짧게 한 문장으로 요약하면 이렇다: '주인공은 소란스럽게 전진하면서 점점 혼자가 되고, 날카로운 무기들로 악당을 계속 찌르다가 결국 악역을 죽여버리고, 영광과 명예를 얻는다.'

'여성 영웅의 여정'을 짧게 한 문장으로 요약하면 이렇다: '주인공은 성큼성큼 전진하면서 좋은 친구들과 함께 점점 더 많은 네트워크를 형성하고, 그들과 다른 사람들이 함께 승리하도록 만든다.'

걱정하지 말자, 양쪽 여정 둘 다의 (이렇게 경솔하지 않은) 정의가 이제 더 많이 나올 것이다.

그러나 나는 내숭 떨지 말고 처음부터 여러분께 이야기를 펼쳐놓으라는 말을 많이 들었다.

그러니 더 펼쳐놓아보자.

・・・

본질적으로 '여성 영웅의 여정'은 ('다섯 가지 주요 성분'으로 알려지기도 한) 다섯 가지 중대한 스토리텔링 방식에서 '남성 영웅의 여정'과 다르다.

목적
여행의 목표나 초점이 다르다. 남성 영웅은 보통 적을 이기거나 대단히 중요한 보물을 찾아내는 데 관심이 있다―옛날 비디오 게임의 퀘스트들을 생각해보라.

여성 영웅은 자기가 빼앗긴 누군가와 재결합하려고 한다. 그녀의 관심은 네트워크를 형성하고, 다른 사람들과 연결되고, 가족을 발견하는 데 있다.

접근방식
남성 영웅은 대부분의 경우 공세적으로 행동한다. 그는 목표를 능동적으로 추구하고, 상대를 죽이거나 (오디세우스의 경우처럼) 속여서 승리를 얻는다. 그의 적은 정체(停滯)다.

여성 영웅은 의사소통과 정보 수집을 통해 목표를 성취하러 다닌다. 그녀는 정복자가 아니다. 건설자고 장군이다―다른 사람들 속에서 기술과 힘을 발견하고 어떻게 해야 그것을 가장 잘 적용할지 안다. 그녀는 대표자이고, 이 점은 스토리텔러들에게 아주 유용하다. 그러면 생기 있고, 도움이 되며, 매우 매력적인 조연 인물들을 만들기 쉽기 때문이다. 또 이 점은 주인공을 인간답게 만들고, 주인공은 자기가 잘하는 것이 무엇이고 다른 사람이 더 잘할 수 있을 때가 언제인지 알 정도의 자의식을 가진다.

그녀의 적은 외로움이거나 고립이다.

힘

여성 영웅에게 힘의 정의는 남성 영웅이 느끼는 힘의 정의와 물리적으로 다르다. 남성 영웅은 결국 목표를 혼자 힘으로 달성해야 한다. 그의 여정은 보통 그의 적이 일대일 대결에서 패배할 때 절정에 달한다. 그에게는, 도움을 청한다는 것이 약하다는 징표다. 그는 자기 자신의 힘으로 성공하기 위해 문명과 가족이라는 제약을 버려야 한다.

여성 영웅은 그 반대다. 도움을 요청하는 것이 힘의 징표다. 그녀의 여정에서 도움을 구하고 받아들이는 것은 여성 영웅을 깎아내리지 않는다. 사실, 더 많은 동반자를 갖게 될수록 그녀는 더 강해진다. (그리고 당신이 이런 생각에 당혹스러워한다면, 당신은 '힘'이 무엇을 뜻하는지 당신 자신의 개인적인 정의에 대해서, 그리고 당신 주위의 서사가 거기에 어떤 영향을 미쳤는지에 대해서 곰곰이 생각해봐야 할 것이다.)

권력

위의 모든 것들의 결과로서, 여성 영웅이 자신의 가장 강력한 서사와 상징적인 순간들을 보여줄 때는 '다른 사람들과 함께' 있을 때일 것이다. 그것들은 주로 강렬한 의사소통과 섹스, 로맨스, 우정 또는 가족 관계라는 맥락 속에서 통합되는 특징을 가진다.

남성 영웅이 가장 강력할 때 그는 혼자다. 그의 퀘스트는 자기 자신에게만 성공 여부가 달려 있으며, 압도적인 역경에 맞선 독립적 성취이기 때문이다. 그의 상징적 순간들은 다른 사람에 대해 지적이나 육체적인 우월성을 보여주는 순간들일 것이다.

결말

스스로 고립될 필요가 있기 때문에 남성 영웅은 자기 목표를 위해 너무 많은 것을 희생시켜왔다. 그래서 그의 여행의 결말은 달콤쌉쌀하다. 결말에서 그는 주로 혼자 있는 모습으로, 천천히 시점이 멀어지면서 강렬한 연민의 감정을 느끼게 하는 장면으로 그려질 것이다. 그는 자기가 구한 세계에 도로 어울리기에는 너무 강력해져버렸거나, 단독으로 있는 모습으로 너무 많이 변해버려서 더 이상 집단 속에 존재할 수는 없다.

남성 영웅 서사의 결말에는 가슴 아픔이 전형적으로 들어간다―외로운 죽음, 심한 음주, 은둔하기.

여성 영웅은 해피엔딩을 맞을 가능성이 더 높다. 친구와 가족들에게 둘러싸여서, 안전이 계속되리라는 암시와 함께 끝난다.

・・・

다섯 가지 주요 성분에 대한 후속 정보들

위의 이야기들은 넓은 견지에서 살펴본 것이다. 나는 세부 사항으로 좁게 들어가기 전에 여러분에게 본질적인 이야기들을 하고 있다. 다른 말로 해서, 이것들은 칵테일파티에서 쉽게 설명할 수 있는 다섯 가지 이야기이다(그렇다, 나는 모임에 잘 가는 타입이다. 함께 여성 영웅의 여정에 대해 이야기할 수 있는 모임이라면).

한 가지 중요한 참고 사항을 말하겠다. 생물학적인 성별 특성은 주인공이 남성 영웅인지 여성 영웅인지와 관계가 없다.

다른 말로 해서, 여성, 여성으로 정체화된 사람, 그리고 논바이너리 인물이 '남성 영웅(hero)'일 수도 있다. 그리고 남성, 남성으로 정체화된 사람, 그리고 논바이너리 인물이 '여성 영웅(heroine)'일 수도 있다.

그리고 한 가지 주의 사항도 알려둔다. (일단 두 가지 다른 여정이 있다는 것을 알면) 우리 인간들은 우리가 마주치는 모든 이야기를 한 가지 모델이나 다른 모델에 분류하고 맞추고 싶어 하는 경향이 있다. 우리는 이진법을 좋아한다. 간단하고 재미있으니까. 그러나 사물은 흑백일 때가 별로 없다―독자들에게나 창작자들에게나.

• • •

나는 스토리텔러들이 그 두 가지 모델을 기본적으로 이해하도록 설명하려고 한다. 여러분이 독자의 기대에 좀 더 잘 부응하려면 언제 그 내러티브 비트(beat)*들에 복종하고 언제 그것을 부수어야 하는지 깨닫도록 말이다.

이와 비슷하게, 나는 이런 이야기들의 소비자들을 교육하고 싶다. 그들이 자신들의 욕망을 더 잘 이해할 수 있도록.

부디, 당신이 마주치는 모든 대중문화를 이 두 가지 여정으로 분류하려고 하지 말라. 그렇게 분류하기 시작하면 광기가 일어날 것이다.

맞다, 많은 이야기들이 어떤 한 가지 여정이나 다른 여정에 딱 들어맞는다는 건 사실이다. 그러나 모든 이야기들이 그런 것은 아니다(나는 <블랙 팬서>를 말하고 있다). 나는 시점 교체

---

*   서사 내에서 가장 작은 이야기 단위.

서사, 버디 드라마, 앙상블 캐스트*들이 하나 또는 다른 여정에 편안하게 맞아 들어가며 연출될 수 있다는 커다란 혼란에 대해 이 책의 후반부에 이야기할 것이다.

분명히 하자면, 당신은 예전에도 여러 가지 형태로 여성 영웅의 여정을 읽어왔다. 당신은 그것을 봐왔다. 단지 깨닫지 못했을 뿐이었을지도 모른다. 어쩌면 더 매혹적이지 않은가? 당신은 그것을 사랑할, 심지어 더 많이 열망할 가능성이 크다.

나는 당신에게 이 서사의 당신 버전을 활성화하는 법을 알려주려고 한다. 소설, 대본, 게임의 작가로서, 아이를 위해 사려 깊게 책을 선택하는 부모로서, 혹은 당신 자신의 취향과 선호를 더 잘 이해하려고 하는 독자로서 이 서사를 깊이 이해할 수 있게 말이다.

이 책은 당신에게 여성 영웅의 여정을 이루는 것이 무엇인지 읽어내고, 밝혀내고, 이해하게 해주는 유용한 지식을 전해줄 것이다. 그리고 그럼으로써 어떻게 좋은 여성 영웅의 이야기를 쓰는지 알려줄 것이다.

---

* 군상극(群像劇). 거의 비슷한 비중의 배역들을 무대 위에 올리는 것을 말한다.

차례

시작하며 ····· *4*
서문 ····· *6*

CHAPTER *1*
이 책의 접근법 ····· *18*

왜 나는 이런 책을 썼는가? *21*
왜 당신은 이 책을 읽어야 하는가? *27*
당신이 대중문화를 잘 모른다면 *30*

CHAPTER *2*
용어에 대한 정의 ····· *32*

그것은 모두 섹스와 젠더에 대한 것이다 *35*
이 부분을 읽어라! *38*
글쓰기 용어와 전문용어 *42*

CHAPTER *3*
남성 영웅 서사의 비트, 주제와 메시지 ····· *50*

유의해야 할 것들 *53*
남성 영웅의 여정 1: <원더우먼> *56*
남성 영웅의 여정 2: <스타워즈: 에피소드 4 새로운 희망> *62*
남성 영웅의 추가적인 예시들 *65*
남성 영웅의 여정에 숨겨진 메시지 *66*
검토: 남성 영웅의 여정 서사 구조 *73*

CHAPTER 4
기본적인 구조와 근본적인 신화들 ····· 77

데메테르 신화의 개요 82
데메테르의 이야기 85
이시스 신화의 개요 92
이시스의 이야기 95
인안나 신화의 개요 102
인안나의 이야기 105

CHAPTER 5
여성 영웅 서사의 비트,
주제와 메시지 ····· 113

이 책에서 다루지 않는 여성 영웅의 여정 모델 117
알아두어야 할 것 120
여성 영웅의 여정 1: 『해리포터와 마법사의 돌』 130
여성 영웅의 여정 2: 『트와일라잇』 139
여성 영웅의 추가적인 예시들 150
여성 영웅의 여정에 숨겨진 메시지들 152

CHAPTER 6
왜 여성 영웅의 이야기는
평가절하되는가 ····· 164

여성적인 이야기는 주목받지 못한다 169
남성적인 이야기는 더 주목받는다 172
평가절하의 해로운 영향 175
왜 이런 일이 일어났는가? 181
고딕소설부터 시작된 비난 182

CHAPTER 7
복합 장르 문제 ····· 187
고딕 원형과 여성 영웅 *191*
고딕 트로프들과 여성 영웅 *199*
고딕의 부작용들 *212*

CHAPTER 8
서사의 변형 ····· 218
비극적 여정 *220*
부가적인 서사 요소 *223*
이것은 누구의 여정인가? *232*
버디와 사이드킥 *244*
배경 인물과 이중성 *251*
다중 시점 서사 *255*

CHAPTER 9
독자의 경험 ····· 259
독자의 기대 *263*
감정적인 후크와 라이터스 블록 *267*
독자를 배신하지 않기 *276*

CHAPTER 10
여성 영웅 이야기를 쓰는 법 ····· **284**

여성 영웅에게 동료들을 주기 *287*
매력적인 집단을 정의하고 거기에 소속시키기 *295*
알맞은 악당을 창조하기 *298*
권위 있는 조연 만들기 *305*
대화는 당신의 친구다 *311*
도움이 힘이 되도록 하기 *317*
성취를 나누기 *319*
당신의 캐릭터에 유머를 부여하기 *321*
고딕 트로프들을 사용해 장르를 드러내기 *326*
고딕 원형들을 사용해 독자를 놀라게 하기 *327*
상담 시간 *328*
여성 영웅이 되기 *332*

에필로그 ····· *336*

인용과 참고 자료 설명 ····· *342*

인용 ····· *344*

참고자료 ····· *350*

감사의 말 ····· *366*

CHAPTER 1

이 책의 접근법

목차를 이런 식으로 구성한 이유

나는 다수의 챕터 제목에 내용을 간략히 요약한 부제들을 달아놓았다. 나는 논픽션을 쓸 때도 이렇게 하는 것을 좋아하는데, 이렇게 하면 여러분도 내용을 건너뛰며 흥미가 있는 것을 골라 읽을 수 있다.

나는 시작하면서 우리가 공유할 용어와 단어의 기본적인 의미를 설명하려 한다. 내가 '주제(theme)' 같은 단어를 사용할 때 내게 '주제'가 무슨 의미인지 당신이 알 수 있도록 하기 위해서이다. 나는 인생에서 의미가(음, 의미와 DIY 가구 조립설명서가) 가장 주요한 오해의 원천이라는 것을 자주 깨닫는다.

전문 용어의 기초를 다진 후에는 남성 영웅의 여정을 개괄할 것이다. 작가들은 대부분 이미 남성 영웅의 여정을 기본적으로 이해하고 있기 때문에, 당신에게 남성 영웅의 여정에 대한 나의 관점을 알려주고, 내 작가적 관점이 어떻게 다른지(그리고 융 학파와 신화학적 분석의 핵심과 어떻게 다른지) 알려주려고 한다.

 그다음에는 여성 영웅의 여정에 있는 내러티브 비트들과 주제를 이해시키기 위한 토대로서 핵심적인 여신 기반 고대 신화 세 가지를 간추려 이야기할 것이다. 바로 다음 신화들이다.

- 데메테르(고대 그리스)
- 이시스(고대 이집트)
- 인안나(수메르) 혹은 이슈타르(아카드와 아시리아)

 이 첫 번째 부분들을 큰 틀로 삼아, 그다음에는 여성 영웅 여정의 비트, 주제, 트로프*, 원형, 기능, 메시지를 깊이 탐구할 것이다. 이것은 당신 자신의 작품, 다른 사람들의 작품, 그리고 당신을 둘러싼 세계 속에서 젠더화된 주제와 메시지들을 알아보기 위해 필요한 도구들을 줄 것이다.

---

* 특정 장르에서 반복적으로 사용되는 패턴이나 설정, 캐릭터 유형 등을 말함. 예를 들어 '신분 차이가 나는 연인'이나 '다윗과 골리앗의 대결' 같은 것들이다.

그다음 우리는 여성 영웅 여정이 당한 비평적, 사회적, 학문적 시민권 박탈에 대해 탐험하고, 그것을 여성 영웅 여정이 거둔 상업적 성공과 대조할 것이다. 로맨스 장르에 대한 비방은 여성 영웅 여정이 광범위하게 받는 비난의 손꼽히는 예이다. 코미디를 경박하다고 무시하거나 해피엔딩을 자연스럽지 못하며 연약하고 리얼리즘적이지 않거나 진부한 싸구려라고 보는 것도 마찬가지다.

우리는 여성 영웅 여정의 어떤 양상들이 설득력 있는 서사에 도움이 되는지 이야기하고, 그것들이 어떻게 적용될 수 있는지 실행 가능한 단계적 계획을 보여준 다음, 예시와 구체적인 팁을 들면서 책을 끝맺을 것이다. 다른 말로 해서, 여성 영웅의 여정을 어떻게 이용하면 독자의 기대를 조종하고 엔터테인먼트 세계를 지배할 수 있는지 알게 될 것이다!

왜 나는 이런 책을 썼는가?
작가의 고백

그러면, 어쩌다가 소설 작가가 논픽션을 쓴다는 커다란 위험을 떠맡게 되었는가?

자, 이야기가 나의 전문 분야이기 때문에, 나는 약간의 이야기로 시작할 것이다. 그렇지만 이 이야기는 사실이라고 보장한다.

> '고전 신화학과 철학에 열렬한 흥미를 갖고 고고학에 열정을 가졌으며 판타지를 쓰는 게 오랜 취미인 한 여성을 머릿속에 그려보라. 시각적인 모습을 원한다면, 긴 갈색 머리를 들쭉날쭉한 포니테일로 묶고, 부츠컷 청바지를 입고, 녹색 골지 바디 수트를 즐겨 입는다 — 어이, 이때는 1990년대였다고.'

자, 혹시 당신이 짐작하지 못했을까 봐 말해주는데, 그건 나다. 간단히 말하자면, 나는 고고학부를 우등으로 졸업했고 신학, 지질학, 인류학, 철학, 서양 고전학을 부전공했다. 그리고 미완성 판타지 소설 몇 편을 썼다. 그렇다, 전형적인 구식 책벌레 범생이다. 나는 배우는 걸 정말 좋아했고, 학제간

전공을 하는 학생은 부전공을 여러 개 고르는 경향이 있다.

그렇지만 내가 공식적으로 여성 영웅의 여정을 마지막으로 공부했던 때는 학교 때였다는 것을 고백해야겠다. 그러나 중요한 점은 이것이다. 여성 영웅의 여정을 배우자마자 나는 내가 이 서사에 얼마나 많이 끌렸는지 깨달았다.

나는 여성 영웅이 만드는 연결 속에서, 연대의 행위 속에서, 그녀가 만드는 희망 속에서, 그리고 정보(아니면 가끔은 육체의 부분들―이시스, 당신을 떠올린 것이다)의 수집에서 깊은 위로와 안정감을 얻었다.

나는 복수라는 관점에서 생각하는 사람이 아니다. 나는 혈혈단신으로 나가서 사람들의 머리를 베어내고 싶지 않다. 그런 일은 지저분하고 외로워 보이고, 머리를 베어내는 쪽이나 머리가 베어지는 쪽 양쪽 다 결코 좋은 끝을 보지 못한다. 그래서 남성 영웅의 여정은 나를 위한 것이 아닌 게 분명했다.

나는 가족에 대해서(대안가족이건 다른 방식의 가족이건) 읽고 쓰고 싶었고, 다른 사람들과 함께 퀘스트를 가고 싶었다. 아무렴, 그렇게 하자! 그러나 '함께' 그렇게 하자. 타협을 배우는 것은 지루해 보일 수도 있지만, 솔직히 훨씬 더 분별 있고 성숙해 보이기도 한다. 그리고 나 자신의 삶에 더 잘 적용되는 것은 확실하다.

그래서 나는 그 부분에서 이 서사에 깊이 끌렸다.

여성 영웅 여정은 내가 읽고, 보고, 쓰기를 즐겼던 이야기였다(지금도 그렇다). 그렇지만 내가 학교를 떠나서 세상으로 나왔을 때, 비평가들도, 대중문화에 열광하는 사람들도, 내 동료 작가들도, **아무도 그것에 대해 모르는 것 같았다.** 만약 안다고 해도, 그들은 확실히 그 트로프, 원형, 플롯 들에 대해 모든 사람들이 남성 영웅 여정에 대해서 하는 것 같은 방식으로 논의하려는 것 같지는 않았다.

이것은 이상하게 느껴졌다. 마치 좋은 것을 숨겨놓으려는 음모, 또는 여성 영웅 여정을 하찮게 보이게 만들려는 음모가 있는 것 같았다. 이 서사를 사랑한다는 것 때문에 내가 실제로 살짝 부끄러워질 정도였다.

이제 나는 말할 것이고, 그것도 자랑스럽게 말할 것이다.

"나는 모든 것이 행복하게 끝날 때를 좋아하고, 대부분의 경우 그것은 내게 **함께** 하는 것을 의미한다. 나는 인물들이 친구들이나 가족, 연인들이나 플라토닉한 관계에서 결속하는 것을 즐긴다. 내가 추구하는 것은 바로 연결이다."

• • •

여성 영웅의 여정을 사랑하기 때문에, 나는 내 주위 세계에서 여성 영웅의 여정을 찾기 시작했다. 내가 읽는 책 속에서만이 아니라, 내가 보는 영화와 텔레비전 속, 우리가 서로에게 말하는 이야기들 속, 심지어 우리가 우리 자신의 정체성과 우선순위를 구축하는 방식들에서도.

그리고 핵심은 이것이다. 여성 영웅의 여정(나는 이 책에서 그것을 펼쳐갈 것이다)은 서구 문화 어디에서나 발견되는 '고유한' 서사이다.

이 서사는 그것의 의도적인 주제와 우연한 메시지와 함께 사방에 나타난다. 그것은 대안 가족, 서로에 대한 충실성, 공동의 모험, 깊은 사랑의 이야기로 끓어오른다. 그것은 로맨스 소설 속에, 버디물 코미디 속에, 그리고 코지 미스터리 속에 있다. 그것은 역대 최고의 베스트셀러 시리즈 두 개의 토대이다(해리 포터와 트와일라잇 사가).

적어도 내게는 이 여정이 계속 눈에 보인다. 나는 여기에 대해 이야기하고 싶다. 외치고 싶다. 그러나 내가 여성 영웅의 여정에 대해 흥분해서 이야기하려고 할 때마다, 누군가가 내게 말한다…….

"뭐라고요?"

"당신이 말하는 이 '여성 영웅의 여정'이 뭐죠?"

"무엇에 대해서 말씀하시는 거예요?"

이십여 년 뒤로 건너뛰면, 어쩌다 보니 나는 고고학 실습을 그만두고 대신 베스트셀러 저자가 되었다.

이것은 여전히 내가 쓰고, 보고, 읽는 이야기이다. 이 여정은 감정적이고 개인적인 깊은 수준에서 여전히 내게 필요하고, 그것이 세계와 그 세계의 긍정적 가능성에 대해 말하기 때문에 여전히 내 주위의 세계에 중요하다. 그것은 서사의 독자, 시청자, 그리고 대중에게 매우 중요하다.

그런데도, 내가 "오, 여성 영웅의 여정이 얼마나 멋진데요, 바로 저거예요! 만세!"라고 말하면, 사람들은 여전히 이렇게 대답한다.

"그게 뭐예요? 그러니까, 저는 남성 영웅의 여정에 대해서는 알아요, 하지만 여성 영웅의 여정은 뭐죠? 그게 어떻게 다르죠?"

10년 동안 실제로 저자(라는 짐승으)로 지내고, 북투어를 다니고, 강의를 하고, 독자와 사서들과 서점 주인들과 토론을 하면서, 나는 여성 영웅의 여정에 대해서 언급하기 시작했다.

그리고 그럴 때면 '언제나' 누군가가 그것이 무슨 의미인지 설명해달라고 부탁했다.

・・・

나는 재미와 이익을 얻기 위해 여성 영웅의 여정을 쓰고, 발견하고, 이해하고, 도로 세상 속으로 보내는 것을 배울 수 있다고 믿는다. (전부는 아니라고 해도) 어떤 비트들을 신중하게 사용하면 스토리텔러들은 대중을 만족시키고 동시에 그들이 긴장을 늦추지 않게 할 수 있다.

역사와 현대 문화 속에서 이 여정의 입지를 연구하면 우리는 비평적인 편견과 대중의 열망 양쪽을 다 이해할 수 있다. 여성 영웅의 여정에 대한 의식적인 옹호와 소설의 기술을 결합하면 그 여정의 가치와 타당성에 대한 현대의 인식과, 마음이 통하는 연결에 대한 우리 자신의 필요를 변화시킬 수 있다는 사실은 말할 필요도 없을 것이다.

왜 당신은 이 책을 읽어야 하는가?
스토리텔러들에게는 여성 영웅의 여정이 필요하다

 당신의 인물들이 당신이 원하는 방식대로 행동하지 않은 적이 있었는가? 당신의 이야기가 당신과 싸우고 있는가? 당신의 플롯이 막혀 있다고 느끼는가? 페이스가 맞지 않는 것 같은가? 그것은 당신이 어느 여정을 따라 이야기를 휘갈겨 쓰고 있다고 생각하는데 실제로는 다른 여정을 쓰고 있기 때문일 수도 있다.

 독자로서, 당신은 책에 배신당했다고 느껴본 적이 있는가? 그래서 온라인으로 뛰어가서 서평들을 읽고, 다른 모든 사람들도 그랬다는 것을 발견한 때가 있는가? TV 프로그램이나 영화에서 똑같은 경험을 한 적이 있는가? 그것은 모든 사람들이 그 책의 결말을 매우 싫어하기 때문일 수도 있다. 그 책의 저자가 독자들로 하여금 그것이 어떤 여정이라고 믿도록 이끌어 왔다가 마지막 순간 다른 것으로 바꿔 버렸기 때문이다.

 내가 당신을 인도하여 헤쳐 나가고 싶은 것은 이런 위험들이다.

 이 책은 현대 대중문화 속에서 여성 영웅의 여정이 언제

어디서 나타나든 그것을 포착하고 그것의 성공을(혹은 실패를) 분석하는 데 필요한 도구들을 창작자들에게 줄 것이다.

나는 당신이 대중문화를 다시는 같은 방식으로 보지 않도록 당신의 두뇌를 훈련시키려고 한다.

내가 흥미를 가진 것은 주제와 메시지이다.

우리 작가들이 여성 영웅의 여정을 통해 소설을 잘 쓸 수 있는 법에 대해서 무엇을 배울 수 있는가? 그것을 알면 우리는 어떻게 독자의 기대에 더 좋은 영향을 미칠 수 있게 되며, 우리의 관객에게 어떤 감정적인 반응을 불러일으킬 수 있는가?

우리가 양쪽 여정에서 얻을 수 있는 것은 서사의 골조이다. 그것들은 어떻게 이야기가 '전달되어야 하는지' 보여주는 모델이라 할 수 있다. 그 모델에서 벗어나면, 혹은 거기에 바싹 집착하면 스토리텔러들은 청중의 무의식적 열망 속에 다가갈 수 있게 된다. 우리는 하나의 여정 혹은 다른 여정에 대한 독자의(혹은, 실제로는 우리 자신의) 거부감을 이해할 수 있다. 예를 들어, <배틀스타 갤럭티카>(2004년 리부트판)의 결말을 보고 시청자가 경험한 배신감은 인물들이 자기 아크*에 충실하지 않았기 때문만이 아니라 서사가 최초

---

* 여기서는 캐릭터 아크(character arc)를 말한다. 주요 인물의 내적 성장과 변화 과정을 뜻한다.

의 여정에 충실하지 않았기 때문이기도 하다.

실제로, 우리 스토리텔러들이 여성 영웅과 남성 영웅의 여정 둘 다를 안다면, 우리는 독자의 기대를 더 잘 조종하고, 다루고, 활용할 수 있을 것이다. 간단히 말해서, 우리는 '더 나은' 스토리텔러들이 될 것이다.

사람들이 느끼고, 어쩌면 조금이라도 생각하게 만들기 위해서가 아니라면 글을 쓸 이유가 달리 무엇이 있겠는가?

• • •

더 실용적인 방식으로 말해, 이 여정들을 이해하면 작가들은 이렇게 할 수 있다.

- 스토리텔링 기술을 발전시킨다
- 글쓰기 과정의 미묘한 차이를 잘 파악한다
- 대중의 경험을 관리한다(그리고 조종한다)
- 서사의 힘을 사용해 사회적 변화를 가져온다

그러니 안전벨트를 매고, 몸에 힘을 빼라. 나는 정말로 흥미로운 논픽션으로 여러분을 즐겁게 하겠다. 자…… 함께 하자!

마치 여성 영웅들처럼.

당신이 대중문화를 잘 모른다면
시작하기 전에 당신이 알았으면 하고 바라는 것들

이 책을 읽어나가는 동안, 나는 대중문화라는 말을 흔히 공유되는 현대 서사와 경험을 가리키는 약칭으로 사용할 것이다.

나는 세부 분석을 구성하는 데 사용한 핵심적인 여성 영웅의 여정을 다른 말로 바꾸어 표현하고 전달할 것이다(4장). 그러나 그것은 당신이 이 신화들을 얼마나 잘 아는지 내가 잘 모르기 때문이다.

하지만 나는 당신이 적어도 다음의 것들을 어느 정도 알고 있다고 가정할 것이다.

- 배트맨(DC 코믹스 슈퍼히어로 캐릭터)
- <배틀스타 갤럭티카>(2004년의 리부트 TV 시리즈)
- <위험한 관계>(1988년 영화지만 다른 버전도 괜찮다)
- <듄>(책이나 영화)
- 『얼음과 불의 노래』(책 시리즈) 혹은 <왕좌의 게임>(TV 시리즈)
- <해리 포터>(책이나 영화)

- <반지의 제왕>(책이나 영화)
- 셜록 홈즈(소설 속의 탐정)
- 스파이더맨(마블 슈퍼히어로 캐릭터)
- <스타 트렉>(1966년 오리지널과 1987년 넥스트 제너레이션)
- <스타워즈>(오리지널 3부작)
- <트와일라잇 사가>(책이나 영화)
- <원더우먼>(2017년 영화)

당신이 이 목록에서 모르는 것이 있어도(모르는 게 몇 가지라도) 이 책은 이해가 될 것이다. 그러나 만약 위의 목록에 대해 좀 안다면, 당신은 이 책에서 더 많은 내용을 얻어 갈 것이다.

당신의 편의(와 즐거움)를 위하여, 이 책의 뒤쪽에는 내가 인용한 것뿐만이 아니라 내가 이 텍스트에서 건드린 대중문화의 대표적 작품들 대부분에 대한 부가적 정보들이 포함되어 있다. 내가 그 작품에 대해 가진 신랄한 생각들까지도. 그렇게 한 것은 독자를 이해시키고 즐겁게 하려는 의도이지만, 주로 내가 혓바닥을 가만두는 법을 전혀 배우지 못했기 때문이고, 참조 문헌들의 신성함을 믿지 않는 불량 학자이기 때문이다.

CHAPTER 2

용어에 대한 정의

학문적인 자세를 취하면서

 우선, 나는 이 부분에서는 완전히 학문적인 자세를 취할 것이다. 부디 날 참아주시길. 좀 건조하게 보일 테지만, 이것은 중요하고 흥미롭다. 자, 우리는 정말 사물의 올바른 이름을 알 필요가 있다. 그렇게 해서 우리는 그 사물을 통제할 수 있다. 이름을 정확히 알아야 작동하는 환상적인 마법 시스템들과 마찬가지다. 이것은 이야기 구조를 밝혀주는 용어들에도 작용한다.
 나의 배경은 사회과학과 고전분석이기 때문에, 나는 (작가로서) 신화학에 대해서 비교(또 어느 정도는 사회)인류학적 접근법을 써서 이야기한다. 다른 말로 해서, 나는 문화 전체 사이의 교차점에, 우리가 사회적 수준에서 인간 행동의 모델로 신화를 어떻게 이야기하고 활용하는지에 관심이 있다. 그리고 거기서 출발해 신화의 요소들을 사용하는 것이 어떻게 이야기를 조작하는지에 관심이 있다.

나는 융 학파의 원형이론에는 관심이 없다. 다른 말로 하면, 신화를 내적이고 개인적인 여정의 예시로 조사하거나 심리학적 분석을 위해 사용하는 데는 별로 주의를 기울이지 않는다. 우선 한 가지 이유는, 이 관점들은 초기 연구에 근거하는 경향이 있는데 그 연구들은 생물학적인 섹스와 젠더를 무의식적으로 관련짓고 있다는 점에서 형편없다. 자기 분야에서 능력을 인정받는 어떤 인류학자나 고전학자라도 당신에게 섹스와 젠더는 같은 것이 아니라고 말해줄 것이다.

말이 나왔으니 말인데, 젠더는 두 여정 사이의 충돌(특히 문학과 대중문화 비평가 내부의 충돌)을 둘러싼 인식의 본성에 영향을 주기 때문에 꼭 언급해야 한다.

내 목표는 이야기 주제를 밝히고 그 주제들이 젠더화된 트로프와 원형을 이용해서 어떻게 인식되는지 알리고자 하는 것이다. 그리고 그것들이 어떻게 폭넓은 문화적 메시지 속으로 옮겨지는지 말하고자 한다. 우리 저자들은 이 메시지들을 통제할 수 있기 때문에, 우리는 그 메시지들을 뒷받침하거나 가끔은 약화시키는 젠더화를 이해해야 한다.

- 그래서 '젠더화된 트로프와 원형들'이라는 말로 내가 정확히

뜻하는 바가 무엇인가?
- '메시지들'로 내가 뜻하는 바는 무엇인가?
- 문학적인 '주제들'에 대한 나의 정의는 무엇인가?

용어들이 중요하다, 알겠는가? 그것은 모두 전문 용어들의 문제가 된다.

그래서 나는 내가 쓰는 용어들을 정의해야 한다. 내가 어느 단어를 사용할 때 이 책에서 그 단어로 내가 뜻하는 바를 가능한 한 명료하게 이해할 수 있도록 말이다. 말하자면, 일종의 논픽션 세계 구축이다.

그것은 모두 섹스와 젠더에 대한 것이다
솔직히 모든 것이 그렇지 않나?

용어들에 관한 한, 나는 '섹스'와 '젠더'로 시작하고 싶다. 당연히 그렇게 해야 하기 때문이다.

그래서 말하자면…… 젠더와 생물학적 섹스는 **같은 것이 아니다**.

이 부분에서, 나는 인류학자들이 어떻게 그 차이를 정의하는지 논의할 것이다. 이 두 용어 사이의 차이는 여성 영웅의 여정에 대한 우리의 이해에(그리고 그것이 남성 영웅의 여정과 어떻게 구별되는지에) 엄청나게 중요해서, 나는 한 장 전체를 거기에 바쳤다. 솔직히, 만약 당신이 이 책에서 다른 건 아무것도 읽지 않는다고 해도, 제발 그 부분은 읽어라.

첫째, 내가 이 분석 기술을 적용하는 바로 이 순간에도, 서사를 이해하는 데는 이진법보다 더 많은 방법이 있다는 것을 알고 있다. 과거의 문화들에는 단지 남자와 여자, 남성적인 것과 여성적인 것보다 더 많은 것이 담겨 있다는 데는 의문의 여지가 없다. 불행히도, 당시 또는 후대 고고학자나 역사가 들의 편견 때문에 그 기록은 이런 유동성 위에서 흐려지고 많은 경우 의도적으로 모호해졌다.

나는 여기서 당신을 성별로 나누지 않고 논바이너리 독자로 본다는 것을 언급해야겠다. 그리고 나는 신화학적 분석을 하는 데 젠더 포괄적인 방법들이 더 많다는 것을 안다. 나는 그런 수준의 전문 지식을 가진 척하지는 않을 것이다. 하지만 만약 당신이 그런 지식을 가졌다면, 나는 이 주제에 대해 당신이 쓴 책을 매우 읽고 싶다. 제발 써주시길?

내가 참조할 고대 신화들이 주로 이분법적 용어들을 사용하는 것으로 보이기 때문에, 이 이야기를 분석할 때 나도 같은 방식으로 할 것이다. 이런 방식은 복잡한 이해를 하는 데는 한계가 있다. 그렇지만 이 책에서 내 목표는 '기본적인' 이해를 주는 것이다. 당신이 그것을 받아들이고 응용해서 우리가 다루는 최초의 이분법적 번역과 모델들의 범위를 넘어 확장할 수 있기를 바란다.

그래서, 자, 용어들이다.

섹스

'섹스'(혹은 '생물학적 섹스')는 남자들과 여자들을 명목상으로 정의하는 생리적 범주들을 말한다. 이것은 객관적이거나 과학적인 기준(뼈의 구조나 유전학 같은)을 이론적으로 충족시킨다.

'생물학적인 섹스'를 논의할 때 대부분의 인류학자들이 사용하는 어휘는 '여성(female)'과 '남성(male)'이다.

'젠더'를 이야기할 때와는 다르다.

젠더

'젠더'는 '사회적으로' 구축된 속성, 행동, 역할, 활동으로 이루어진 문화적 범주를 말한다. 이것들은 어떤 사회가 남자들과 여자들에게(그리고 몇몇 경우에는, 제3의 젠더들에게) 적절하다고 간주하는 것에 의해 정의된다. 다른 말로 해서, 젠더를 위한 사회적 기준들이 있다.

'젠더'를 논의할 때 대부분의 인류학자들이 사용하는 어휘는 '여성적(feminine)'과 '남성적(masculine)'이고, 한편으로 젠더가 그 둘 사이의 스펙트럼이며 때때로는 그 밖까지 아우른다는 사실을 인정한다.

여성 영웅의 여정의 주요 인물을 언급할 때 나는 '그녀'라는 대명사를 사용할 것이고, 남성 영웅의 여정의 주요 인물을 언급할 때는 '그'를 사용할 것이다. 특정한 사례를 사용할 때에는 논의 중인 그 사례에서 사용된 대명사들을 사용할 것이다.

이 부분을 읽어라!
여기는 엄청 중요하다

한 인물이 '생물학적으로' '남성'으로 표현되어도 그는 주요 여정에 의해 '여성적'으로 젠더화될 수 있다는 것을 이해해야 한다.

예를 들어, 해리 포터는 '여성 영웅'이다.

그리고 한 인물이 '생물학적으로' '여성'으로 표현되어도, 그녀는 그녀의 여정 때문에 '남성적'으로 젠더화될 수 있다.

예를 들어, 원더우먼은 (같은 이름의 2017년 영화에서) '남성 영웅'이다.

나는 이것을 다른 방식으로도 말할 것이다. 왜냐하면, 이건 진짜 아주 엄청나게 중요하기 때문이다.

'여성적'으로 표현되는 사람도 '남성 영웅의 여정'을 밟을 수 있다.

'남성적'으로 표현되는 사람도 '여성 영웅의 여정'을 밟을 수 있다.

이것이 무엇을 뜻하는가?

단지 당신이 여성을 주인공으로 쓴다고 해서 당신이 자동적으로 여성 영웅의 여정을 쓰고 있다는 뜻은 아니라는 것이다.

'여성 영웅의 여정'은 단순히 여성이 수행하는 '남성 영웅의 여정이 아니다'.

그것은 '생물학적으로' 다른 것이 아니라 '서사적으로' 다르다.

남성 영웅의 여정을 분석한 원래의 전파자 조지프 캠벨은 이렇게 말한 것으로 유명하다.

> "여성들은 여행을 할 필요가 없다. 전체 신화학적 여정에서, 여성은 그곳에 있다. 여성이 해야 하는 일은 자신이 사람들이 가둡으려고 노력하는 장소임을 깨닫는 것뿐이다."

이 인용은 그의 학생 머독이 간접적으로 전한 것으로 추정된다. 캠벨이 이런 내용의 글을 쓴 것이 전혀 없기 때문에, 나는 이것을 뒷받침하는 확증적 증거를 발견하지 못했다. 여기에 알린다.(gailcarriger.com/HJ_quote)

레딧에서는 그 말이 실제로 캠벨에게서 유래되었는지 질문하고 있다.(gailcarriger.com/HJ_reddit)

출처가 불분명하든 아니든, 그 말은 널리 공유되고 논의되고 세밀히 조사할 만한 흥미로운 내용이다.

- 그것은 정신분석이 젠더와 생물학적 섹스를 혼동하고 있

다는 사실을 드러낸다.
- 그것은 오직 남자들만 여정에 착수하는 사람이 될 수 있음을 암시한다. 그것은 여성적 개인(자기 자신의 여정에 오를 수 있는 인간)을 남성 영웅의 여정 속에서 표현된 여성적 원형들과 연관 짓는다.
- 그것은 여성/여성적(기억하라, 잘못 융합된 것이다)인 것을 위치와 장소로 변화시키고, 반면 남성/남성적인 것이 개인적인 자율성을 가질 수 있는 유일한 존재로 본다. **그는 여정에 오른 개인인 반면에 그녀는 그가 가닿으려고 하는 장소에 지나지 않는다.**

여기에는 분석할 것이 많다. 이 책이 진행되는 동안 우리는 이 진술로 몇 번 더 돌아올 것이다. 이 진술이 얼마나 부정확한지 뉘앙스를 파헤치는 것은 사실 정말 재미있기 때문이다. 나도 안다, 나는 좀 꼬여 있다.

지금 당장은, 대체로 우리가 주인공의 생물학적 섹스와 그들의 서사 아크를 융합하면 모든 것이 끔찍하게 혼란스러워진다는 사실을 분명히 보여주기 위해 그 진술을 사용하고 싶다. 그것들은 같지 않다.

이제 의미론과 용어라는 말이 무엇을 뜻하는지 알겠는가?

젠더화

이 책의 맥락에서, '젠더화'라는 용어는 다음과 관계가 있다. 연관된 트로프, 원형, 혹은 서사적 역할 때문에 (의식적으로든 아니든) **남성적으로** 혹은 **여성적으로 행동하는 인물**이나 이야기 요소들. **생물학적 섹스**와 그것이 사회적으로 받아들여지는 연관성과는 상관없다.

다른 말로, 작가의 관점에서 당신은 남자 캐릭터를 쓰고 있을 수 있다. 그러나 여성 영웅의 여정이라는 렌즈를 통해 봤을 때, 그는 여성적인 역할을 충족하고 있을 수 있다.

트로프와 원형 들에 대해 말하자면, 이 뒤에 글쓰기/문학의 전문용어들을 빠르게 살펴보고 내가 이 책에서 그것을 어떻게 사용하고 있는지 설명한다. 나는 여기서 최대한 오해를 사지 않기 위해서 훌륭하고 단단한 기초를 제공하려고 한다.

글쓰기 용어와 전문용어
일명 작가의 의미론적 체조

나는 이것들을 알파벳순으로 늘어놓지 않았다. 한 용어의 정의를 알면 다른 것들을 더 잘 이해할 수 있기 때문에, 이것들을 논리적인 순서로 보여주기로 했다. 나는 당신과 관계를 맺고 싶을 뿐이기 때문이다.

시점 인물 대 주인공

시점 인물은 본질적으로 청중에게 이야기를 전달하는 인물이다. 이것은 '주인공'과 같을 때가 많지만, 항상 그런 것은 아니다. 어떻게 주인공과 같지 않을 수가 있나? 자, 예를 들어 셜록 홈즈에서 왓슨은 시점 인물이지만 그 이야기들은 '주인공'인 홈즈에 대한 것이다.

플롯

이야기의 플롯은 그 인물들이 어떻게 시공간에서 물리적으로, 감정적으로, 정신적으로 움직이느냐다. 다른 말로 하자면, 먼저 이것 1이 일어나고, 그다음에 이것 2가 일어나고, 그다음에 이것 3이 일어난다.

페이스

'페이스'는 행동, 반응, 장면이나 챕터의 길이, 대화, 유머, 묘사, 문장 구조, 시점 전환(만약 당신이 다중 시점을 쓴다면) 측면에서 나타나는 이야기의 핵심 정서이다. 그것은 구조적 요소로 구성된다.

다른 말로, 플롯은 당신이 '무엇'을 쓰느냐이고, 페이스는 당신이 '어떻게' 그것을 쓰느냐다.

비트

비트는 어떨 때는 플롯 비트라고 불리는데, 이야기 구조의 구성요소를 형성한다. 비트는 특정한 장르나 영웅적인 여정에 고유한(그리고 독자들이 기대하는) 플롯 시퀀스의 기본적인 윤곽을 잡는 데 필요하다, 비트는 나중의 사건들에 영향을 주게 될(혹은 기대를 주는, 예를 들어 관심을 다른 데로 돌리는) 사건이다. 비트들은 발견이나 폭로, 혹은 주인공의 여정에 영향을 미치는 과제가 되는 경향이 있다.

원형

원형(archetype)은 실제로는 상징이나 모티프인, 되풀이하여 나타나는 인물이나 아이디어이다. 나는 인물에게서 나타나는 원형들에 초점을 맞출 것이다. '원형'의 몇몇 예들을 들자면 이렇다.

- 유혹적인 마녀/여자 마법사
- 늙은 노파/사악한 마녀
- 순결한 이브/처녀 희생자(이 세상에 존재하기에는 너무 좋고 너무 순수한, 아름답고 사랑스러운 사람)
- 트릭스터* 안내자
- 현명한 멘토
- 알파 남성 애정 상대

논의, 리뷰, 비평적 분석에서 원형은 자주 트로프와 뒤섞여서 설명된다.

나는 원형은 단일한 한 명의 특정 인물과 연관된 것으로 생각하자고 제안한다. 작가의 관점에서, 원형은 이야기의 한순간 속에 표현된 플롯 장치이기가 쉽다. 예를 들어, 우리의 주인공은 현명한 멘토를 만난다(말하자면, 오비완 케노비라든가). 그들은 지식을 전하고, 부모 역할을 하고, 죽는다. 이야기는 계속된다.

다른 한편, 트로프들은 이야기 아크의 뒷받침 요소가 되기 쉬우며, 지배적인 주제나 세계 구축 모티프로 묶인다. 따라서 트로프들은 계속해서 다시 나타나게 된다.

---

* 영리하고 꾀가 많으며, 속임수와 장난을 즐기는 캐릭터. 규칙을 잘 위반하며 일을 만든다. 북유럽 신화의 로키와 그리스 신화의 헤르메스가 대표적이다.

트로프

트로프는 사회적 의미가 담긴 문화적으로 공유된 개념으로, 예측 가능한 은유나 결과를 창조해내는 것을 돕는다. 트로프는 원형과는 달리 다양성을 갖는 경향이 있다. 트로프의 몇 가지 예들을 들자면 이렇다.

- 선천적인 특별함, 감춰진 능력
- 성녀/창녀 콤플렉스, 오이디푸스 콤플렉스
- 마법 기숙학교
- 경쟁적 사랑의 삼각관계
- 신비로운 예언이나 운명의 결과

여성 영웅이나 남성 영웅의 여정에 크게 의존하는 모든 소설은 본성상 트로프로 채워져 있다. 모든 상업적 장르 소설은 이 범주에 들어간다. 스릴러 소설이나 어두운 느와르 미스터리가 현대 로맨스나 영어덜트 북(앞으로는 YA라고 말하겠다)보다 트로프에 더 의존적이거나 덜 의존적인 것은 아니다.

따라서 책이나 영화 비평에서 '트로프적'이라는 단어를 사용하는 것은 아주 부정적인 뉘앙스를 준다. 그것은 장르 소설이 상업적으로 덜 역동적인 다른 형태의 소설보다 열등하다(혹은 비교적 동등하지 않다)는, 장르 소설에 대한 일반적인 문학 비평을 받아들이는 것이다. 이 문제에 대해서는

「6장: 여성 영웅의 여정은 평가절하된다」에서 더 이야기할 테니 기대해도 좋다.

서사 요소

내가 말하는 서사 요소란 장르 소설의 신화학적 여정이나 장르 소설 작품의 전형적인 트로프와 원형들의 조합을 뜻한다.

주제

주제는 이야기의 중심 화제나 암시이다(일명 그것의 감정적 울림). 당신은 자신에게 이렇게 물음으로써 주제에 접근할 수 있다.

'이 이야기는 무엇에 대한 것인가?'

주제는 단 하나의 단어나 개념구(예를 들어 자기발견, 사랑, 배신, 시대의 도래)로 요약될 수 있을 때가 많다. 주제는 당신의 인물의 행동, 언어 표현, 혹은 생각들을 통해 예시된다. 예를 들어, 『맥베스』는 이야기 첫머리에 억제되지 않은 야심이라는 주제를 내보이고, 운명적인 결과라는 트로프를 사용하고, 사악한 마녀라는 원형을 가지고 있다.

메시지

이야기의 메시지는 작가가 쓰는 서사의 의제나 목적이다

(다른 말로 여정의 문화적 해설이다). '메시지'는 본질적으로 이야기의 끝에 남는 저자의 의도가 주는 전반적인 인상이다. 당신은 당신 자신에게 이렇게 물음으로써 '메시지'에 접근할 수 있다.

'저자는 무엇을 암시하거나 옹호하는가?'

메시지는 서사적 목소리/어조, 스토리 아크, 그리고 (가장 중요한) 결과를 통해 예시된다. 메시지는 의도적이거나 비의도적일 수 있지만, 언제나 어떤 서사에든지 나타난다.

부디 이 부분을 한 번 더 읽어라. 만약 당신이 소설을 쓴다면 당신은 메시지를 전달하고 있다. 만약 당신이 소설을 읽는다면, 당신은 저자의 메시지를 흡수하고 있고, 여러 개를 흡수할 때도 많다.

예를 들어, '양치기 소년'은 무엇에 대한 이야기인가? 늑대가 근처에 없는데도 '늑대다!'라고 외친 소년에 대한 것이다. 실제로 늑대가 나타났어도 아무도 그를 믿지 않게 될 때까지 외쳤다. 이 이야기의 '주제'는 신뢰를 배신하는 거짓말과, 그 결과 나타나는 샤덴프로이데*다. '메시지'는 '위험에 처한 사태에 대해 거짓말을 하지 마라. 그러면 네가 진짜로 위험에 처했을 때 아무도 너를 돕지 않을 것이다'다.

주제와 당신이 작가로서 그 주제를 적용하는 방식은 메

---

* 남의 불행에 대해 느끼는 쾌감.

시지를 담을 것이다. 응용, 사용, 조작, 그리고 인물과 원형의 젠더화된 표현도 '메시지'를 전달할 것이다. 트로프의 선택과 사용(그것의 변형은 말할 것도 없고)과 클라이막스의 결과와 갈등 또한 메시지를 전달할 것이다. 여성 영웅의 여정과 남성 영웅의 여정은 확실히 일련의 매혹적인 메시지를 독자들에게 전한다.

'메시지 전달'은 잠재의식적이고, 전복적이고, 조작적일 수 있고, 목적 추구에서나 자기 정체성 형성에서나 믿을 수 없을 정도로 강력할 수 있다. 어찌 됐거나 당신의 글쓰기는 당신이 그것을 깨닫고 있건 아니건 메시지(혹은 메시지들)를 전달한다.

상업적 관점에서 보면, 당신이 직업 작가라면 글을 쓸 때 당신의 목소리와 브랜드를 가장 잘 정의하게 해주는 것은 당신의 메시다. 분명히 당신은 자신이 거듭 비슷한 서사적 요소와 주제로 돌아와 탐험하는 것을 스스로 깨달을 것이다. 그러나 독자들에게 도덕과 윤리적 관점, 말하자면 핵심적 믿음 체계를 전달하는 것은 당신의 메시지들이다. 당신의 청중들은 무의식적으로 스토리텔러이자 개인인 당신을 당신의 메시지와 연결 짓는다.

독자로서, 당신은 자신이 어떤 저자들이나 장르에 끌리고 있지만 왜 그런지 분명히 표현하기가 어려울 수도 있다. 예를 들어 나는 게이 로맨스들을 읽을 때 위안을 받는다. 나는 메시지들을 철저하게 조사하기 시작하면서부터야 정말로 내가 그 책들에 끌린 것은 이런 책들에서 흔하게 나타나는 서로 사랑하는 대안 가족 형태의 개념 때문임을 깨달았다. 원래 이런 지지의 메시지는 우연히 내가 글을 쓰다가 발견한 것이다. 그러나 그것이 확실히 내 브랜드의 일부분이 되었기 때문에, 이제 나는 그 메세지를 의도적으로 쓴다.

알겠는지? 이것들이 내가 이 책에서 사용할 용어들이다. 자, 이제 여정 그 자체로 넘어가자.

CHAPTER 3

남성 영웅 서사의 비트, 주제와 메시지

남성 영웅 여정의 기본적인 요소들

나는 남성 영웅의 여정으로 시작하려고 한다. 왜냐? 남성 영웅의 여정은 시대정신 속에 잘 알려진 실체로 뚜렷하게 존재하기 때문이다. 독자 여러분들은 이 서사가 적어도 조금은 낯익을 것이다. 대부분의 소설 작가들이 적어도 약간은 이 서사에 대해 알고 있을 것이다.

나는 미지의 영역을 헤매며 들어가기 전에 당신에게 확실한 기준을 주고 싶다. 내가 낯익은 것을 어떻게 분석하는지 당신이 이해하고서, 그다음 내가 낯선 것을 어떻게 분석하는지도 이해할 수 있기를 바란다.

또한, 내가 남성 영웅의 여정을 먼저 다루는 이유는 그렇게 하면 여성 영웅의 여정이 어떻게 다른지 우리가 쉽게 이해할 수 있을 것이기 때문이다. 나는 비교할 만한 기준을 주고 싶고, 그러기 위해서는 이것이 가장 좋은 방법이다.

더 이상 말할 것 없이 본론으로 들어가자. 여기에 작가 관점에서 본 남성 영웅 여정의 '기본적 비트들' 윤곽이 있다.

남성 영웅 여정의 비트들

- 우리의 남성 영웅에게는 주로 기적적인 잉태, 반신적인 탄생, 혹은 유전적인 특수성이 있다.
- '모험으로의 부름'
- 남성 영웅은 그 부름을 거부한다.
- 그는 멘토 그리고/혹은 초자연적인 것의 도움을 받는다.
- '물러남, 일명 퀘스트'
- 남성 영웅은 자신의 공동체를 포기하고 퀘스트를 시작한다.
- 그는 유혹당하고, 다른 데로 한눈을 팔고, 많은 장애물을 마주친다.
- 그는 지하 세계를 방문한다(두 번째 물러남으로 생각될 수 있고, 은유적으로 생각될 수 있다).
- 그는 적을 일대일로 이기고 보물을 찾는다(때로는 두 가지가 같은 일이다).
- '귀환'

- 남성 영웅은 그의 성공으로 인정받는다. 보상을 받고, 명예를 얻는다.
- 남성 영웅은 영광을 얻지만 또한 고립된다(연민을 자아낸다).

남성 영웅의 여정을 시각적으로 표현한 것을 여기서 확인할 수 있다.(gailcarriger.com/HJ_hero)

그리고 이제, 이 여정의 아래에 깔린 주제들에 대해서 이야기해보자.

유의해야 할 것들
남성 영웅의 서사 속에 있는 패턴들

    모든 스토리텔러들이 남성 영웅의 여정에서 알아보았으면 하고 내가 진짜 열렬히 바라는 첫 번째 것은 '물러남'과 '돌아옴'의 반복되는 패턴이다. 위의 분석에는 기본적 비트들이 나열되어 있지만, 중간의 물러남 부분은 여러 번 일어날 수 있고, 자주 일어난다. 가엾은 헤라클레스는 이 물러남과 돌아옴(일명 과업)을 열두 번 겪었다.

    이 패턴들은 (특히 그리스 신화에서) 육체적인 것일 수도 있고, (많은 비극들에서 흔히) 정신적인 것일 수도 있고, 혹은 (문학적 소설들에서 흔히) 감정적인 것일 수도 있다. 그러나 그 패턴은 언제나 존재하고, 보통 되풀이되고 또 되풀이될 것이다.

    모든 스토리텔러들이 남성 영웅의 여정에서 알아차리기를 바라는 두 번째 것은, 앞으로 나올 예들에서 대중문화를 분석하기 위해 나는 이 예를 쓸 텐데, '물러남'은 남성 영웅이 '자발적으로' 취하는 행동이라는 것이다. 이 물러남은 그를 문명으로부터, 그리고/혹은 문명화된 행동으로부터 떠나게 만든다. 그는 보통 그의 힘이 미치지 않는 곳에 있는 무엇인가(보물)를 추구하기 위해 물러남을 선택하고 그 패턴에 따라 움직인다.

그 보물은 개인적인 특질이나 자아정체성을 포함해서(많은 성년기 이야기들을 보라) 여러 가지 형태를 취할 수 있지만, 그것은 그의 승리의 상징(그리고 보상)이다. 당신이 남성 영웅을 쓰고 있을 때, 그는 자기 자유 의지로 움직이기 시작한다. 그의 동기는 여성 영웅의 동기와 매우 다르다.

많은 사람들이 남성 영웅의 여정을 성년 모델이라고 이야기한다―세계에 대한 이해가 늘어나고, 유년 시절과 가족이 보장하는 안전으로부터 분리되고, 단독적인 개인적 특질과 자아가 발전하는 모델이다. 이 목표를 향해, 남성 영웅의 여정은 갈수록 자아가 실현되고 고립이 증가하며, 남성 영웅은 장애물을 넘고 일어서 적을 학살하고 그 자신을 더 잘 이해한다.

결국, 남성 영웅은 그 일을 혼자 해야 한다. 그는 적들을 정복하기 위해 그의 힘을 내부에서부터 발견한다.

• • •

내가 남성 영웅의 여정이 나타난 우리 대중문화의 예를 검토할 때, 부디 이 두 가지 것을 유념해서 읽기를 바란다.

- 이 여정은 물러남과 돌아옴의 반복되는 패턴이다.

- 그 물러남들은 자발적이고, 점차 혼자가 되면서 자립적인 힘을 만들어낸다.

한 가지 짚어둘 점은, 이 서사들을 의도적으로 활용할 줄 아는 저자가 되는 법을 탐색하면서 내가 든 대중문화의 예시들이 이 여정을 의도적으로 사용한 것은 아닐 수도 있다는 점이다.

나는 그 책이나 대본의 작가들이 무엇을 생각하고 있었는지, 그들이 남성 영웅의 여정을 사용하려고 했는지 여성 영웅의 여정을 사용하려고 했는지 모른다. 아마 그들은 무의식적으로 그 여정들에 접근했을 것이다.

이 예시들에 대한 나의 아이디어는 사실 당신이 원한다면 그 여정들을 의도적으로 활용할 수 있다는 사실을 당신에게 보여주는 것이다.

남성 영웅의 여정 1
<원더우먼>

　대중문화 속의 남성 영웅 여정의 첫 번째 모델로, 나는 워너브라더스의 2017년 영화, <원더우먼>을 선택했다. 그것은 놀라울 정도로 정확하게 전통적인 남성 영웅의 여정 서사를 따르고 있지만, 영화 제목이기도 한 주역은 여성이다. 당신이 (만화책이나 TV 프로그램이 아니라) 이 영화를 이미 봤다면 이 부분의 내용을 가장 잘 이해할 수 있을 것이다. 만약 당신이 보지 않았다고 해도, 지금 가서 볼 수 있다. 나는 기다릴 것이다. 혹은 당신은 두 번째 예(<스타워즈> 오리지널 시리즈의 첫 영화)로 건너뛸 수도 있다.

　자, 준비됐는가? 간다.

・・・

　<원더우먼>은 남성 영웅 여정의 가장 전형적인 예이다. 아마존의 공주 다이애나가 생물학적으로 여자라는 사실은 이 영화가 남성 영웅의 여정이라는 사실에 전혀 지장을 주지 않는다.

　첫째, 기적적인 잉태와 신성한 출생이 있다. 이것은 그리

스 신화에 딱 들어맞는다. 다이애나는 실제로 반신(半神)이고, 영광을 위해 싸울 운명이다. 아킬레우스, 이아손, 헤라클레스 같은 고대 그리스 영웅들과 똑같은 케이스다.

모험으로의 부름

다음으로 다이애나에게, 그녀의 신성한 섬에 온 남성 침입자라는 형태로 모험으로의 부름이 온다. 그녀는 이미 멘토 관계를 발전시켜왔지만, 그 멘토는 부름의 순간 살해당한다. 그녀는 전형적으로 처음에는 부름을 거부하고, 그 후 초자연적인 것의 도움을 받는다(그녀의 경우, 마법 검과 다른 도구/무기들). 위협의 정체가 밝혀진다(아레스가 야기한 커다란 전쟁). 그리고 그녀의 퀘스트가 무엇인지 정의된다(아레스를 찾아서 막고/죽인다).

물러남

그다음 다이애나는 자발적으로 아마존 섬을 떠나면서 자신의 퀘스트를 떠맡는다. 이것은 상징적으로(혹은 그녀의 경우에는, 말 그대로) 가족과 공동체 혹은 문명을 포기하고 미지의 것과 혼돈 상태를 향하여 나가는 것이다. 다른 말로, 그녀는 엄청난 위험을 떠맡고 있다. 남성 영웅에게, 위험은 개인적인 성장, 발전된 기술, 그리고 사회적 우위를 점하기 위한 기회다. 그리고 많은 경우 그들의 운명을 이루기 위한 기회이기도 하다.

물러난다는 행위는 안전망의 자발적인 포기지만, 또한 남성 영웅을 가두고 제한하는(난로와 가정, 집안과 정치적 의무의 구조) 구조화된 사회의 변화 없는 정체에 대한 거부이다. 이 물러남은 모든 부모 같은 인물과 가족적 네트워크를 포기하는 일도 포함한다. 혼자서 행동으로 나서는 이 움직임은 남성 영웅이 그들의 힘을 발견하는 과정이다.

남성 영웅은 이제 퀘스트를 시작했고, 이 단계에서 여러 가지 유혹, 곁눈질거리, 장애물을 직면하게 될 것이다. 주의를 다른 데로 돌리기 위한 가장 흔한 전술 중 하나는 섹스(혹은 사랑 또는 로맨스)이다. <원더우먼>에서 흥미로운 점은 성적인 유혹자가 남자라는 것이다. 스티브는 유혹자 역할을 맡는다. 그리고 그가 다이애나를 퀘스트에서 돕고 있다는 사실에도 불구하고, 남성 영웅의 여정에서 그의 역할은 여전히 자신의 성적인 매력을 이용해 그녀가 퀘스트를 완수하지 못하게 저지하고 막는 것이다(키르케가 오디세우스에게, 메데이아가 이아손에게, 그리고 그 밖의 많은 경우에 그렇게 하듯이).

다이애나는 그다음 지하 세계로 가는 첫 번째 하강에 들어간다. 그녀가 전사로서 가로질러야 하는 장소는 '무인 지대(No man's land)'라고 불리는 곳이다. 그녀는 이 빈 공간을 혼자 가로질러야 한다. 그녀에게 주어지는 도움이 쓸모 있을 수도 있다(그러나 이는 도움을 주는 사람들이 엄청난 위험을 감수해야 함을 의미한다). 그리고 보통 그녀가 다른 사람들의 안전을 걱정할 때 그녀는 다른 데 정신이 분산된다.

   이어지는 퀘스트에서 또 물러나는 순간들이 있다. 다이애나가 일행을 가로질러 (문자 그대로 칼을 등에 지고) 혼자서 갈 때 같은 순간들이다. 이 또한 남성 영웅 여정의 지속적인 서사적 요소 중 하나를 보여주는 훌륭한 예이다. 남성 영웅의 여정에서 무리는 남성 영웅에게 위협이 된다.

   절정에서, 다이애나는 악당과 일대일로 홀로 결투한다. 이것은 마지막 하강으로, 여기서 다이애나는 (그가 아레스라고 생각하고) 루덴도르프를 쫓아 항공기에 치명적인 독가스가 가득 채우고 있는 기지로 간다. 아레스는 자신의 모습을 드러내고, 그들은 싸운다. 그리고 그녀의 애정 상대/친구는 고귀한 자기희생을 한다. 다이애나는 아레스를 죽인다.

   다이애나의 경우, 그녀의 보물은 부분적으로는 아레스를 이긴다는 정해진 운명 속에 자리 잡고 있고, 부분적으로는 그녀가 완전한 힘을 얻는 데 있고, 부분적으로는 그녀가 아레스에게 거두는 승리로 슈퍼히어로의 위상을 얻게 되는 데 있다―두 세계(인간과 신, 세속계와 초자연)에서 인정받은 마스터. 물러남 끝에 다이애나는 많은 것을 잃었고, 그녀의 보상은 적수의 패배와 거의 불가능한 역경을 이겨냄으로써 인정받은 승리 속에 있다.

돌아옴

오직 적수에게 승리를 거둔 후에만 다이애나는 문명으로 돌아올 수 있다. 그러나 전형적인 남성 영웅이 그렇듯, 그녀의 원래 문명은 더 이상 그녀에게 편안하지 않다. 그녀는 그녀 주위의 세상보다 더 성장했다. 그녀는 주위로부터 인정받고 지배력을 얻은 것에 만족을 느끼지만, 그 영화의 결말은, 한마디로, 외롭다. 그녀는 더 이상 아마존 섬에 맞지 않는다. 그녀는 바깥 세계에 대해 너무 많이 안다. 그녀는 그들을 넘어서서 성장했기 때문에 고향에 갈 수 없다. 그러나 그녀는 자신의 출신과 슈퍼히어로라는 지위 때문에 현대 인간들의 새로운 세계에도 완전히 어울리지 못한다.

그녀는 진정한 남성 영웅이기 때문에, 영화의 마지막 장면은 다이애나가 혼자라는 것을 아주 분명하게 보여준다—마지막 장면은 그녀가 사무실에서 죽은 동료의 사진을 혼자 바라보고 있는 미래를 그린다. 그녀는 자기 본성에 따라 홀로 된 모습으로 자신의 영광을 추억하고 있다.

이것은 남성 영웅 여정의 전형적인 특징이다. 결말은 달콤쌉싸름한 페이소스 속에 담겨 있고 결과는 남성 영웅 혼자만을 위한 것이다.

• • •

대중문화를 즐길 때 그 작품이 남성 영웅 여정을 그리고 있다는 걸 아는 또 다른 방법은 강함을 고립 속에서 묘사할 때라는 것을 이 지점에서 언급해야겠다. 이 영화에서 오래 남는 이미지들과 광고 포스터들을 돌이켜 보면, 다이애나는 가장 강력할 때 거의 언제나 혼자 그려져 있다.

당신이 남성 영웅을 글로 쓴다면, 그가 주위를 지배하고 강력하다는 것을 보여주기 위해 그를 고립시켜라.

남성 영웅의 여정 2
<스타워즈: 에피소드 4 새로운 희망>

첫 번째 <스타워즈> 영화가 남성 영웅의 여정이라는 것은 말할 필요조차 없다. 조지 루카스(<스타워즈>를 만들어낸 사람)와 조지프 캠벨(남성 영웅의 여정을 연구 분야로 만들어낸 사람) 둘 다 그 연관성을 공공연히 인정했다. 루카스는 『천의 얼굴을 가진 영웅』(1949)을 읽었고 의도적으로 그것을 <스타워즈>에 본보기로 썼다고 인정했다(조지프 캠벨의 공인된 전기에서 루카스를 인용하여 문서로도 남아 있다. 『조지프 캠벨: 마음속의 불』, 스테픈과 로빈 라슨, 2002, p.541).

그러니, 가보자!

• • •

루크의 탄생은 그가 영웅적인 운명을 타고났거나 영웅으로 정해졌다는 요소를 담고 있다(우리가 첫 번째 영화에서 여기에 대해 꼭 알 필요는 없지만). 서사가 진행되면서 우리는 확실히 그 사실을 알게 된다.

모험으로의 부름

루크는 어떤 안드로이드들을 따라가 오비완 케노비라는 멘토와 광선검이라는 형태의 초자연적인 도움을 만나게 된다. 오비완은 루크에게 자신의 운명을 찾고 포스를 쓰는 방법을 배우라고 촉구한다. 루크는 거부하고 집에 가려고 하는데, 이 지점에서 이것은 더 이상 선택 사항이 아니라는 것이 분명해진다. 그는 가족을 빼앗기고, 부모 역할을 하던 인물들은 살해당하고, 그의 집은 불타버린다. 이 남성 영웅은 퀘스트 시작부터 결코 진정으로 집에 돌아갈 수가 없게 된다.

물러남

다음으로 루크는 그의 퀘스트를 시작한다. 그의 첫 번째 커다란 물러남에서(이 영화가 진행되면서 그는 이 패턴을 많이 보일 것이다) 루크는 남은 가족과 공동체를 포기한다. 레아 오르가나 공주가 나타나서 여성 유혹자와 시선을 흩뜨리는 자의 역할대로 행동한다.

루크는 지하 세계로 가는 사실상의 하강에 들어간다(데스스타의 '쓰레기 압축장'). 그의 멘토/아버지상 인물은 살해되고, 결국 데스스타라는 극복할 수 없는 역경을 루크가 자신의 전투기를 타고 혼자 상대하는 지점으로 우리를 이끈다.

그는 적을 이기고 보물을 찾는데, 그 보물이란 그의 힘을 인정받고 그의 기술에 대한 찬사가 쏟아지는 형태이다.

돌아옴

그 영화는 전형적인 돌아옴 모티프로 끝난다. 명예 훈장 수여 의식으로 승리를 인정하는 물질적 표현. 매우 흥미롭게도, 마지막 장면은 집단 속에서 영광을 누리는 모습인데, 이것은 남성 영웅의 여정에서는 드문 경우이다. 아마도 이 영화의 유머와 도적단 트로프 요소에 묶여 있는 것 같다.

• • •

오리지널 <스타워즈> 3부작 모두 이렇게 한다. 영화는 팬-아웃 그룹 샷(pan-out group shot)*에서 끝난다. 이것은 보통 여성 영웅의 여정을 그리는 영화에서 더 흔하다.

---

* 카메라가 점차 뒤로 물러나면서 더 넓은 장면과 여러 인물(그룹)을 한 화면에 담는 기법.

남성 영웅의 추가적인 예시들
당신의 비교 범위를 넓히기 위해 조금 더 살펴본다면

남성 영웅의 여정은 <다이 하드>(1998), <제임스 본드> 프랜차이즈*, 그리고 <데드풀>(2016) 같은 영화에서 나타난다. 사실, 대부분의 단독 슈퍼히어로 무비들과 오리진 스토리(origin story)**들은 남성 영웅의 여정이다. <스파이더맨: 뉴 유니버스>(2018)를 보라.

하지만 솔직히, <블랙 팬서>(2018)에 대해서는 묻지 말라. 나는 그 영화의 세부적인 부분까지 골머리를 앓았고, 그 영화는 범죄물로서뿐만 아니라 양쪽 여정 모두에서 주목할 수밖에 없는 요소들을 가지고 있어서, 쩔쩔매게 된다. 나는 참고 자료 부분에서 여기에 대해 더 말할 것이다. 거기서 당신은 잭 리처(1997) 책들(그리고 그런 서스펜스 장르 안의 모든 것들), 느와르와 범죄 스릴러, 몇몇 SF와 판타지(SF/F), 특히 퀘스트와 성기사 트로프가 있는 작품들, 그리고 몇몇 YA [<다이버전트> 시리즈(2011-2013) 같은 것들]를 발견할 수 있다.

*   영화, 책, 게임 등에서 같은 세계관과 인물을 공유하는 시리즈 작품들.
** 인물이나 인물들이 어떻게 주인공이나 주인공의 적대자가 되었는지를 드러내는 이야기 또는 설명.

남성 영웅의 여정에 숨겨진 메시지

　남성 영웅의 여정 속에는 몇 가지 오래 지속되는 서사적 요소와 메시지가 있는데, 내 생각에는 작가들이 그것을 알아채는 것이 중요하다. 특히 우리가 여성 영웅의 여정 속을 깊이 조사하려고 할 때에는 말이다.

남성 영웅의 서사는 여성다움을 어떻게 보는가

　여성다운 인물(그들이 신, 배경 인물, 혹은 애정 상대라고 하자)은 여정을 정체시키거나 다른 방향으로 이끌어 남성 영웅을 좌절시킨다. 마녀(여신, 여자 마법사)들은 (상징적으로 혹은 다른 방식으로) 보통 혼란스러운 자연의 힘을 나타내거나, 섹스나 결혼이나 죽음으로(때로는 셋 다로) 남성 영웅을 멈추고서 문명화하는 구조적 힘을 상징한다. 오디세우스 같은 남성 영웅은 이 모든 요소들을 거듭 되풀이해서 경험한다.

　이런 목적에 따라 아내나 딸(심지어 페넬로페 같은 좋은 여성들도)은 문명을 상징하는데, 그것은 우리의 남성 영웅에게는 긍정적인 것이 아니다.

　왜냐고?

왜냐하면 문명은 타성을 통해 남성 영웅을 통제하려고 하며, 타성은 남성 영웅의 궁극적인 적이기 때문이다. 만약 시공간 속에서 움직이지 못한다면, 그는 자기의 퀘스트를 성취할 수 없다. 여성적인 인물들은 남성 영웅의 가속도를 멈추려고 한다.

서사에서 남성 영웅의 퀘스트는 그의 목적 전부이다. 성공하고, 적을 격파하고, 보물을 되찾아오고, 그에 따른 영광과 인정을 즐기는 것 모두가 그와 그의 정체성을 정의한다. 여성적인 것은 인물들을 가로막고, 따라서 바로 그 정체성을 뒤엎으려 한다.

남성 영웅의 여정은 성공을 어떻게 보는가

그래서 스토리텔러들은 성공의 본질을 무엇으로 간주할지 잘 고려해야 한다. 우리의 주인공이 스스로 성공을 어떻게 정의하는지, 그리고 작가인 우리가 책 속에서 주인공이 성공을 어떻게 정의하게 할지 말이다.

성공의 정의는 남성 영웅과 여성 영웅의 여정 사이의 가장 중요한 차이다.

남성 영웅은 자발적으로 그의 문화, 가족, 그리고 사회적 상호작용의 세계에서 물러남으로써 성공한다. 우리의 남성 영웅은 혼자 그렇게 함으로써 성공한다. 그에게는 **고립이 승리로 이끄는 길이다.**

그가 자기 이야기에서 가족이나 친구나 연인을 가질 수 없다는 말은 아니다. 때로는 가족 구성원이나 연인이 결말에서 얻어지는 보물이다(이것이 그 가족 구성원을 사물화하고 남성 영웅의 여정이 가지는 한계 때문에 그들에게 인간성이 보이지 않을 수 있지만). 또한 가족 구성원(종종 삼촌)이 악당일 수도 있다[호루스 대 세트의 신화나 <스파이더맨: 뉴 유니버스>(2018)가 그렇다].

또한, 아버지/멘토형 인물의 죽음은 남성 영웅을 폭력, 분노와 행동으로 몰아넣는 자극적 사건일 때가 많다.

이제 우리는 이 진술 뒤의 배경을 조금 더 이해할 수 있을 것이다.

> "전체 신화학적 여정에서, 여성은 그곳에 있다. 여성이 해야 하는 일은 자신이 사람들이 가닿으려고 노력하는 장소임을 깨닫는 것뿐이다."

여기서 말하는 '전체 신화학적 여정'은 오직 남성 영웅의 여정만을 고려한다. '그곳에 있는 여성'은 실제로 생물학적인 여성이 전혀 아니라 이런 종류의 여정이 요구하는(그리고 이 종류의 여정'만이' 요구하는) 여성적인 원형이다. 이 진술은 '사람들'을 남성 영웅 그 자체와 뒤섞어버리듯이 '장소'의 개념과 남성 영웅 여정의 '목적'(그의 보물)을 뒤섞어버린다.

예를 들어 당신의 이야기에서, 가상의 여자친구가 남성 영웅이 잘 해낸 일에 대한 보상에 지나지 않는다면, 이는 그녀가 도움, 의사소통, 그리고 화합의 능동적인 네트워크로 존재하는 것과는 매우 다르다.

여성 영웅에게, 가상의 여자친구는 여정 위에 그녀와 **함께** 있다. 남성 영웅에게, 그의 여자친구는 그에게 박차를 가해 더 크고 독자적인 행동을 취하게 하는(이것의 전형적 예를 위해서는 프리징*의 개념을 확인하라) 플롯 장치일 가능성이 매우 크다.

이 미묘한 차이는 성공과 성취의 개념에 달려 있는데, 그것은 이 두 여정 사이에서 매우 다르다. 오 그렇다, 우리는 여기로 다시 돌아올 것이다. 약속한다.

남성 영웅의 여정은 힘을 어떻게 보는가

우리가 여성 영웅의 여정에 흥미를 느낄 때 가장 의미심장한 점은, 남성 영웅의 여정에서 남성 영웅에게 지배적인 개념과 지속되는 메시지는 '도움을 요청하는(혹은 필요로 하는) 것은 **나쁘다**'는 것이다.

왜냐하면 도움을 요청하는 남성 영웅은 이야기 속에서 약한 것으로 인식되기 때문에—기억하라, 그의 목표와 승리는

---

* 프리징(fridging). 악당이 남자 주인공과 가까운 여성을 살해하는 행위.

정복과 개인의 성취를 위한 것이다—도움을 요청하는 남성 영웅은 독자도 약하다고 인식할 것이다. 그렇기 때문에 자신의 힘과 개인적 성장에서 가장 위대한 순간들에 있는 강력한 남성 영웅은 필연적으로 고립 속에서 묘사될 것이다.

남성 영웅이 자기 목표를 성취하기 위해서는 홀로 떨어져야 하기 때문에, 모든 애착은 그의 성공을 위협한다. 그가 아무리 아내를 사랑해도, 그 아내는 남성 영웅에게 자신의 퀘스트에서 멀어지라는 압력을 주는 위험을 나타낸다. 우리가 알게 되겠지만, 여성 영웅은 그 반대다.

남성 영웅에게는, '나누는 것'(특히 권력이나 영광을 나누는 것)이 자아의 경계를 약하게 하고, 이는 '이타적인 행동'의 개념에 새로운 의미를 준다. 그런 행동은 남성 영웅을 깎아내리고, 그를 덜 중요한 존재로 만든다(혹은 비극적인 남성 영웅의 경우 종말을 초래한다).

성취를 배분하는 남자는 자기 정체성의 일부를 잃는다. 이는 그의 보물을 배분하는 것이나, 메달이나 치유의 약초 같은 승리의 물질적인 표상을 나누는 것과는 다르다.

반면에 여성 영웅의 여정은 자신의 무엇인가를 나누어주고 성취를 배분하는 것이 실제로 양쪽 인물의 발전에 기여할 수 있으며, 따라서 여성 영웅의 삶과 모든 사람의 다가올 미래를 풍요롭게 할 수 있다는 개념을 탐색한다.

남성 영웅의 여정은 승리를 어떻게 보는가

남성 영웅에게 승리는 적을 파괴하고, 죽음을 선사하고, 복수를 하고, 그리고 응징을 하는 행위에 있다. 그는 주로 홀로 있는 상황에 처할 것이다. 만약 그가 '여성을 얻는다면', 아마도 그녀를 오래 지키지는 못할 것이다. 제임스 본드나 잭 리처나 스릴러 장르의 다른 전형적인 남성 영웅들을 생각해보라.

<원더우먼>에서, 다이애나는 스티브를 얻지만 그 후 그가 자신을 희생하는 것을 지켜보아야만 한다. 애정 상대가 이야기 전체에 계속 나온다고 할지라도, 호의적인 여성적 캐릭터(애인, 친구, 혹은 배경 인물이라고 하자)는 다음 장면이나 다음 책 혹은 다음 영화에서 살해당하거나 어떤 다른 방식으로 남성 영웅에게 동기를 부여하는 플롯 장치로 변할 것이다.

남성 영웅의 여정이 권력, 승리, 성공의 개념을 제시할 때, 그 개념들은 다른 복잡한 영향을 발휘한다. (고립과 승리와 연결되어 있는) 폭력에 대한 암묵적인 미화는 섹스와 로맨틱한 관계에 대한 불신과 결합되어 있다(그것들이 여성적인 것과의 연결과 유혹적인 성격 양쪽 다를 나타내기 때문이다).

우리는 이것이 어떻게 사회적 검열, 장르의 가치, 그리고 문화적인 가치 판단의 관점에서—예를 들어 영화 평가 기준에서—시대정신에 스며드는지 볼 수 있다. 정부와 비평가들이 관여하여 무의식적으로 남성 영웅의 여정을 우대하고 우월하게 평가할 때, 그들은 무의식적으로 그 여정의 주제와 메시지들을 지지하는 것이다.

남성 영웅의 여정은 희생을 어떻게 보는가

좀 더 작가적인 관점에서, 자기희생에 대해 잠깐 이야기하자. 우리의 남성 영웅이 세계를 구하려고 시도할 때(복수하고 그의 적을 이기는 것뿐만 아니라) 또는 다른 사람을 위하여 자신을 희생할 때, 그 남성 영웅은 보통 그런 시도를 하다가 죽을 것이다.

고결하지만 비극적인 남성 영웅 여정은 상대적으로 흔하다.

이것은 여성 영웅과 반대된다. 그녀는 보통 인류를 위해 타협하는 데 성공한다(그리고 죽지 않는다). 상황에 따라선 여성 영웅도 심장을 쥐어짤 정도로 비극적인 결말을 맞을 수 있지만, 그것에 대해서는 여성 영웅 여정의 주제라는 맥락 속에서 더 이야기할 것이다.

알겠지만 당신이 독자들을 울리고 싶은 경우에만 이런 내용이 필요할 것이다.

검토: 남성 영웅의 여정 서사 구조
남성 영웅의 여정을 비교의 근거로 사용하기 위한 빠르고 간단한 요약과 준비

내가 양쪽의 영웅 서사를 가지고 계속 되돌아올 때 당신은 이 여정들이 스토리텔링을 향한 '안내'라는 사실을 알게 될 것이다. 이것들은 당신(혹은 다른 사람)이 정확히 따라야 하는, 혹은 순서대로 따라야 할 필요가 있는, 단계별로 밟아 나가야 하는 개요가 아니다.

또한 해당하는 유형의 모든 영화나 책에 모든 요소들이 반드시 있는 것도 아니다.

당신은 이 책을 읽고 나면 남성 영웅 여정 대 여성 영웅 여정의 표지들을 훨씬 더 많이 알아차리기 시작하게 될 것이다(또는 그러기를 바란다). 하지만 그것은 이 세상에서 마주치는 모든 대중문화 작품이 한 여정이나 다른 여정 중 하나를 따른다(혹은 따라야 한다)는 뜻은 아니다.

다른 말로 하자면, 부디 모든 것을 깔끔하고 좁은 이진법에 맞추려는 강박에 빠지지 마시길.

이 서사들은 세월을 두고 변화하고 진화해왔다—때때로 상당히 미묘한 방식으로. 특히 상업적 장르 소설에서, 양쪽 여정들은 둘 다 고딕 문학 운동의 원형과 트로프에 깊은 영향을 받았다(7장을 보라).

다른 변형들도 불쑥 출현하면서, 두 여정들을 접합시키거나 여성 영웅들을 남성 영웅 서사에 주입하거나 그 반대의 경우도 있었다. 어떤 예들은 버디 형사 역학, 범죄물, 강도물, 그룹 퀘스트, 다중 시점의 사용, 배경 인물들의 존재를 포함한다. 이 모든 것들은 이야기를 한 가지 또는 다른 한 가지 여정에 정확히 맞추려고 하면 시야를 더 흐리게 만든다. 8장에서 우리 작가들이 이 여정들을 가지고 할 수 있는 몇 가지 복잡한 섞어 짜기 기법들을 철저히 조사할 것이다.

나는 당신들이 패턴, 비트, 주제, 메시지를 알아보도록 돕고 싶다. 부디 당신의 이야기를 한 가지 혹은 다른 서사에 억지로 맞추어야 한다고 느끼지 말라. 만약 당신의 이야기가 한쪽 방향으로 가고 싶어 하지 않는다면, 그건 그 이야기가 아마 당신에게 무언가를 말하고 있는 것이다.

그렇긴 하지만, 나는 많은 이야기들이 사실 그 서사들을 따르고 있으며 어느 쪽에도 잘못된 것이 없다고 인정한다.

어떤 한 이야기가 남성 영웅의 여정일 수 있다. 그러나 그 여정의 모든 부분을 따라야 할 필요는 없다.

인간은 흑백의 관점에서 생각하는 것을 좋아한다. 그러나 우리의 서사들은 그보다 더 융통성이 있다.

내가 여기서 하려고 하는 것은 두 가지이다.

- 첫째, 이 여정들이 어떤 형태를 취하건 간에 이 여정들이 나타날 때 알아볼 수 있도록 당신들을 훈련시키고 싶다. 그래서 당신들의 패턴 인식 본능이 연마되고 당신들의 두뇌가 좋은 이야기를 만드는 데 훈련되도록 말이다.
- 둘째, 나는 당신들이 도구를 뽑아 쓸 수 있는 완전한 도구상자를 또 하나 주고 싶다. 오랫동안 우리는 한 도구상자에서만 뽑아 쓰고 있었기 때문이다.

스토리텔러로서, 나는 이것이 당신이 마음에 드는 부분을 집어 들고 사용하는 데 도움이 되기를 바란다. 이 서사 성분들은 문법 규칙처럼 명확성을 주는 도구들이고, 문법과 마찬가지로 당신이 규칙을 어기기 전에 규칙을 아는 것이 제일 좋다. 문법처럼, 무의식적으로든 건성으로든 서사를 잘못 사용하게 되면 독자는 잘해야 혼란스럽다고 느낄 것이고, 최악의 경우 배반당했다고 느낄 것이다.

다시 한 번, 남성 영웅 여정의 기본적인 윤곽을 요약해본다.

남성 영웅의 여정 비트들

- '모험으로의 부름'
- 거부

- 도움
- '물러남 일명 퀘스트'
- 공동체의 포기
- 지하 세계의 방문
- 보상을 찾다
- '돌아옴'
- 인지
- 영광과 고립

꼭 기억해야 할 것.

- 이 여정은 물러남과 돌아옴의 반복되는 패턴이고, 저 물러남은 자발적이다.
- 승리는 고립이고 도움을 청하는 것은 나쁘다.

이제, 여성 영웅 여정의 근본적인 신화들로 나아가보자. 그것들은 우리가 그 서사를 쓸 때 필요한 주제들과 서사 구성요소들을 이해하도록 도와줄 것이다.

CHAPTER
4

기본적인 구조와 근본적인 신화들

여성 영웅 여정의 신화적 토대

우리는 왜 이 고대 신화들을 알아야 하는가? 그 이유는 우리에게 가장 대중적인 이야기 중 아주 많은 것이 고대 신화 속에서 나오기 때문이고, 그 이야기들이 이 패턴들에 의지해서 성공하기 때문이다. 그리고 서양 세계 서사의 핵심적인 특징이 여성 영웅의 여정에 기대어 있기 때문이다.

나는 이 핵심 서사의 근본적 이해를 돕기 위해 여성 영웅 여정을 보여주는 신화 세 가지를 선택했다. 또, 그 세 주요 인물은 모두 여신들이다. 데메테르, 이시스, 그리고 인안나이다.

왜 이 셋인가?

자, 그들은 내가 가장 익숙하고 잘 아는 신들이다. 나는 그들을 좋아하고, 많이 분석했고, 그들이 여성 영웅 여정을 독특하게 만드는 가장 중요한 서사 구성요소들을 보여준다고 생각한다. 이것이 이들만이 여성 영웅 여정을 보여주는 신들이라는 말은 아니다. 사실, 나는 여러 신화들이 잇달아 발굴되어서 이 서사의 복잡한 성격과 범위를 더 잘 보여주기를 바란다.

나는 이 세 가지 신화를 내 방식으로 말하고 있다. 이것은 나의 해석이기 때문이다. 그것들은 서로 다르지만 중요한 유사성을 공유한다. 한 가지 유사성은, 주인공이 여성이고 완전한 여신이라는 점이다(여기엔 반신들은 없다).

왜 그들은 여신인가?

그리스 신화에는 반신 유형의 여성 영웅들은 아주 드물다(당신이 아탈란타*가 있다고 지적한다 해도, 그녀는 여성 영웅이 아니라 남성 영웅이다). 나의 의견으로는, 매우 강력하며 자연의 요소들을 대표하는 여신들만이 유일하게 가부장적인 사회가 허락할 수 있는 능동적이고 자율적인 역할을 맡은 여

---

*   그리스 신화에 등장하는 뛰어난 사냥꾼이자 달리기에 능한 여성 전사. 칼리돈의 괴물 멧돼지 사냥에 나섰다. 독립적이고 강한 여성의 상징이다.

성 권력자들의 모델이었을 것이다.

여신들이 인간이면서도 신성한 상징이기도 하다는 점은 그들에게 기능적 자율성을 부여하며, 그들이 서사적 신화가 되어 그들 자신의 여정을 떠날 수 있게 한다.

왜 이것이 필요한가?

거기에 대해서는 완전히 다른 책이 한 권 나올 것이다.

이 신화들에 담긴 이야기는 여성 권력자라는 개념은 본질적으로 위험하다는 '메시지'를 신화 속에서 전달한다. 당신은 스스로 이야기를 쓰면서 이런 류의 개념들을 전달하거나 약화시킬 수 있다. 이 신화들을 보면서 그 신화들이 전달하는 메시지들에 유념하고, 감정적인 공명과 청중과의 공감을 고무하기 위해 그것들을 어떻게 활용할지를 고민해보라.

우리의 여성 영웅 여정은 힘과 권력, 성공을 남성 영웅 여정의 방식과 180도 반대로 정의하고 있고, 이것은 매우 재미있는 유희를 할 수 있게 만든다.

그러니 이제, 진짜 유용한 내용으로 가자. 내가 이 세 가지 신화를 다시 이야기할 때, 여기에 당신이 주의 깊게 살펴보기를 바라는 여성 영웅 여정의 내러티브 비트들이 있다.

여성 영웅 여정의 기본 비트들

- '하강(상실이나 헤어짐)'
- 가족 네트워크가 부서진다.
- 간청들이 무시되면서, 권력의 포기라는 결과를 낳는다.
- 물러남은 '본의 아닌 것'이다.
- 가족은 도움을 제안하지만 해답이 아니다.
- 결과는 고립과 위험이다.
- '탐색(통합을 위한 탐색을 위해 강요된 물러남)'
- 가족의 상실은 위험을 뜻한다.
- 위장/전복
- 대안 가족/네트워크에 대한 호소와 공동체를 다시 세우려는 시도
- 지하 세계를 방문한다.
- 친구/가족이 도움을 준다.
- '상승(혹은 돌아옴)'
- 재결합을 위한 협상은 그 결과 모두에게 이익을 주는 타협을 낳는다.
- 네트워크가 만들어진다(혹은 바뀐 형태로 다시 만들어진다).
- 복수는 상관없고, 영광도 상관없다.

여성 영웅의 여정은 팀을 만들고, 결합을 창조하고, 사회

적 관계를 생성하고, 문명과 후세를 보장하려는 것이다. 그것은 또한 균형과 타협을 추구한다.

    나는 이 비트들과 연관된 서사 구성요소와 메시지 들로 돌아오면서(그리고 더 설명하면서) 이 신화들과 여성 영웅의 여정을 그리는 대중문화의 예시 두 가지를 분석하고 보여줄 것이다.

데메테르 신화의 개요
또한 페르세포네 납치(혹은 강간)로도 불린다

데메테르 신화에 대한 나의 분석은 그레고리 나지(Gregory Nagy)가 번역한 「데메테르를 향한 호메로스의 찬가」에 기반을 두고 있다(날짜는 알려져 있지 않지만, 그 번역은 저자와 하버드 대학이 온라인에 공개한 것으로 보인다. gailcarriger.com/HJ_Nagy를 보라). 이것은 가장 널리 알려지고 연구된 번역 중 하나다. 나는 그 작품을 주요 원전으로 삼는다. 물론, 고대 세계 때부터 여러 판본이 있었고 그 판본의 번역 역사에 따라서 여러 변형이 존재한다.

데메테르는 미케네 시대나 더 오래전까지 거슬러 올라갈 수 있고, 몇몇 토착 수확(농경)과 생식력의 여신들이 병합된 결과 생긴(버커트 1985, 295) 복잡한 여신이다. 그녀는 더 널리 받아들여졌고 로마인들은 케레스라는 이름으로 바꿔서 숭배했다. 그리스와 로마 시대 동안 이 신화에 기반을 둔 축제/순례를 포함하여 데메테르를 중심으로 한 매우 번창한 컬트(엘레우시스 밀교를 찾아보라)가 발달하였고, 이것은 마치 '귀에 속삭이기' 게임의 신화 버전처럼 이 서사에 더욱 영향을 미쳤다.

다른 말로 해서, 데메테르의 여성 영웅의 여정에는 다른 시대와 장소에서 나오는 많은 다른 버전들이 있다. 나는 그 중에서 골라야 했고, 그래서 호메로스와 나지를 골랐다.

• • •

나는 늦게서야 데메테르를 알게 되었다.

어린아이였을 때, 내가 가장 좋아하는 그리스 여신은 언제나 아테나와 아르테미스였다. 그 뒤에 자라면서, 아테나의 제우스에 대한 외골수적 헌신과 호전적인 성격, 아르테미스의 순수성에 대한 강박과 강한 복수심이 나를 괴롭히기 시작했다. 그들 각자의 오리진 스토리는 말할 것도 없고. 다시 말하면, 지혜의 여신 아테나가 문자 그대로 제우스의 머리에서 태어났다는 사실…… 이것은, 어, 심란하다.

그래서 그때 나는 등한시될 때가 많은 헤스티아에 친밀감을 느끼기 시작했다. 조용히 만족하는 화로의 여신. 이 글을 읽는 누구나 내가 조용한 사람이 '아니라는' 사실에 놀라지 않을 것이다. 그래서 내가 결국 데메테르와 그녀의 잃어버린 딸에 대한 불꽃 같은 추적(문자 그대로, 그녀의 탐색을 묘사할 때 그녀는 대부분 횃불을 들고 있다)을 알게 되고, 그것을 사랑하고, 거기에 동일시하게 된 것은 오히려 최후의 선택이었다고 할 수 있다. 아주 솔직하게 말하자면, 헤르메스가 내 마음을 가져갔고 언제나 그럴 테지만. 트릭스터 신은 사랑할 수밖에 없지.

내가 무슨 말을 하고 있었더라?

아 그래…… 데메테르!

데메테르의 이야기

아무도 내 딸을 나에게서 훔쳐가지 못한다,
심지어 죽음의 신이라도!

데메테르의 하강

데메테르는 힘을 보유하고 있다. 그녀는 올림푸스산 위의 권좌에 앉은 여왕이다. 올림푸스산은 그녀가 수확, 양식, 농업, 생식, 계절, 그리고 생명의 주기의 여신으로서 영토를 주재하는 곳이다. 그녀는 자신의 힘과 인류에 대한 지배권을 상징하는 왕관(머리장식)을 쓴다.

데메테르가 뭔가 다른 일을 하고 있는 동안 그녀의 딸, 아름다운 아가씨 페르세포네는 들판에서 꽃을 따며 노닐고 있다. 대지가 거대한 틈을 연다. 하데스가 나타나 페르세포네를 납치해서, 지하 세계로 끌고 내려간다.

데메테르는 딸에게 무슨 일이 일어났는지 모른다. 오직 자신의 아이가 사라졌고 페르세포네가 절대로 자신의 자유의지로 떠나지 않았으리라는 점을 알 뿐이다. 페르세포네는 끌려간 것이 틀림없다.

다른 신들이 아무도 데메테르에게 무슨 일이 일어났는지 말해주지 않자, 그녀는 올림푸스 산에 있는 자신의 권좌에서 물러난다. 아주 멋진 상징적인 행위가 이를 표현한다―그녀는 자신의 머리장식(왕관)을 뜯어내고 분노에 가득 차 그것을 버린다.

이것은 대부분의 여성 영웅의 여정에 나타나는 전형적인 표지이다―가족적 연결을 빼앗기거나 그것이 끊어진 결과 신적인 힘(혹은 정의된 사회적 역할)을 거부하는 것. 모든 여성 영웅의 여정 속에서 가장 중요한 순간은 그녀를 행동으로 나서게 만드는 이런 가족의 균열이다.

이런 표지가 드러나는 또 하나의 순간은 데메테르가 그녀의 베일을 찢어낼 때다―순결과 결백의 상실을 보여주는 행위. 이것은 성적인 함의를 가지는 자발적인 각성으로, YA나 로맨스 소설에서 자주 나타나곤 한다.

데메테르의 탐색

데메테르가 할 수 있는 유일한 선택은 직접 페르세포네를 찾는 것밖에 없는 듯했으며 여신은 딸을 찾기 위해 올림푸스를 떠난다. 그녀는 문명의 안전한 자리에서 물러난다. 데메테르의 경우, 이것은 그녀의 올림푸스 권좌이고 문자 그대로 신성한 힘의 자리이다. 그녀는 동시에 딸을 되찾기 위해 (머리장식 같은) 여왕의 신성한 표지들을 포기하고, 자기 정체성의 요소들을 희생시킨다.

데메테르는 열심히 딸을 찾지만 성과가 없고 외롭다. 그리고 그녀가 탐색하는 동안, 문명은 괴로움을 겪는다(끔찍한 기근이 든다). 그 시기 데메테르는 주로 왕관 없이 그려지고, 타오르는 횃불을 들고, 지상을 방랑한다.

 데메테르의 자매 여신인 헤카테가 그녀에게 와서 정보를 준다. 이것은 여성 영웅이 자신의 퀘스트를 완수하는 데 필요한 네트워킹의 한 유형으로 우리가 처음 드는 예시이다. 헤카테는 자기가 뭔가를 들었지만, 실제로 아무것도 보지는 못했으며, 아마도 누군가 다른 신에게 물어봐야 할 것이라고 말한다. 헤카테는 마법, 요술, 밤, 달, 유령들, 그리고 강령술의 여신이다.

 데메테르와 헤카테는 **함께**(이것이 여기서 핵심어다) 헬리오스(하늘에 떠 있는 전차에서 모든 것을 보았을 해의 신)를 찾아내, 페르세포네가 유괴당한 사건의 진실을 말해달라고 설득한다. 그는 마지못해서 그렇게 하지만, 동시에 데메테르에게 그 분리를 선선히 받아들이라고 충고한다. 하데스는 강력한 사위가 될 것이라고 하면서 말이다.

 데메테르는 이제 하데스가 자신의 딸을 데려갔으며, (헬리오스가 내비쳤듯이) 다른 신들이 페르세포네를 되찾아오는 일을 돕지 않으리라는 것을 알게 된다. 그 결과, 그녀는 감정적으로 뒤로 물러난다. 그녀는 심지어 전보다 더 심한 비통 속에 빠진다.

 왜 더 심해졌는가? 돕고 싶지 않아 하는 헬리오스의 태도가 그녀의 가족 네트워크가 다른 방향에서 끊어졌다는 걸 보여주기 때문이다. 데메테르는 (그녀의 형제들인) 신들에게 호소할 수 없다. 그들은 그녀 편에 서서 하데스와 맞서지 않을 것이다.

그래서 데메테르는 세계를 계속 기근으로 벌하면서 늙은 노파로 변장하고 지상을 방황한다. 이 지점에서, 그녀는 여신이자 여왕으로서의 권리는 물론 자신의 아름다움과 그것이 나타내는 힘도 거부했다. 이는 본질적으로 정체성의 완전한 물러남이다. 데메테르는 예전에 인격성을 드러내던 모든 특징을 포기해버렸다. 재결합을 향한 과정에서 나타나는 변장과 정체성의 변화 또한 여성 영웅의 여정에서 흔하게 나타나는 표지이다.

그렇게 방랑을 하는 노파 데메테르를 켈레오스 왕과 메타네이라 왕비의 딸이 발견한다. 왕과 왕비는 데메테르를 들여 그들의 왕궁에서 아기 왕자를 돌보게 한다. 이것은 여성 영웅의 여정에서 또 다른 커다란 표지이다. 대안 가족이나 두 번째 가족, 그리고 관계망을 더 확장하려는 끊임없는 욕구. 그렇지만 데메테르는 여전히 우울한 상태다. 그녀는 불 근처의 낮은 스툴에 앉아서, 아무에게도 말하지 않고, 슬픔에 빠져 산다.

데메테르의 우울은 오직 선정적인 유머의 여신 이암베만이 완화할 수 있다. 이암베는 데메테르에게 와서 농담을 하고 그녀는 덕분에 웃고 기분이 매우 나아진다.

이암베는 이암빅(iambic)* 전통을 의인화한 캐릭터다. 그녀는 웃음과 생식력을 자극하고, 그녀가 데메테르에게 말하는 농담들은 꽤 음란한 종류였을 것이다. 데메테르는 생식력의 여신이기도 하다는 것을 우리는 기억해야 한다(만약 당신이 흥미로운 것을 원한다면, 이암베의 조각상을 찾아보라).

　내가 이암베를 언급하는 이유는 여성 영웅 여정의 또 다른 특징이 유머이기 때문이다. 작가들은 이 서사 속에 코미디를 아주 쉽게 삽입할 수 있으며, 코미디는 또한 페이스를 맞추는 훌륭한 도구가 된다. 경박함은 여성 영웅을 치유한다. 유머는 남성 영웅의 여정에서도 사용될 수 있지만, 그 경우에는 집중을 방해할 때가 더 많다.

　여전히 가족 네트워크를 형성하길 바라는 데메테르는 어린 왕자(그녀가 보살펴야 하는 아이)를 불멸의 존재로 바꾸기로 한다(그렇게 그녀 자신의 신성을 그에게 부여하고서 그를 더욱 자신의 자식으로 만들려고 한다). 그녀는 문자 그대로 그 아이가 장작이나 나무인 것처럼 불 속에 놓아 필멸성을 태워 버림으로써 그렇게 하려 한다. 불행히도, 데메테르의 행동을 보고 아이의 어머니인 왕비가 비명을 지르며 달려들어 왕자를 구출한다.

---

*　약강격 또는 단장격. 약하거나 짧은 음절에 강하거나 긴 음절이 따라 나오는 형태.

혼란스러운 상황이 벌어진다. 데메테르는 아이를 떨어뜨리고, 아이의 여자 형제들이 들어와 아이를 둘러싸고 난리를 치기 시작하고, 데메테르는 노파 변장을 벗어던지고 아름다운 여신의 본모습을 드러낸다(만약 당신이 이 이야기 전반에 이방인이 변장한 신일지도 모르니까 이방인에게 친절해야 한다는 환대의 교훈이 있다고 생각한다면, 물론 그렇다).

왕비와 왕은 데메테르 앞에서 엎드려서 그녀에게 자비를 빈다. 그 대가로 그녀는 켈레오스 왕에게 자신에게 바치는 아름답고 웅장한 사원을 지으라고 요구한다. 이 점은 중요하다. 종교적 목적이 있는 커다란 건물은 문명을 상징하는 가장 시각적이고 구체적인 예이기 때문이다. 여성 영웅은 부당한 취급을 받았을 때 무엇을 요구하는가? 문명의 가장 중요한 표현, 즉 조직된 종교를 기리는 기념물이다. 남성 영웅은 무엇을 하는가? 아마도 모두의 머리를 잘라낼 것이다.

또한 이 지점에서 데메테르가 굶어 죽어가는 인류를 불쌍히 여기고 한 젊은이(아마도 다른 왕자)에게 농업의 비밀을 가르친다는(이것은 나지의 번역에서는 분명하지 않다) 암시가 있다.

데메테르는 그녀의 새 사원에서 권좌에 앉고, 다른 신들이 하나하나씩 올림푸스에서 내려와 그녀에게 관용을 간청한다. 그녀는 절대로 올림푸스로 돌아가지 않겠다고 말하면서, 자신의 딸을 다시 볼 때까지 절대 그녀가 내던진 의무,

혹은 신적인 의무를 계속하지 않겠다고 거부한다. 그리고 절대 수확을 허락하지 않겠다고 말한다.

데메테르의 상승

데메테르가 모든 인류를 파괴해버리기 직전이라는 것을 깨닫고(그러면 누가 신을 숭배할 것인가?), 제우스는 헤르메스를 지하 세계로 보내어 페르세포네를 도로 데려오도록 한다.

페르세포네는 지상으로 올라오고, 그녀와 어머니는 멋지게 상봉한다. 불행히도 그녀는 하데스는 준 석류씨 몇 알을 먹어서, 이 때문에 1년의 3분의 1을 하데스와 함께 그의 아내로서 지하 세계에서 보내도록 묶인다. 그녀는 1년의 3분의 2는 자기 어머니와 함께 올림푸스산 위에서 보낸다.

이것이 여성 영웅 여정의 마지막 중요한 비트이다. **타협**.

우리의 여성 영웅은 타협에 능하고(그 안에 연결의 힘이 있다) 그것은 모두에게 좋은 일이다. 타협을 위해 협상할 수 있는 여성 영웅의 능력은 힘의 통합을 이끌어내고, 세계와 문명에 긍정적인 영향을 준다.

여기서는 균형이 관건이다. 이 신화에서, 데메테르는 인류에게 농업을 가르쳤고 계절을 정했다. 그녀는 아무 보물도 얻지 않았고 어떤 복수도 하지 않았다. 사실, 그녀는 자신의 시련을 모든 인류에 대한 혜택으로 바꾸었다. 계절과 음식의 지속적인 공급으로 말이다.

이시스 신화의 개요
또한 오시리스의 부활로도 불린다

사실, 이 신화는 (로마의) 역사적 기록 속에서, 그리고 서구의 사고방식(지난 세기 전환기의 프랑스와 영국)에서 '오시리스의 부활'로 가장 자주 불린다. 만약 당신이 움찔 놀라는 것을 좋아한다면 이 책 뒤에서 이 신화에 대한 인용구들을 찾아보길 바란다.

당신은 이렇게 생각할 수도 있겠다.

"잠깐만 기다려 봐. 강력한 주요 여신이 이집트 전역을 탐색하는 이야기인데, (자매의 도움을 받아) 남편의 신체 부분들을 찾고, 사원을 짓고, 임신하고, 새로운 왕이자 신을 키우고, 내세와 인간성의 지속이라는 아이디어를 도입하는 이야기인데 이 이야기에 죽은 남편의 이름을 땄다고?"

그렇다, 나는 당신 편이다. 나는 확실히 눈썹을 치켜올리고 있다.

이시스 신화의 주요 원천 재료는 흩어졌으며 뒤따른 고대 문화들이라는 렌즈를 통해 걸러졌다. 빅토리아 시대라는 렌즈는 말할 것도 없다. 나는 이시스 신화의 주요 연구자 두 명에게 의지하기로 했다. E. A. 월리스 버지(Budge 1895,

1911과 1960)와 개리 J. 쇼(Shaw 2014)다. 이 책의 뒤에서 전체 인용을 보라.

결론적으로, 이 신사들은 대충 꿰어 맞춘 자료들의 편집본에 의존하고 있다. 그들은 둘 다 오시리스 신화를 기록한 고대 그리스 작가들을 참조한다. 플루타르코스의 『이시스와 오시리스(*De Iside et Osiride*)』(1936 번역)와 디오도로스 시켈로스의 『역사 총서(*Library of History*)』(1933 번역)이다. 이 고대의 두 신사들은 당연히 그들의 여신 데메테르라는 렌즈를 통해 이시스 신화를 재해석하는 경향이 있다.

이 이시스 신화는 버지와 쇼를 통해 다음의 세 가지 고고학적 파편들에서 직접적으로 가져온 것이다. 영어 번역은 보통 다음과 같다. 『피라미드 텍스트 속의 설명(The Account in the Pyramid Texts)』, 『파피루스 솔트 825(Papyrus Salt 825)』, 『이시스와 네프티스의 비탄(The Lamentations of Isis and Nephthys)』(프톨레마이우스 왕조 323-30 BCE로 추정되는 베를린 파피루스 3008의 번역으로 온라인에서 볼 수 있다).

• • •

이렇게 여기저기서 기워 붙인 신화지만, 이시스 신화는 아마도 지금까지 내가 가장 좋아하는 신화일 것이다.

그러나 이 신화는 서구적 사고방식으로는 완전히 이해하기 힘들다. 고대 이집트인들은 신들과 신화에 저마다의 역할과 기능을 적용하는 데 상당히 융통성이 있었다. 예를 들어, 그들은 여러 가지 서로 다른 창조 신화들을 가지고 있었지만 모두가 아무 문제 없이 공존했고, 영혼과 영혼이 사후에 어디로 가는가에 대한 여러 가지 서로 다른 개념들도 그러했다.

이집트 신화에는 다양성이 있으며, 신들에 대한 정의(그리고 그들의 많은 모자와 머리들)도 다양하다. 이는 신들의 영역, 역할, 묘사, 물리적 특성, 혹은 상징이 딱 들어맞지 않는다는 것을 뜻한다. 한 여신은 동시에 많은 것이 될 수 있고, 많은 것이기도 하다.

고대 이집트 문명은 또한 3000년 정도 존재했다. 이 광범위한 기간 동안, 이시스 신화는 변했고 여러 가지 형태로 변모했다. 나는 여러분에게 내 요약본과 내가 선호하는 재해석을 용인해달라고(분명 지나치게 단순화되긴 했다) 간청하고, 가능하다면 원본을 찾아 읽어보기를 권한다.

어쨌든 계속 읽으라, 이시스 신화는 즐길 것이 많기 때문이다! 앞으로 나올 페이지들에서, 당신은 없어진 남근, 자매의 연대, 미라의 부활과 마주칠 것이다.

어서 오시라, 사랑하지 않을 이유가 어디 있는가?

이시스의 이야기

내 남편을 조각조각 잘라라, 응?

이 신화는 여러 가지 방식으로 시작한다. 어떤 버전들에서는 이시스는 세트와 결혼해서 오시리스와 바람을 피우고, 반면 그녀의 자매(어떨 때는 일란성 쌍둥이) 네프티스는 오시리스와 결혼한다. 대부분의 경우 이시스는 오시리스와 결혼하며 세트는 왕좌를 탈취하고 현존 세계를 지배하려는 시도를 한다. 많은 버전에서, 이시스의 자매/자매 아내* 네프티스는 오시리스와 아이를 갖는다. 이 아이는 아누비스로 이시스가 입양한다(입양은 고대 이집트에서 매우 흔했다).

우리에게는 출처가 많기 때문에, 많은 버전들이 있다. 고대 이집트인들은 아주 긴 기간 동안 문명을 이어갔기 때문에, 같은 제국 안에서도 다른 지역에서는 신화가 서로 다르게 발전했다. 그냥 이것을 거대한 커뮤니케이션 게임이라고 생각하라. 그 게임에 모든 것이 쓰여 있지는 않고, 어쨌든 매우 적은 사람만이 읽을 수 있으며, 만약 읽을 수 있다고 해도 모든 사람들이 그 내용을 다르게 말하고 있는 것이다.

---

* 고대의 혼인 방식에서 두 자매가 한 남자와 결혼한 경우.

이시스의 하강

혼돈의 신 세트는 신들의 지배자인 형 오시리스를 죽이려는 음모를 꾸미고, 오시리스의 몸을 어느 나무에 가두게 된다(버지 1960, 54). 남편/오빠/연인을 잃고 가족 네트워크가 깨지자, 이시스는 여신의 힘과 여왕의 지위에서 물러난다. 그녀는 하강에 들어가, 변장을 하고, 결국 오시리스를 구출하는 데(혹은 적어도 그의 몸을 해방시키는 데) 성공한다.

불행히도, 그녀는 그때 다른 데 정신이 팔리고(우리는 어쩌다 그랬는지 잘 알 수 없다) 세트는 오시리스의 몸을 도로 훔쳐내는 데 성공한다.

세트는 오시리스를 14조각으로 자른다(어떤 버전들에서는 26조각이지만, 나는 14조각으로 배웠기 때문에 이를 따를 것이다). 그리고 나서 세트는 오시리스의 조각들을 나일강 계곡 전체에 흩뿌려 놓는다.

이시스의 탐색

이시스는 이집트 전역을 뒤지면서 오시리스의 몸 조각을 주워 모으기 시작한다. 때때로 그녀는 이 일을 혼자 하지만, 네프티스(여동생) 혹은 개 머리의 아누비스(조카/입양된 아들 그리고 무엇보다도 생명에서 죽음으로 이행하는 신)과 함께 할 때가 더 많다.

왜냐하면 여성 영웅을 그녀가 짊어진 퀘스트에서 가장 잘 돕는 것은 친구들과 가족 구성원들이기 때문이다. 특히 네프티스는 이시스를 흠모하고 그녀에게 헌신해 자기가 할 수 있는 한 최선을 다해 도우면서, 퀘스트의 짐과 오시리스를 잃은 감정적 상실을 나누려고 한다.

이시스는 몸 조각을 하나하나씩 찾으면서 탐색에 어느 정도 성공한다. 네프티스와 아누비스는 이시스를 도와 오시리스의 사지를 발견하고 하나하나마다 제대로 매장하도록 돕는다. 어떤 경우에는, 그녀는 실제 몸 조각 대신 작은 신체 조각 봉헌물들을 매장했다는 이야기가 전해지는데, 이렇게 해서 그녀는 나중을 위해 오시리스의 모든 몸 조각을 가지고 있을 수 있었다. 이시스가 오시리스의 조각을 발견할 때마다, 그녀는 그 자리에 사원을 세우도록 했다(버지 1911, Loc 2179).

데메테르는 겨우 사원 한 개만 세웠는데, 이시스가 열세 개를 세운 것을 보라! 다시 한 번 말하지만, 이 사원들은 문명(조직된 종교)에 해당한다. 그리고 남성 영웅의 경우와는 달리, 여성 영웅에게 문명은 위협이 아니다.

왜 겨우 열셋뿐인가? 자, 이시스는 오시리스의 열네 번째 조각을 발견하지 못한다.

위기다! 그의 성기가 사라졌다. 안 돼! 듣기로는, 그것은 물고기에게 먹혔다고 한다(쇼 2014, 74). (뭐, 누구나 그런 경험이 있지 않나, 아닌가?)

그래서 이시스는 자신이 할 수 있는 일을 한다. 가짜 성기를 만들어서 후계자 호루스를 가지기 위해 그것으로 생식 활동을 한다. 그다음 그녀는 오시리스의 모든 조각을 함께 싸서 네프티스와 아누비스(미이라화의 신)의 도움을 얻어, 오시리스를 되살린다.

'이시스와 네프티스의 비탄'으로 자주 일컬어지는 부분인데, 두 자매는 오시리스를 도로 그의 몸으로 불러 (사실상 내세를 창조하면서) 되살린다. 나는 아래에 인용된 구절 속에서 완곡하게 표현된 부분을 강조했다. 왜냐하면 나는 완전히 뻣뻣하고 체면을 차리고 신중하려고 애쓰는 버지가 미칠 듯이 재미있기 때문이다.

> "그녀는 지칠 줄 모르고 그를 찾았다, 그녀는 슬픔 속에서 이 지상을 돌고 돌아 방랑했고, 그를 찾지 않고는 앉지도 않았다. 그녀는 깃털로 빛을 만들었고, 날개로 공기를 창조했고, 오빠를 위해 죽음의 통곡을 했다. 그녀는 **심장이 멎은 그의 움직이지 않는 기관들을 일으켜 세웠다, 그에게서 정수를 뽑아냈다, 그녀는 후계자를 만들었다, 외로움 속에서 그 아이를 키웠다**, 그리고 그가 있었던 장소는 알려지지 않았다, 그리고 그는 힘과 키가 커졌다, 그리고 그의 손은 대지의 신 케브의 집 안에서 강력했다." — 버지 1895

강조는 (물론) 내가 한 것이다, '그에게서 정수를 뽑아냈다'라니, 정말로! 하!

어쨌건, 이시스와 네프티스 둘 다 호루스를 기른다(버지 1911, Loc 2524). 그는 자라서, 자신의 영웅적인 여정을 떠나고, 삼촌 세트를 이긴다. 상(上) 이집트와 하(下) 이집트의 통치권을 물려받고, 모든 것이 잘 된다.

어떤 이야기들에서는, 이시스는 호루스와 이 사이클을 전부 다시 겪는다. 이 버전에서는 세트가 호루스를 전갈로 죽이고 네프티스의 명령에 따라 토트가 되살린다(버지 1911). 어떤 버전들에서는 속임수를 써서 세트를 죽이는 것은 호루스가 아니라 아누비스다.

호루스의 이야기는 적을 정복하는 남성 영웅의 여정이다. 반면 놀랍지 않게도 이시스는 복수, 승리, 패배 같은 면에는 무관심하다. 그녀는 여성 영웅의 여정에 있는 것들을 이미 성취했기 때문이다. 그래서 그녀는 아들에게 그가 할 일을 하게 한다.

이시스의 상승

호루스는 지상의 통치권을 인수했으며, 이시스는 (그녀의 여동생과 아누비스와 함께) 이제 오시리스가 다스리도록 내세를 창조하고 미이라를 만드는 법을 발명해 인간들도 죽은 뒤 내세로 넘어가 그곳에서 신들에 대한 숭배를 계속하게끔 했다.

그다음 이시스는 자기 시간을(그리고 어느 정도로는, 그녀의 정체성도) 이집트(두 개의 땅)에서 호루스와 사는 시간과 내세(이것은 본질적으로 현세와 닮았다)에서 오시리스와 사는 시간으로 번갈아 쓸 수 있다. 그녀는 두 신 중 한 명의 곁에 있는 걸로 묘사될 때가 많다. 그녀는 또한 통치자의 왕좌가 되거나, 왕좌를 나타내거나, 왕좌 뒤에 서 있을 수도 있다.

이것이 그녀의 타협이다. 동반자 관계와 내세뿐만 아니라, 가장 핵심적인 이집트의 믿음—지금의 삶이 사후에도 계속되고, 신들은 어디서나 계속 강력하다는 믿음—과 엮여 있는 주기적인 연속성.

• • •

이시스 이야기는 내가 가장 좋아하는 여성 영웅의 여정일 것이다.

나는 그녀가 문자 그대로 자기 남자의 조각들을 모아 그를 다시 제자리로 모은다는 점에 주목한다. 이는 네트워킹을 아주 환상적으로 표현한 것이다. 정말로 이시스에게 아무것도 빚지지 않은 여동생 네프티스가 계속 옆에 있으며 도움을 준다는 것은 말할 필요도 없다.

이시스는 우정 속에서 강하다. 그녀는 문자 그대로 한 신을 다시 제자리로 모으는 능력 속에서 강력하다. 이것을 어떻게 당신의 글에 담아낼 수 있을지 당신이 이해하게 되면 좋겠다.

  많은 로맨스들이 가진 놀라운 감정적 울림과 매력은 이런 통합적인 추진력에 있다―특히 착한 소녀가 나쁜 소년을 구하는 이야기들(만약 당신이 『그레이의 오십 가지 그림자』를 생각하고 있다면, 나도 그렇다). 그렇다, 이런 개념으로 인해 사회가 입을 수 있는 피해가 있다. 그러나 당신은 작가로서 혹은 독자로서, 이것이 강력하게 '효과적인' 이야기라는 것을 부인할 수 없다.

인안나 신화의 개요
또한 이슈타르의 하강이라고도 불린다

학부생 때 처음 공부하기 전에는 나는 인안나에 대해 전혀 몰랐다. 이미 이시스와 데메테르에 대해서는 매우 잘 알고 있었지만, 인안나는 나중에 알게 되었다.

(수메르어로) 인안나 혹은 (아시리아어로) 이슈타르는 사랑, 전쟁, 그리고 (다른 여러 가지 것들 중에서도) 섹스의 여신이다. 그녀는 데메테르나 이시스보다 훨씬 더 폭력적이고, 날개와 여러 개의 칼들을 가지고 있으며, 새의 발을 가지고, 사자 등 위에 서 있는 것으로 자주 묘사된다.

이 신화에 대한 나의 분석은 다이안 보크스틴과 새뮤얼 노아 크레이머의 『인안나: 하늘과 땅의 여왕(Inanna: Queen of Heaven and Earth)』(1993)을 토대로 하고 있다. 이 책은 1889년부터 1963년까지 여러 학자들이 번역한 30개의 서로 다른 문서와 파편 들의 편집본이다.

없어진 부분들도 있고 몇몇 부분들은 여전히 해석에 열려 있다. 우리가 여기서 이야기하고 있는 것은 학문적인 규율이 훨씬 덜 엄격했고 심지어 객관성은 고려되지 않았던 시대 동안 수집되었던 고고학적인 기록이다. 그 내용은 너무 복잡해서 여기서는 완전히 분석해볼 시간이 없다. 당신이 특별히 인안나에 대해 관심이 있다면, 원래 번역을 읽어보라고 추천한다. 당신이 그럴 생각이라면 원자료는 매우 반복적이고 노래 같다는 점을 말해둔다.

• • •

 내가 인안나를 썩 좋아하지는 않는다는 것을 인정해야겠다. 그녀는 꽤 불쾌한 캐릭터로 보인다.
 당신은 분명 데메테르나 이시스와 술을 마시러 나가서 멋진 시간을 보낼 수 있을 것이다. 그러니까, 신체 절단과 석류 알러지를 이야깃거리로 사과주 한두 잔을 마시며 떠들 수 있을 것이다.
 인안나는 잠시 재미있을지도 모르지만 바에서 싸움을 벌이기 시작할 것이고, 당신은 그녀가 불평으로 가득 차고 징징대는 데도 챔피언이지만 뒷담화는 끝내주게 잘하는 그런 친구라는 것을 알게 될 것이다.

• • •

 또한, 빠르게 덧붙이자면, 그녀의 또 다른 신화 파편인 '훌루푸-나무'에서, 인안나는 뱀과 다른 못된 존재가 자신의 신성한 나무를 차지했을 때 영웅 길가메쉬와 우연히 마주쳐 그를 충동질한다. 자기 나무를 장악한 반갑지 않은 존재들을 없애도록 도와달라고 자신의 남자 형제인 용맹한 전사 우투에게 요청했다가 거절당하자, 인안나는 우루크의 영웅 길가메쉬에게 간다.

길가메쉬는 갑옷을 입고, 도끼를 들고, 인안나의 성스러운 정원에 들어가 그녀의 적인 뱀을 이기고, 그녀의 나무를 가르고, 그녀에게 왕좌를 만들어준다. 그 보답으로, 인안나는 그를 위해 푸쿠와 미쿠라고 불리는 힘의 상징을 만든다 (보크스틴과 크레이머, 8-9).

나는 남성 영웅의 여정 위에 사는 주민들에게 매우 큰 중요성을 지니는 길가메쉬가 인안나를 돕는 모습이 재미있다고 생각해서 이 점을 언급한다. 이어 8장에서는 여성 영웅 여정의 서사 구조 안에서 남성 영웅이 (남성 영웅의 여정 위에서) 나타날 때 무슨 일이 일어나는지 말할 것이다.

그러나 우선 인안나 신화의 복잡한 특징들에 대해 논의해보자.

인안나의 이야기

사랑은 자매, 중매 결혼,
그리고 바의 파리들과 관련된 복잡한 문제다

인안나는 존재의 모든 면을 지배하려고 시도한다. 하늘과 땅의 여왕이 되는 것으로는 충분하지 않다. 그녀는 지하 세계도 지배하고 싶다. 그래서 그녀는 죽음의 여신 에리스키갈을 찾아가 이기겠다고 맹세한다.

여성 영웅들은 보통 권력을 향한 추구라는 동기로 움직이지는 않기 때문에, 이것은 분명 여성 영웅의 여정으로서는 특이한 시작일 것이다. 그러나 그녀는 다른 여러 중요한 비트들을 울린다(그리고 여기서 당신에게 다시 한 번 다음과 같은 사실을 강조한다. 모든 남성 영웅들이 언제나 남성 영웅 여정의 '모든' 지점을 밟지 않는 것처럼, 여성 영웅도 그렇다).

• • •

인안나의 하강

하강의 첫 번째 부분에서, 인안나는 지하 세계로 내려가기 위해 자신의 권력의 자리(하늘과 땅)와 여사제로서의 지위를 포기한다(보크스타인 & 크레이머 1993, 52). 대부분의 여성 영웅의 여정에서, (비유적이든 실제로든) 지하 세계 방문은 '탐색'에서 일어난다. 인안나는 약간 빨리 방문하는데, 이 비트가 빨리 나타나는 것은 가족의 연결이 나중에 잘려 나간다는 사실과 관계가 있다. 그래서 그 둘이 바뀐 것이다.

인안나의 첫 물러남은 자기 왕관을 벗어버리는 데메테르와 비교할 수 있다. 데메테르와 마찬가지로, 인안나의 하강에는 공간적인 측면이 있다. 그것이 땅 아래, 인안나의 통치권과 권력의 자리(나무 왕좌)보다 더 낮은 곳으로 향하는 나선의 개념을 따르기 때문이다.

인안나는 충실한 시종 닌슈부르와 함께 지하 세계로 접근한다. 흥미로운 인물인 닌슈부르는 주로 인안나에 대한 충성으로 정의되며, 예속노예인지 자유노예인지 진정한 친구인지 연인인지는 불분명하다. 행동의 맥락에서 그녀는 거의 인안나의 자매 같다고 생각할 수 있다. 특히 나중에 인안나 신화의 부활 부분에서 강조할 형제/자매 관계(인안나의 남편과 그의 누이)와 비교할 때 그렇다.

그렇지만 인안나는 자신이 죽음을 정복하고 부활을 성취할 전쟁에서 실패할 때 신들의 도움을 요청하라고 닌슈부르에게 지시한다. 시종은 수긍하고 지하 세계의 입구에서 인안나가 돌아오기를 충실하게 기다린다.

죽음의 여신 에리스키갈은 인안나가 자신의 영역으로 더 깊이 들어오도록 허용한다. 그러나 지하 세계로 들어오는 일곱 문 하나하나마다, 인안나가 힘의 옷을 한 조각씩 벗어서 결국 나체로 정중하게 인사해야 한다고 주장한다.

이렇게 단계적으로 인안나는 신성, 여왕의 지위, 순결, 그리고 종교적 권위를 포기하며, 마침내 그녀의 권력을 완전히 빼앗겨 큰 위험에 처하고 그녀 자신의 정체성이 흔들리게 된다. 이렇게 보호해줄 것이 없어지자 에리스키갈은 인안나를 죽이고 그녀를 시체로, '고깃덩이'로 바꿔놓는다. 그 다음 에리스키갈은 그 '고깃덩이'를 벽 위 고리에 걸어놓는다(보크스타인 & 크레이머 1993, 60).

섬뜩한 내용이지만 나는 인안나 신화에서 이 부분을 아주 좋아한다. 이 부분은 인안나가 생명을 잃었을 뿐만 아니라, 신으로서 개인적 특질마저 잃었음을 표현한다. 데메테르는 그저 노파로 변하기를 선택했다. 그에 비해, 변장과 정체성의 상실로 들어가는 인안나의 여정은 매우 극단적이다.

닌슈부르의 탐색

한편, 닌슈부르는 거지처럼 차려입고 수메르의 만신전의 아버지 신들을 찾아가 인안나를 부활시키도록 도와달라고 요청한다. 신들은 닌슈부르를 거절하며 이렇게 주장한다.

> "'어둠의 도시'에 가는 자는 그곳에 머문다."
> ― 보크스타인 & 크레이머(1993)

아주 좋은 대사다. 이 대사를 읽을 때마다 언제나 나는 으스스해진다.

결국 닌슈부르는 만물의 아버지인 엔키, 곧 지혜의 신이자 인안나의 외할아버지에게 접근한다. 현명한 그는 인류의 생존에서 인안나가 얼마나 중요한지 안다(그리고 모든 신들에게는 인간의 숭배가 필요하다는 것을 안다. 인안나는 하늘뿐만 아니라 땅의 여신이기도 하기 때문에, 인간들이 숭배를 하도록 돕는다).

그래서 엔키는 도와주기로 한다. 그는 자기 하인들을 보내 에리스키갈과 같이 통곡하며 동정하고, 공감을 해서 그녀의 우정과 존경을 얻도록, 그리하여 죽음의 여신에게 은총을 요청할 수 있도록 한다. 매혹된 에리스키갈은 그들에게 원하는 것은 무엇이든 기꺼이 해주겠다고 한다. 그들은 인안나의 시체를 달라고 한 뒤에 그녀를 도로 살려낸다.

여기에 여성 영웅의 또 다른 표지가 있다. 그녀의 힘은 네트워킹에 있다―그녀의 가족과 그녀가 사귀는 친구들.

에리스키갈을 동정하도록 보내진 이 하인들이 감정이입이라는 행위를 한 결과, 인안나는 지하 세계의 함정에서 빠져나온다. 그녀를 자유롭게 만들고 여정을 계속할 수 있게 해준 것은 감정의 나눔, 감정이입이다. 이것은 나눔의 행위, 연결의 행위를 통해 이야기가 긍정적으로 계속되는 전형적인 여성 영웅 여정의 예이다.

인안나에게는 불행하게도, 지하 세계의 판관들은 아무도

죽음으로부터 무사히 돌아갈 수 없다고 고집한다. 그래서 그들은 에레스키갈이 맹세를 지키고 인안나를 돌려보내도록 허락해주는 대신, 갈라(지하 세계의 악마들)가 인안나의 모든 움직임을 가까이서 지켜봐야 인안나가 돌아갈 수 있다고 주장한다.

자신의 여신이 돌아오기를 기다리는 참을성 있고 다정한 닌슈부르는 인안나가 악마들에게 쫓기는 저주를 받은 것을 보고 인안나의 발치에 몸을 내던지며 악마들을 자기에게 씌우게 해달라고 간청한다. 갈라들은 인안나 대신 닌슈부르를 받아들이기로 기꺼이 동의하지만, 인안나는 거부한다. 닌슈부르는 그녀를 끊임없이 돕고 감정적인 지원을 해주는 현명한 조언자였으니까. 닌슈부르는 그녀의 편에서 기꺼이 싸우려고 했으며 그녀를, 혹은 그녀의 말을 잊지 않았다(보크스타인 & 크레이머 1993, 69).

인안나의 두 아들은 둘 다 거지처럼 차려 입고 인안나의 악마들을 대신 떠맡겠다고 간청하면서 이 과정을 되풀이한다. 그때마다 인안나는 그들과의 관계와 그들에 대한 사랑을 외치며 그들이 자기 자신을 희생하지 못하게 한다.

그다음 그녀는 다시 자기의 권좌에 도착하는데, 거기서 남편 두무지(양치기의 신)가 좋은 옷을 입고 그녀의 자리에서 그녀의 왕좌에 앉아 있는 것을 발견한다.

격분한 인안나는 그를 악마들에게 던진다. 그가 신의 없고 사랑도 없고 그녀를 위해 자발적으로 희생하지도 않기 때문이다. 본질적으로 인안나는 두무지가 자신을 그녀에게서 분리시키고 있기 때문에 그를 벌한다. 여성 영웅에게는 우월성을 추구하면서 홀로 있는 행위보다 더 큰 배신이 없다. 갈라는 두무지를 붙잡아 데려간다.

인안나의 탐색

여기서 고고학적 기록에 약간 빠진 부분이 있다. 두무지는 어떻게 해서인지 빠져나오고, (갈라에게 쫓겨서) 사람의 영역 속 어딘가로 사라진다. 그의 남매 게쉬틴안나(와인의 여신)는 그가 없어진 것처럼 애도한다.

그 텍스트는 악마들이 두무지를 쫓으며 그의 행방을 알려주는 사람에게 뇌물을 주겠다고 제안하는 것으로 다시 시작한다. 게쉬틴안나는 충직하게 그의 위치를 비밀로 지키지만, 두무지의 남성 친구 중 하나가 그를 배신한다.

두무지는 갈라에게 붙잡히며 그 결과 버터나 우유도 없어지고 "양 우리는 바람에 날아갔다"(보크스타인 & 크레이머 1993, 84). 게쉬틴안나는 자신의 오라비를 애도하고 인안나는 시누이의 슬픔과 사랑에 감동한다. 인안나는 두무지를 구출하겠다고 약속하지만, 그가 어디로 끌려갔는지 모른다.

파리 한 마리가 나타나 자기가 두무지의 행방을 안다며 거래를 하자고 제안한다. 인안나는 파리에게 맥주홀에서 모든 지혜와 소문을 배우면서 많은 시간을 보내도록 해주겠다고 제안한다. 이 선물에 기뻐하며 파리는 모든 것을 말한다.

인안나와 게쉬틴안나는 둘이 함께, 스텝 지대의 가장자리에서 울고 있는 두무지를 발견한다.

인안나의 상승

인안나는 에리스키갈과의(그리고 아마도 갈라와의) 거래를 중개한다. 그 거래에 따라 (남매애에 헌신하는) 게쉬틴안나는 자기 시간의 절반을 자기 오라비 대신 지하 세계에서 보내게 될 것이다.

이것은 여성 영웅 여정의 전형적인 결말을 보여준다―모두의 이익을 위한 절충이 이루어졌다. 이 경우에는, 매년 새해마다 신성한 거듭남의 권리(문화에 대한 크레이머의 노트들을 보라, 보크스타인 & 크레이머 1993, 125)가 성립된다. 그 거듭남은 계절의 주기, 결혼의 완성, 그리고 문명의 연속을 나타낸다.

인안나는 권력과 정체성을 희생하며 지하 세계로 방문하며(그녀는 벽 위의 고깃덩이가 되고 만다, 세상에) 그리고 재결합을 추구하면서 다시 방문한다. 모든 여성 영웅들이 그러하듯이, 그녀는 여정에서 계속해서 가족과 자매 같은 사이의 헌신, 그리고 (특별히 그녀의 경우) 쓸모 있는 정보를 가진 참견 좋아하는 파리의 도움을 받는다.

그녀의 결말은 가족과 타협으로 이루어져 있고, 그녀의 힘은 지원과 도움을 받을 때 나타난다. 그리고 그녀의 승리는 폭력적이지도 않고 적의 패배가 필요하지 않다. 오히려 연대, 희망, 재탄생의 승리이다.

• • •

이것으로 여성 영웅의 여정을 보여주는 세 가지 핵심 신화들을 내가 재해석한 이야기와 그에 대한 분석을 끝맺는다.

다음 부분에서, 우리는 이 신화들에 함의된 몇 가지 '메시지'와 '주제'를 논의하고, 현대의 여성 영웅의 여정 중 매우 성공한 대중문화의 예 두 가지를 볼 것이다. 해리 포터 소설과 영화, 그리고 트와일라잇 사가이다.

CHAPTER 5

여성 영웅 서사의 비트, 주제와 메시지

여성 영웅 여정의 기본적인 요소들

이 부분에서, 우리는 앞에 나온 신화들을 여성 영웅 여정의 기초적인 예시들로 간주하고서 현대에 스토리텔링의 맥락 속에서 그 신화들이 어떻게 이해되고 재해석되는지 볼 것이다. 다른 말로 하면, 나는 작가이기 때문에 플롯 포인트와 비트를 독자의 욕망을 조종하기 위한 수단으로서 이해하고 싶다.

우리는 어떻게 이 핵심 신화들을 현대의 대중들에게 효과적으로 전달할 수 있는가?

당신의 독자들의 기대는 오늘날까지 이어져온 양쪽 영웅 여정의 특징에 뿌리를 두고 있으며, 그 여정들은 서구 세계에서 구술 전통을 거쳐 문자 전통의 일부로 형성된 서사 심리적 패턴이다(미술, 음악, 연극, 영화, 텔레비전은 물론이고, 그 외도 해당된다).

어느 정도까지, 이 신화들은 독자들이 이야기에서 기대하는 것이 되었다. 모든 이야기가 이 두 여정 중 하나에 의존하는 것은 아니지만, 상업적인 장르 소설에서 가장 인기 있고 잘 팔리는 이야기들 중 많은 것이 그중 하나에 의존할 것이고 실제로 의존한다.

• • •

이제 우리가 함께 의지할 수 있는 기초 신화가 있기 때문에, 여기에 여성 영웅의 여정을 구성하는 비트들의 개요를 써두겠다.

이번에는 나는 그것을 세 부분으로 펼치고, 각각의 부분을 네 개의 조각으로 더 세분했다. 이것은 커다란 윤곽이 아니고, 그저 일반적인 이해를 돕기 위한 안내도이다.

여성 영웅 여정의 비트들

하강
- 깨진 가족적 네트워크 때문에 어떤 상태에 빠진다.
- 여성 영웅의 간청이 무시되고 그녀는 권좌에서 물러난다.
- 그녀의 물러남은 본의 아닌 것이다.

- 가족은 도움을 제공하지만 해답은 주지 않는다.

탐색
- 여성 영웅의 가족 상실은 고립/위험을 낳는다.
- 그녀는 변장/전복을 활용하고 자신의 정체성을 바꾼다.
- 그녀는 대안적 네트워크(대안 가정)에 호소하고 그것을 형성한다.
- 그녀는 지하 세계를 방문하고, 친구/가족의 도움을 받는다.

상승
- 그녀의 탐색이 성공하면서 새롭고 다시 태어난 가족적 네트워크를 낳는다.
- 이것은 모두에게 이익이 되는 협상과 타협과 연결된다.

 이것이 여성 영웅 여정의 기본적인 전개이다. 그러나 남성 영웅의 여정이 그렇듯이, 서사가 꼭 이 요소들을 모두 담을 필요는 없고, 여성 영웅의 여정으로 인정받기 위해서 모든 서사가 이것들을 모두 (혹은 이 순서로) 가져가야 하는 것은 아니다.

 당신의 주인공이 자기 주위의 다른 인물들을 어떻게 인식하고 그들과 어떻게 상호작용을 하는가 하는 핵심 개념을 고수하기만 한다면, 이 구조를 언뜻 내비치는 것만으로도 독자의 기대에 다가가고 독자들과 공명하는 것이 가능하다.

• • •

스토리텔러로서, 두 가지 여정은 유연하며, 여성 영웅의 여정은 남성 영웅의 여정보다 훨씬 더 유연하다는 걸 언급할 필요가 있겠다. 왜냐하면 여성 영웅의 여정이 더 무정형에 가까운 토대(즉 정본이 되는 신화들이 더 적고, 시간의 흐름이나 현대 문화 속에서 덜 강화돼왔다)를 갖고 있기 때문이다. 그것은 우리가 만드는 대로 형태를 갖출 수 있다.

명심하라, 여성 영웅에게는 복수, 응징, 영광은 중요하지 않다. 사실 그녀는 임무, 성취, 보상을 잘 분배하는 데 탁월하다. 이것은 그녀가 힘, 권력, 인간의 상호작용을 인지하는 방식 때문이다.

그러니 이 점을 유념하고, 이 여정의 가장 인기 있는 버전들이 어떻게 그것을 적용했는지 알아보자.

이 책에서 다루지 않는 여성 영웅의 여정 모델
당신이 빈 부분 때문에 대단히 혼란스럽다면

주제들과 대중문화 예시의 세부 분석을 시작하기 전에 내가 이 책에서 이용하지 '않을' 여성 영웅 여정의 모델 두 가지를 언급하고 싶다.

『여성 영웅의 여정: 총체성을 위한 여성의 탐색』*

이것은 융 학파의 영향을 받은 모린 머독이 펼친 여성 영웅의 여정에 대한 심리학적 분석이다(1990). 머독의 책은 주로 남성 영웅의 여정(조지프 캠벨이 제시한)과 그 속의 물러남과 되돌아옴의 패턴들을 페미니즘적 접근으로 전환하고 재해석했다.

머독은 정신분석적 취향의 영적 전체론적인 입장을 갖고 있다. 만약 당신이 비트, 원형, 트로프, 주제, 혹은 메시지 전달 면에서 이야기의 분석법을 찾는다면, 당신은 이 학술적 저작이 약간 불만스럽다고 느낄 수도 있다. 만약 당신이 순

---

* 모린 머독의 책 원제는 본서와 똑같은 *Heroine's Journey*이며 한국에서 『내 안의 여신을 찾아서』라는 제목으로 출간되었다.

문학 작가이거나 회고록 집필자라면, 혹은 자기 발견의 길 위에 있고 신화 분석의 특별한 응용을 이해하고 싶다면, 이 책은 아마 읽을 가치가 있을 것이다.

『45개 캐릭터 유형: 독창적 인물 창조를 위한 신화적 모델들』*

여성 영웅의 여정에 대한 빅토리아 슈미트의 버전(2001)은 주로 옛날이야기에 기반을 두고 있고, 만약 당신이 소설 저자로서 거기에 특별한 흥미가 있거나 초점을 둔다면 들여다볼 가치가 있다. '45개 캐릭터 유형'에 대한 그녀의 책이 유용하다는 것을 깨달은 작가들이 많다. 특히 판타지와 로맨스에서 옛날이야기를 재해석하는 것을 넘어서, 그녀의 책은 시나리오 작법에서도 사용된다.

그녀의 분석은 주로 자기 발견의 단독 여행을 해석하는 모델에 근거한 것으로 보이며, 성년 서사 쪽에 더 기울어져 있다. 그래서 그녀의 책은 YA 문학을 쓰는 사람들에게도 유용할 수 있다.

그러나 나는 여기서 어느 쪽의 접근법도 이용하지 않을 것

---

* 빅토리아 슈미트의 책 원제는 *45 Master Characters*이며, 한국에서 『이야기를 창조하는 캐릭터의 탄생』이라는 제목으로 출간되었다.

이다. 대신, 나는 스토리텔러들을 위해 여성 영웅의 여정에 고유한 주제와 내러티브 비트(4장의 세 신화 속에서 본 것처럼)를 날카롭게 살펴보고 현대 대중문화가 그것들을 어떻게 다루어왔는지까지 폭넓게 살펴보는 데 관심이 있다.

  나는 이야기 서술과 구조에 집중하는 쪽을 더 선호하고, 인간의 감정적 심리를 만드는 내적 투쟁은 그보다 덜 좋아한다. 물론 그런 것들을 이해하면 작가들에게 매우 유용할 수 있지만, 이 지점에서부터 그 초점에 대한 탐구는 당신에게 달렸으며 나는 그 여정에 따라가지 않을 것이다. 달리 말하면, 당신 스스로 두 가지 기초를 연구하는 것은 값진 일일 테지만 이 책에서는 다루지 않을 것이다, 이 저자들은 다른 측면들을 제공했으며, 우리는 그와는 다른 여정을 떠날 것이다.

알아두어야 할 것
여성 영웅 서사의 패턴

남성 영웅의 여정 분석에서 그렇듯이, 주제는 아주 쉽게 메시지가 될 수 있기 때문에 나는 대중문화 속에 나타나는 이 서사의 여러 버전들을 논의하면서 당신이 여성 영웅의 여정에 자주 등장하는(그리고 그것을 정의하는) 주제들을 스스로 인식할 수 있게 되기를 바란다.

원하지 않는 행동

첫 번째 알아차려야 할 주제는 여성 영웅의 여정에 처음 나오는 하강이 우리의 여성 영웅이 '원하지 않게' 주어지는 행동이라는 점이다. 여성 영웅을 몰아넣는 이 개시 장치는 보통 가족의 네트워크가 깨지는 것이다. 연인, 친구, 혹은 가족 구성원이 끌려가거나 살해당하는 것. 여성 영웅의 하강은 그 결과 그녀를 문명과 안전(그리고 그녀의 권좌)에서 떨어뜨려 고독하고, 받아들일 수 없는 위험으로 향하게 한다. 기억하라, 그녀의 힘은 그녀의 친구들 속에 있다.

그녀는 더 고립될수록, 더 약해진다.

여성 영웅의 가족이 위험에 처했을 때, 그녀는 그들을 돌려받기 위해 무엇이든 할 것이다. 자신이 가진 권력과 권위의 자리에서 물러나는 일도 포함해서.

그러나 자기 역할(그것이 여신, 여왕, 여성 마법사, 운명적인 구세주, 혹은 마술사라고 하자)에서 벗어났어도, 그녀는 자기 여정 속에서 여전히 문명화를 위한 힘을 발휘한다.

예를 들어, 데메테르가 물러나 (인류를 기근으로 벌하면서) 노파로 위장하면서도, 그녀는 젊은이에게 농업의 비밀을 가르치고 사원을 짓게 한다. 이시스는 오시리스의 조각들을 함께 모으고 미이라를 만드는 법을 배우면서도, 오시리스에게 바치는 여러 사원을 짓도록 한다.

남성 영웅과는 달리, 여성 영웅은 사태가 자기 방식대로 가지 않거나 대처할 수 없는 역경과 마주쳤을 때에도 폭력이나 극단적인 행동으로 하강하는 일이 거의 없다.

사실, 만약 그녀가 비극적인 인물이라면 그녀는 단절과 고립으로 미쳐버릴 가능성이 더 크다.

정치적 권력

정치적 권력을 소유할 때, 여성 영웅은 군대의 장군처럼(혹은 정말 좋은 총지배인처럼) 행동한다. 도움을 구하고, 다른 사람들의 힘을 알아보고, 임무를 나눠주고 그에 맞춰 지원을 요청한다. 그녀의 목적은 공동체, 도시, 가족, 사랑의 형태로 무엇인가를 만들고 권한을 주는 것일 때가 많다.

- 데메테르: 당신은 가서 나를 위해 사원을 만들어달라. 당신은 아이들에게 수확을 가르쳐라.
- 이시스: 당신은 가서 미이라화 기술을 발명하라. 당신의 못된 삼촌을 죽여라.
- 인안나: 당신은 내게 왕좌를 만들어달라. 당신은 나의 악마들을 떠맡아라.

강간은 실수다

많은 스토리텔러들이 여성 영웅의 여정에서 하는 심각한 실수는 여성 영웅 '자신'이 강간을 당하는 것을 도입부 사건으로 선택하는 것이다. 이것은 가족 네트워크의 절단이 아니기 때문에 실수이다(말하자면, 가족 네트워크의 절단은 데메테르에게 일어났고 페르세포네에게는 일어나지 않았다). 그 결과 나오는 서사는 솔직하지 못하고, 심지어 타락하고 어설프게 느껴질 수 있다.

여성 영웅은 **다른 사람들을 구하기 위해 행동한다.**

그녀 자신의 강간을 여성 영웅의 행동 동기로 이용하는 것은 독자와의 핵심 서사 계약을 깰 뿐만 아니라, 강간이 실제로 인간의 마음에 어떤 영향을 끼치는가와 피해자에게 무엇을 뜻하는가에 대한 중대한 오해를 보여준다. 다른 말로 하자면, 당신의 여성 영웅에게 동기를 부여하기 위한 플롯 장치로 강간을 쓰는 것을 그만두어라. 그것은 지겹고, 지나치게 많이 쓰였고, 효과도 없다.

핵심 네트워크를 깨기

모든 여성 영웅의 여정에서 핵심적인 순간은 가족의 균열이 발생하는 것으로, 그것이 그녀를 행동으로 몰아넣는다. 데메테르에게 그것은 딸의 상실이고, 이시스에게는 남편의 상실이고, 인안나에게는 남편의 (궁극적인) 상실이다.

곧 들어볼 예시들에서, 해리 포터에게 그것은 가족의 상실이다. 첫 번째는 죽음으로, 그다음에는 버림받으면서 그렇게 된다. <트와일라잇>의 벨라에게 그것은 어머니의 상실이고, 그다음에는 딸, 남편, 그리고 새로운 뱀파이어 가족을 상실하리라는 예상이다.

물러남

우리의 남성 영웅이 특정 사물과 힘의 습득(초자연적인 검, 마법 부적 등등) 쪽으로 움직이는 경향이 있는 반면, 여성 영웅의 하강은 그녀가 가족적 연결(혹은 관계 네트워크)을 빼앗긴 결과 신적인 권력(혹은 정의된 사회적 역할)을 거부하면서 촉발된다. 이것은 또한 정체성의 상실로 보일 수 있거나 실제로 변장하는 것처럼 좀 더 구체적인 방식으로 나타날 수 있다.

- 데메테르는 자신의 왕관을 던져버리고 올림푸스산에서 내

려움으로써 권력에서 물러난다.
- 이시스도 왕좌를 떠난다(그리고 이시스 자신이 왕좌이기도 해서 이것은 정체성의 포기이다).
- 인안나는 자신의 나무 왕좌를 떠나고, 지하 세계로 가는 문 하나하나마다 옷 조각들을 벗는다.
- 해리 포터는 인간 세계를 떠나 호그와트로 간다. 그는 투명 망토도 얻는다(데메테르처럼, 그는 여러 가지 정체성을 상실한다).
- <트와일라잇>의 벨라는 감정적으로 물러나지만, 또한 그 시리즈 전체에서 그녀의 탐색은 다른 사람들과의 연결을 통한 정체성의 탐색이다. 그녀는 인간이기를 그만두고 뱀파이어가 되고 싶어 한다―그녀는 자신을 뱀파이어의 정체성으로 다시 정립하려 하고, 자신의 남자와 그의 뱀파이어 가족과 통합되려고 한다.

이 모든 예시들은 여성 영웅의 여정이 보이는 흔한 표지를 강조한다. 변장이라는 요소와 재결합을 추구하며 변해가는 정체성이라는 요소. 특히 해리는 자기 가족에 대해 더 알기 위해, 자신의 새 친구들을 돕기 위해, 그리고 그 안에서 자기 자신을 발견하고 경이로움을 느낀 마법사들의 세계를 구하기 위해서 무엇이든 한다.

도움과 새로운 네트워크

이 탐색의 일부분으로서, 우리의 여성 영웅은 두 번째 가족을 찾고 관계 네트워크를 확장하려는 욕구를 끊임없이 추구한다(혹은 그 네트워크가 그녀를 찾는다).

- 데메테르는 자기 자매에게 도움을 받는다. 결국 여왕의 딸들에게 발견되고, 그들의 가정에 유모로 채용된다.
- 이시스는 자기 자매와 조카에게 도움을 받는다. 그녀는 심지어 일종의 창의력―우리가 그것을 그렇게 불러도 될까?―을 발휘해 스스로 가족 네트워크를 만들기까지 한다.
- 인안나는 자신의 외할아버지에게 도움을 간청하도록 시종에게 부탁한다.
- 해리에게는 많은 대안 가족 구성원들이 있다. 형제자매(론과 헤르미온느)부터 해그리드처럼 삼촌 같은 인물, 여러 교사들과 나이 많은 가족의 친구들에 이르기까지 말이다. 위즐리 가족들은 말할 것도 없고.
- 벨라의 아버지는 새로운 학교 친구들과 마찬가지로 계속 그녀를 도우려고 한다. 그리고 그녀가 뱀파이어 무리의 품(아니면 '뱀파이어 무리의 송곳니'라고 말해야 하나?) 안에서 자신의 길을 확실하게 발견할 때까지 늑대인간 무리 전체가 그녀를 도우려고 한다.

남성 영웅의 여정 속에 있는 여성 인물들처럼, 여성 영웅의 여정 속에 있는 (하데스, 헬리오스, 헤르메스, 혹은 제우스 같은) 남성 인물들은 (각각 악당, 배반하는 친구/가족, 트릭스터 안내자, 아버지형 인물처럼) 덜 개발된 남성성의 원형들일 때가 많다. 그리고 그 결과 서사의 맥락 속에서 일차원적인 경향이 있다. 우리 작가들은 이 점을 인식해야 하고, 완화시키려고 해야 한다. 독자들은 그런 인물들, 특히 악역 인물들에게 부정적 반응을 보이고, 서평에서 그들을 평면적이라고 쓰기 쉽다.

문명화하는 힘

자기 역할(여신, 여왕, 여성 마법사, 운명적인 구세주, 특별한 사람, 혹은 마술사라고 하자)에서 쫓겨난 여성 영웅이 탐색하는 동안에도, 자신의 여정 안에서 활동하는 한 그녀는 여전히 문명화하는 힘이다.

- 데메테르와 이시스는 건설한다.
- 인안나는 권력을 강화하고 자기 왕좌를 되찾는다.
- 해리는 자기가 배운 지혜를 조금씩 나눠주고 새로운 친구들에게 역할들을 위임한다. 그는 자기 팀이나 가족이 이기도록 돕지만, 언제나 그 영광을 나누려고 한다.
- 벨라는 아마 문명화하는 힘이라는 자신의 역할에 대해 별로 인식하고 있지 않을 것이다. 그러나 그녀는 뱀파이어들

을 한데 묶는다. 악과 억압에 대항하여 그들을 통합하는 행동을 한다. 심지어 늑대인간들이 함께 싸우도록 만든다.

데메테르와 이시스의 사례에서처럼, 확실히 트와일라잇 사가에는 함께 무엇인가를 만들고, 다수 속에서 안전을 느끼고, 가정을 만든다는 개념에 부합하는 구조물(허니문 하우스, 신혼 전원주택, 뱀파이어의 숲속 집 등등)의 매력이라는 주제가 있다.

타협
여성 영웅의 여정 속에서 마지막 중요한 서사 요소는 긍정적인 타협이다.

우리의 여성 영웅은 타협을 잘하고, 그것은 좋은 일이다. 그녀의 협상하는 능력은 권력의 통합을 가져오고, 세계에 긍정적인 영향을 주고 문명을 탄생시킬 것이기 때문이다. 데메테르와 인안나는 계절의 균형을 협상하고, 이시스는 생명과 내세를 협상한다. 신화의 예에서와 같이, 우리가 든 현대 예시 두 가지에서도 결말에서 바로 타협이 일어난다. 벨라와 그녀 쪽 뱀파이어들은 나쁜 뱀파이어들(볼투리)과, 그녀의 아이와 가족들을 지키도록 허락해준 그 지역 늑대인간 무리와 비폭력적인 협상을 한다. 해리는 자기 친구들과 평범한 삶을 살고 자신의 가족을 만들기 위해 딱총나무 지팡이의 궁극적인 힘을 버린다.

이 타협은 언제나 여정의 마지막 챕터에서 일어난다. 시리즈에서 그것은 마지막 책의 결말을 뜻한다.

• • •

더 넓은 패턴을 살펴보자면, 남성 영웅 여정의 물러남과 돌아옴의 주기가 그랬듯이, 여성 영웅 여정은 네트워킹, 재결합을 향한 시도, 그리고 대안 가족의 성립이라는 패턴이 되풀이될 수 있다. 이 패턴은 물질적일 수도, 정신적일 수도, 감정적일 수도 있다.

여성 영웅은 잃어버린 것과 통합되기를 갈망한다.

따라서, 그녀의 여정은 '연결'되었을 때 성공적인 것으로 정의된다.

여성 영웅은 그 목표를 성취하기 위해 타협할 것이다. 이것은 약점이 아니다. 이것이 바로 이 여정의 틀 안에서 그녀를 강한 주인공으로 만드는 것의 정의이다.

따라서, 그녀의 '힘'은 정보 수집과 공동체 안에 있는 것으로 정의된다.

그렇다. 당신의 여성 영웅이 위기에 처해 있는 장면을 쓸 때, 당신은 확실히 적을 막아내는 내용을 쓸 수 있지만, 그때 그녀는 그들을 죽이기보다는 그들을 설득해서 포기하도록 하거나, 가두거나, 자신의 편으로 돌릴 가능성이 더 높다.

복수, 영광, 적의 죽음, 성취의 인정, 혹은 보물의 제시(이러한 것들이 일어날 수는 있지만)는 여성 영웅의 핵심 정체성과 **관계가 없다**. 우리의 여성 영웅에게 동기를 부여하고 그녀가 관심을 가지는 것은, 대체로 모두에게 이로운 계약을 맺어 상실한 것과 재결합하는 일이다.

만약 당신이 내 책이나 시리즈 중 하나를 읽었다면, 당신은 내가 내내 이런 내용을 쓰고 있음을 알 것이다. 『소울리스』의 알렉시아는 고립 속에서 아무 목적 없이 여행을 시작하고, 따라서 그 여행은 쓸모없고 효과도 없다. 그녀가 자신의 여정에서 성공하고 세계 속에서 가족들로 둘러싸인 자기 자리를 찾는 것은 친구들과의 연결과 성격 나쁜 늑대인간(그리고 결국은 그의 무리 전체)의 사랑을 통해서이다.

나의 주요 인물들이 친구들을 통해 힘과 위안을 발견하기 때문에, 독자들은 특히 그 조연 인물들에 끌린다. 여주인공이 그들을 사랑하기 때문에, 독자들은 그들을 사랑한다. 그녀는 여주인공으로서 그들을 사랑한다. 왜냐하면 그들이 그녀의 힘이기 때문이다. 당신의 이야기 속에서 여주인공에게 힘을 주는 우정의 집단을 성장시키는 것은 엔터테인먼트 속에서 위안을 찾는 독자들과 공명하는 강력한 방법이다.

풀어놓아야 할 다른 주제들도 있지만, 나는 이것들로 시작하려고 한다. 이것들이 특히 여성 영웅 여정의 주요 표지들이기 때문이다.

여성 영웅의 여정 1

『해리포터와 마법사의 돌』

내 말이 J. K. 롤링이 여성 영웅의 여정을 염두에 두고 해리 포터를 썼다는 의미냐면 그건 아니다.

그러나 만약 당신이 확인해야 할 포인트를 알고 있다면 이 작품에서 확실히 여성 영웅의 여정을 볼 수 있다. 그리고 이것은 남성적인 여자 영웅을 내세우는 <원더우먼> 같은 서사에 대한 훌륭한 반례다. 그래서 나는 이 작품을 선택했다.

또 나는 이 여정이 어떻게 하면 상업적으로 엄청나게 성공할 수 있는지 당신이 알았으면 한다. 이 작품이 어떻게 한 세대를 완전히 바꿔놓는 성공을 했는지 알아보자.

• • •

이 첫 번째 예를 위해, 나는 해리 포터 프랜차이즈의 첫 번째 책(만약 당신이 영화 쪽을 더 좋아한다면 영화를 떠올려도 된다)을 사용할 것이다. 시리즈 전체뿐만 아니라 시리즈의 책 각 권 모두 여성 영웅의 여정이라는 우산 아래에 뭉친다. 따라서 때때로 나는 이 시리즈의 결말에 나오는 사건들 또한 언급할 것이고, 모든 책들을 완결된 하나의 스토리 아크로 이야기할 것이다. 최종 결말은 흔히 대중문화 작품이 어떤 여정을 이용하고 있는지 이해하는 열쇠이기 때문이다.

내가 해리 포터를 선택한 이유는 그 프랜차이즈가 문화적으로 중요하고, 상업적으로 성공했으며, 여성 영웅 여정의 거의 완벽한 이상적인 예이기 때문이다. 그것은 판타지(특히 포탈 판타지*와 어반 판타지**)와 학교 배경의 YA 문학 등 여성 영웅의 여정을 많이 이용하는 몇 가지 장르를 대표하기도 한다.

해리의 하강

우리는 기본적으로 해리의 가족들이 모두 살해당한 장면과 함께 시작한다. 그의 애원(악을 쓰며 우는 갓난아이의 애원)은 무시되고 그는 모든 힘을 빼앗긴다. 문자 그대로, 그는 아무 힘이 없는 상태이다. 인간(머글)들 사이에서 살면서 마법사 세계에 대한 지식은 전혀 접하지 못한다. 그는 심지어 자기가 어떤 존재인지도 모른다. 여성 영웅 여정의 또 하나의 트로프가 여기서 강조된다. 정체성의 상실.

그의 하강은 분명히 그가 원치 않은 것이다. 더즐리 이모, 이모부, 그리고 사촌으로 구성된 그의 확대 가족은 (변변치

---

* 옷장 속, 기차역, 회오리바람 등 특정한 문을 통해 다른 세계로 가서 모험이 시작되는 판타지.
** 현대 도시 배경 속에 초자연적 요소를 집어넣은 판타지.

않지만) 그에게 도움을 준다. 그러나 이것은 잃어버린 가족과, 더 나아가 마법사 세계를 찾고, 이해하고, 재결합하고자 하는 그의 욕구에 대한 해결책이 되지 못한다.

해리에게 그 결과는 고립(여성 영웅에게 이는 위험과 위태로움을 뜻한다)이고, 우리는 인상적인 외로움의 이미지로 이를 인식한다―해리는 그 집에서 계단 아래 벽장에 틀어박혀 지낸다. 그때부터 해리가 앞으로 향하는 길은(그의 힘, 정체성, 이해의 길은 물론이고) 언제나 연결, 우정, 가족을 향한 길이 될 것이다.

해리의 탐색

해리는 이제 통합을 향한 탐색에 착수해 무엇을 잃었고 빼앗겼는지 발견해야 한다―가족과 마법적인 힘, 자신의 과거. 그러나 그러기 위해 그는 더즐리가를 떠나고 호그와트에 가라는 강요를 받아 필멸의 세계에서 물러나야 한다. 우리는 이 과정에서 대안 가족과 네트워크로의 연결을 간절히 추구하는 해리를 보게 된다―해그리드와의 우정부터 론과 헤르미온느와의 우정, 호그와트 기숙사에 선발되고, 스포츠 팀에 합류하는 것까지.

그는 처음 '소망의 거울' 속에서 자기 마음속 가장 큰 욕망(자신의 잃어버린 핵가족)을 보았을 때처럼 몇 가지 경솔한 행동도 한다. 흥미로운 점은 해리가 나중에 자기 네트워크의 구성원으로부터 사진 앨범을 받는 것―도움―과는 대조적으로, 이 거울을 스스로―위험―발견했다는 것이다. 이것은 명백히 자신의 잃어버린 공동체를 다시 만들려는 우리의 여성 영웅의 시도이다.

이 첫 번째 책에서, 해리는 변장과 전복, 정체성 변화 능력에 궁극적으로 필요한 물건을 받는다. 바로 투명 망토다. 그는 그것을 즉시 이용한다. 결국 그는 여성 영웅인 것이다. 『해리 포터와 마법사의 돌』에서, 그다음 해리는 지하 세계로 방문한다. 내 말은 그가 통과해야 하는 함정 문을 머리가 세 개 달린 거대한 개 플러피가 지키고 있다는 뜻이다(혹은 그 개를 케르베로스라고 불러야 할까? 우리는 비유를 지나 직접적인 신화 인용으로 왔다). 지하 세계로 들어오는 여행에서, 해리는 친구들의 도움을 받는다. 헤르미온느는 식물과 논리 퍼즐을 이기고 론은 체스 게임을 이긴다. 덕분에 결국 해리는 마법사의 돌을 찾게 된다.

해리는 친구들의 충고를 들을 뿐만이 아니라―헤르미온느의 충고에는 우정의 중요성이 포함되어 있다―빗자루를 타고 날아다니는 문 열쇠를 잡았듯이 자기 가치를 증명한다.

이 첫 번째 책에는 결말에 전투 시퀀스가 없다. 그보단 해리가 '마음속 소망을 보여주는' 거울을 사용하여 돌을 얻는 것처럼, 감정에 기반한 수동적인 저항에 가깝다. 그다음 해리는 도망치려고 한다.

그리고 볼드모트와 그의 대결에서 누가 그를 도와주겠는가? 추측해보라.

힘을 오직 우월성이라는 측면에서만 보는 볼드모트는 그의 죽은 부모를 미끼로 잘못 사용한다. 해리는 그의 적을 접촉, 즉 친밀성을 통해 이긴다.

다시 한 번 느낌을 담아 말해본다. 우리는 무엇을 가지고 있는가? 연결을 통한 힘이다!

이 모든 것은 비트와 플롯에서 여성 영웅 여정의 성격을 정의하고 있다. 정서와 감정적인 공명은 말할 것도 없다. 해리 포터는 그 무엇보다도 소속감에 대한 책이다. 이 사실은 이 책이 왜 그렇게 넓은 호소력을 가지는가 하는 이유 중 하나를 말해준다.

해리의 상승

다음에 우리는 해리에게 (여성 영웅으로서) 상승을 기대할 것이고 그는 재결합과 타협을 위한 협상에 참여할 것이다. 해리가 지하 세계 시련에서 깨어난 후 병원에서 덤블도어와 함께 있을 때 이 일이 일어난다. 남성 영웅의 여정에서라면 매우 중요한 보물이었을 돌은 별 소란 없이 파괴되었다. 결국, 우리의 여성 영웅은 영광이나 승리의 물질적 표현에는 관심이 없다.

이것은 시리즈 마지막 책에서 호크룩스의 파괴 과정을 통해 반복적으로 반영된다. 그에 대한 보상으로, 해리에게는 그가 열망하던 연결이 주어진다—동료 학생들의 애정, 친구들의 행복, 자기 부모가 죽음에 이른 이야기, 그리고 자신이 입은 상처의 이유와 자신의 상황.

궁극적인 타협점이자 이 이야기가 여성 영웅의 여정이 되는 핵심은, 해리가 이제 자기 어머니의 희생이 사랑을 위한 것이었다는 사실을 알게 되었다는 점이다. 사랑은 곧 궁극적인 연결이고 힘이다. 이것은 해리를 여성 영웅의 길 위에 올려놓을 것이며, 그는 항상 가족을 찾고 자신이 그 사랑을 받을 가치가 있다는 사실을 증명하려고 할 것이다.

덤블도어는 자신을 대리 아버지와 멘토 양쪽 역할로 둘 다로 설정한다. 이것은 이 시리즈가 진행되는 동안 그가 죽을 가능성이 아주 높다는 단순한 복선을 넘어서 있다(왜냐하면 아무도 멘토 원형을 가만히 내버려두지 않기 때문이다). 또 그는 해리에게 호그와트에서 새로운 네트워크를 주고 있다. 해리의 친구와 선생 들은 그의 새 가족이다. 해리가 영화 말미에서 말하는 것처럼, 그가 더즐리가로 떠날 때 그는 집으로 가고 있는 것이 아니다(이 말은 이제 호그와트가 그의 진정한 집이라는 뜻이다).

그래서, 이 책과 시리즈를 여성 영웅의 여정으로 강화하는 주제들은 세 가지로 나뉜다.

첫째, 해리에게 복수는 중요하지 않다. 해리의 목적은 결코 볼드모트를 죽이는 것이 아니다. 해리는 부모의 죽음을 앙갚음하기 위해 극도의 폭력을 써서 볼드모트를 쓰러뜨리고 싶어 하지 않는다. 만약 그가 남성 영웅의 여정 위에 있다면, 해리는 주로 응징과 승리라는 동기로 행동했을 것이고, 자기 혼자만을 위해 그 책임과 영광을 원했을 것이다.

둘째, 해리는 자신의 영광을 나눈다. 첫 번째 책의 결말에서, 그는 (역시 예기치 않게 얻은) 기숙사 컵 우승을 론과 헤르미온느뿐만 아니라 네빌 롱바텀과도 나눈다. 이것은 시리즈 전체를 통해 되풀이되는 패턴이다.

전체 스토리 아크의 마지막 결말에서, 마지막 호크룩스를 손에 넣는 것은 론, 헤르미온느, 네빌이다. 친구들이 없었다면 해리는 결코 여정에서 성공하지 못했을 것이다. 또 그다음에 해리는 세상에서 가장 강력한 지팡이를 버린다(혹은 책에서는, 그것을 덤블도어의 무덤에 돌려놓는다). 궁극적인 힘의 상징이나 실체에 관심이 없는 주인공이라니 재밌지 않은가 (그가 거부한 것은 아버지를 상징하는 무기다. 아서 왕이라면 이에 대해 무슨 말을 할지 상상이 되는가?).

이와 비슷하게, 해리는 언제나 친구들에게 버림받을 때, 혼자일 때 가장 위험에 처한다. 그리고 심지어 그때도 보통 죽은 가족들의 유령이 그를 도와주러 온다(와, 더 많은 가족이다!) 이것은 해리가 약해서가 아니라, 그가 여성 영웅이기 때문이고, 그의 성공은 그가 형성하는 네트워크와 그가 만드는 우정 속에 자리 잡고 있기 때문이다—이것은 심지어 죽음 속에서도 단단하고 강하게 남아 있다. 가족 같은 관계의 지지를 강조하는 것도 이 책이 그렇게 사랑받는 주요 이유 중 하나이다. 해리에게는 친구들이 있으며, 그는 결코 혼자가 아니라는 말을 등장인물들이 계속해서 반복한다.

해리 포터 책과 영화가 여성 영웅의 여정이라는 것을 우리가 아는 세 번째 방법은 권력의 장면들을 살펴보는 것이다. <원더우먼> 같은 영화와는 완전히 반대로, 해리 포터는 권력이나 연대의 중심적인 순간을 단체 신이나 샷으로 보여준다. 그는 언제나 친구들이나 학교 사람들과 함께 있다.

프랜차이즈 전체에서, 힘과 용기는 유대감과 함께 어우러져 묘사된다. 기숙사 컵을 얻는 것에서부터 마지막 전투 시퀀스까지, 또 퀴디치 시합에서도. 해리의 협동심과 페어플레이는 아주 뿌리 깊게 박혀 있는 것이어서, 심지어 트라이위저드 대회 같은 경쟁 시합 도중에도 그는 도움 없이 혼자서는 과제를 해결하지 않으며, 마지막에는 세드릭 디고리와 우승컵(보물)을 함께 가지자고 제안한다.

모든 시리즈는 언제나 해리가 재연결되며 끝난다. 새 대안 가족에, 언제나 든든하고 항상 힘을 주는 다른 인물들과의 연대에 연결되면서. 마지막 영화의 마지막 장면은 해리, 론, 헤르미온느, 그리고 그들의 가족들이 모든 이의 이익을 위한 타협을 거쳐 재통합을 이룬 마법사 세계 속에 있는 장면이다.

해리 포터는 마법사 세계를 구했다. 그러나 그는 도움을 얻어서, 그리고 모든 사람을 위해서 그렇게 했다.

여성 영웅의 여정 2
『트와일라잇』

 다음으로 대중문화에서 뽑은 여성 영웅의 여정의 두 번째 예시는 트와일라잇 사가(책과 영화)이다. 나는 첫 번째 책과 전체 시리즈 둘 다의 맥락에서 다룰 것이다.

 해리 포터 시리즈와는 달리, 트와일라잇 사가에서는 여성 영웅의 여정은 첫 번째 책『트와일라잇』에서만 완전히 나타나고, 어느 정도는 마지막 책『브레이킹 던』에서도 나타난다. 시리즈 전체로 보면 여성 영웅의 여정이지만, 중간의 책들을 개별적으로 보면 그렇지 않다. 가운데 두 권『뉴 문』과 『이클립스』는 전체적인 서사의 맥락 속에서 주로 여성 영웅의 탐색이며, 하강(이것은 전체 사가를 보면 주로 첫 번째 책에서 일어난다)과 상승(전체 사가를 보면 주로 마지막 책에서 일어난다)의 구조적 틀이 없다.

 다시 정리하면,『트와일라잇』과 마지막 책『브레이킹 던』은 기본적으로 독립된 세 부분짜리 여성 영웅의 여정이지만, 가운데 두 권은 그렇지 않다.

 작가들에게는, 여정을 이렇게 분해하는 것이 시리즈에서 긴장감을 끌어내는 한 방법이라는 점을 덧붙여둔다. 중간 책들은 전체적인 여성 영웅의 여정에서 클리프행어* 같은 역할을 한다는 뜻이다. 그것이 독자들이 이 시리즈가 아주 중독적이라고 느끼는 이유 중 하나이다.

・・・

당신이 개인적으로 트와일라잇 사가에 대해 어떻게 생각하든 간에, 그것은 문화적으로 깊고 강한 영향을 주었고 상업적으로 성공했다. 나는 그런 이유로 트와일라잇 사가를 선택했고, 또한 주로 성년기 청소년 로맨스와 결합한 판타지이기 때문에 선택했다. 그리고 이 장르들(판타지, 로맨스, YA)은 여성 영웅 여정을 엄청나게 많이 활용한다.

벨라의 하강

『트와일라잇』은 벨라가 사막 속의 대도시 피닉스를 떠나 태평양 연안 북서부의 작은 마을을 향하는 것으로 시작한다. 그녀는 피닉스의 엄청나게 강렬하고 밝은 따스함(그리고 어머니의 변덕스러운 다정함)을 떠나서 비가 많이 오는 컴컴한 해안가 숲 지대의 어둠(그리고 떨어져 산 어색한 사이의 아버지)으로 향한다. 그녀의 하강에는 이렇듯 색깔과 온도가 있다.

그녀의 하강은 모르는 사람들로 가득 찬 새 학교에서 계

---

*   긴장감이 극대화된 상태에서 결말을 유보하는 방식.

속된다. 학교 안에서 그녀는 원치 않는 주목을 받고 에드워드를 만난다. 그녀는 에드워드가 매력적이면서도 무시무시하다고 깨닫는다(안녀엉 바이런적 원형*, 7장을 보라). 우리는 가까운 곳에 살인이라는 형태의 실존적인 위협이 있다는 것도 알게 된다.

시리즈 전반에 걸쳐, 벨라는 끊임없이 가족 네트워크와 연인들을 빼앗기거나 깨지는 상황에 일종의 하강을 통해 대처한다(그녀와 부모 사이의 소원한 관계와 부모의 이혼은 이를 보여주는 흥미로운 전개이다). 보통 그녀의 하강은 감정적이거나 정신적이거나 둘 다이며, 그녀는 우울과 내면으로의 침잠에 깊이 빠져든다. 그녀의 간청은 무시된다(다시 지적하지만, 이것들은 우울증적이고 자기성찰적이며 감상적인 간청들일 때가 많다).

그녀는 여러 차례 권력을 포기한다(때로는 수동적인 저항이라는 단순한 행동을 통해서). 그녀는 우울 속으로 가라앉음으로써, 자기 방이나 침대에 들어박힘으로써, 숲속이나 도시 속을 혼자 걸음으로써, 절벽에서 바다 속으로 다이빙함으로써, 혹은 깡패와 함께 거칠게 모터사이클을 탐으로써 그렇게 한다. 다른 말로 하면, 자기 욕구를 부인당한 십 대라면 누구든 할 만한 비행을 한다.

---

*   복잡하고 매력적이지만 내적으로 고뇌하며 반항적 성향을 가진 인물.

그녀의 하강은 보통 원치 않는 것들이다(우울, 절망감, 슬픔). 그녀의 가족은 도움을 주려 한다(그녀에게 이야기를 걸고, 전화를 하고, 그녀를 데리고 나가 외식을 한다). 그러나 아무 소용이 없고, 위험한 고립으로 이어진다. 벨라의 행동 동기는 새로운 가족 네트워크(문자 그대로 남편과 아이로 이루어진 뱀파이어 가족)를 추구하는 것에서 오기 때문에 고립은 그녀에게 특히 위험하다.

시리즈 전체를 고려하면, 첫 번째 책/영화, 『트와일라잇』은 벨라가 뱀파이어와 초자연의 세계로 들어가는 것을 보여주면서, 더 큰 이야기 속에서 하강 역할을 한다. 또한 그녀가 에드워드와 사랑에 빠지는 모습과, 그가 대표하는 영원한 사랑의 가능성을 그린다.

이 첫 번째 책이 펼쳐지는 동안, 그녀는 자기가 진정으로 원하는 것이 뱀파이어가 되는 것임을 알게 된다. 이것은 시리즈 중간 책들의 특징적인 부분인 그녀의 본격적 탐색을 촉발하게 된다.

벨라의 탐색

『트와일라잇』에서 벨라는 에드워드가 초능력으로 벨라가 차에 치일 뻔한 것을 구한 다음 첫 탐색을 시작한다. 이 탐색은 발견을 위한 것이다. 에드워드는 어떤 존재인가? 그녀는 그가 나오는 꿈을 꾸기 시작하고, 그의 행동에 대해서 그에게 직접 묻는다. 에드워드와 그의 가족이 맑은 날에는 학교에 오지 않는다는 사실처럼, 단서는 서사 중에 나온다. 벨라가 쇼핑을 갈 때, 그녀는 뱀파이어들에 대한 책을 혼자서 (고립, 위험) 찾다가 공격당하고/강간당할 뻔한다. 에드워드가 그녀를 구출한다.

[재미있는 메모: 나는 언제나 이 책에서 벨라가 문자 그대로 인터넷을 통해서 서치(탐색)하는 모습을 발견하면 재미있다. 흐흐.]

마침내 벨라는 에드워드에게 그가 어떤 존재인지 말하고 (그녀가 정보를 모으는 데 성공했다는 것과 다가올 미래의 요구를 이해했다는 것을 보이고) 그들은 함께 학교에 나타난다—연대다. 전형적인 여성 영웅 여정에서의 연결과 네트워킹이 나타난 것이다.

그다음 벨라는 사랑을 고백하고 두 번째 탐색을 시작한다. 이 두 번째 탐색은 시리즈의 나머지를 이끌어가게 될 것이고, 그 결과 그녀 자신은 뱀파이어가 되어 에드워드와 영원히 함께 있게 될 것이다. 뱀파이어는 고유한 능력을 가지고 있다는 것도 드러난다. 에드워드는 마음을 읽을 수 있다. 그러나 그는 벨라의 마음을 읽을 수 없다—그녀는 특별하다 (특별함과 운명이라는 이 개념들 중 많은 것이 고딕 트로프와 원형이라는 점을 언급해둔다. 나중에 다시 설명할 것이다).

벨라는 통합을 위해 여러 개의 퀘스트에 참여한다. 그녀의 최종 목표는 에드워드와 함께 있는 것(연결)이며, 뱀파이어가 되고 그의 가족 단위의 일부분이 되는(네트워크가 되는) 것이다. 그 공동체와 목표(그것이 뱀파이어든, 늑대인간이든, 학교 친구든)에 대한 연결을 잃을 때마다, 그녀는 위험에 처한다.

- 『트와일라잇』에서 나쁜 뱀파이어가 벨라의 어머니를 위협하고 벨라가 그에게 맞서기 위해 혼자 갈 때 위험이 발생한다. 벨라는 살해될 뻔하고 에드워드가 간신히 그녀를 구해낸다.
- 『뉴 문』에서 에드워드가 그녀를 거부하고 뱀파이어들이 떠날 때 벨라는 감정적인 우울과 자가 격리로 하강하고, 그 때문에 다시 한 번 위험에 처한다(자살에 가까운 자기 파괴적 경향).

시리즈 전체를 통해, 벨라는 가족에 대한 여러 가지 호소와 공동체를 재건하려는 시도에도 관여한다. 『뉴 문』에서, 이것은 제이콥과 지역 늑대인간 무리의 모습으로 나타난다. 제이콥이 그들 사이에 막 시작된 관계를 끊어내어 그녀를 거부하자, 벨라는 벼랑에서 뛰어내려 물속으로 하강한다―이것은 죽음을 향한 물리적인 시도로, 지하 세계에 대한 훌륭한 알레고리다.

트와일라잇 사가를 전체적으로 살펴볼 때, 가운데 두 권의 책/영화와 마지막 편의 첫 번째 부분이 벨라의 주요 탐색

대부분을 이룬다―에드워드와 그의 뱀파이어 가족과 하나가 되기 위한 수단인 영원한 삶을 얻는 것. 여기에는 그녀가 늑대인간들과의 교류, 결혼, 그리고 궁극적으로는 자기 아이를 통해 더 많은 가족(대안 가족 및 그 외)을 끊임없이 늘려가는 모습이 포함돼 있다.

벨라의 상승

『트와일라잇』에서 벨라의 상승은 사악한 뱀파이어와 전투한 다음에 일어난다. 벨라는 그 전투에서 물리고 거의 변할/살해당할 뻔한다. 첫 번째 해리 포터 책에서처럼, 우리의 주인공은 병원에서 깨어난다. 벨라의 경우, 그녀의 생물학적 부모는 재연결을 상징하기 위해 그곳에 있다. 그녀는 아버지와 화해하고, 졸업 무도회에 가서 자기가 진정으로 원하는 것은 뱀파이어가 되어 에드워드와 영원히 함께 있는 것(그녀의 다음 탐색)임을 인식한다. 『트와일라잇』은 키스와 무시무시한 위협의 암시와 함께 끝난다.

트와일라잇 사가를 전체적으로 살펴볼 때, 벨라의 주요 상승은 아이가 태어나고 탐색이 완결된 후에 일어난다. 다른 말로 하면, 그녀 자신이 뱀파이어가 된 후에 일어난다. 이런 방식으로 볼 때 『브레이킹 던』의 클라이막스는 (아이로 상징되는) 부술 수 없는 가족 공동체의 형성과 신성함과 사랑에 대한 영원한 연결의 확립(에드워드와 그의 뱀파이어 가족을 통해 표현됨)을 동시에 의미한다.

이것이 벨라의 출산과 부활의 시퀀스(그렇다, 부활)가 왜 그렇게 강력하고 독자와 왜 그렇게 깊이 공명하는가 하는 이유다. 이어지는 장면들도 마찬가지로 벨라가 힘을 얻고 깨어나 자신의 딸, 남편, 뱀파이어 가족, 그리고 새로 얻은 뱀파이어 능력과 다시 하나가 되는 모습을 보여준다.

그리고 그 능력들은 무엇인가?
보호막을 치고 피에 대한 굶주림을 통제하는 힘이다!
공격이 아니라, 방어다.
왜 그런 능력인가?
왜냐하면 **그녀는 여성 영웅이기 때문이다.**
여성 영웅은 무엇을 가장 하고 싶어 하는가?
보호다.

마지막 책의 나머지 부분은 타협을 위한 상승이다. 혹은 벨라가 더 많은 뱀파이어들에게 손을 뻗고, 자기 아이가 정말로 어떤 존재인가를 이해하려고 하고, (그녀와, 그녀의 아이와, 그녀의 가족을 파괴하려고 하는) 볼투리와 화해함으로써 그녀의 새 공동체를 보존하기 위한 방법을 생각해내는 부분이다.

이것은 여성 영웅의 여정이기 때문에, 우리는 이 타협이 벨라의 네트워크를 통합하고 그 네트워크가 안전할 수 있도록 허락하는 방향으로 세계를, 적어도 뱀파이어의 세계를 바꿀 것임을 알고 있다. 그 시리즈의 끝에서 벨라의 네트워크는 새로운 뱀파이어 가족, 인간 가족, 늑대인간 대안 가족, 딸과 남편을 포함한다.

그 시리즈에서 볼투리와 싸우는 마지막 전투 시퀀스는 특히 여성 영웅의 여정을 잘 보여준다. 최고의 힘을 전부 모으고 싶어 하는 강렬한 욕구에 사로잡힌 볼투리는 가족적 네트워크를 갖고 싶어 하는 여성 영웅의 욕구가 조악해진 모습이다. 벨라 자신의 욕망을 타락한 형태로 반영하는 그들은 여성 영웅의 적수로 아주 딱 맞는다.

클라이막스의 전투 신에서 실제 폭력은 전혀 발생하지 않은 것으로 밝혀지는데, 이 프랜차이즈는 이 꿈 시퀀스 접근 때문에 자주 비판받는다. 사실 그것은 우리의 여성 영웅에게 죽음보다 더 나쁜 운명을 보여주는 데 사용된 장치이다. 벨라와 볼투리 양쪽 다에게 그 운명은 무엇인가? 물리적으로 적을 물리치려고 하다가, 모든 가족적 네트워크를 빼앗기거나 그것이 파괴되는 것이다.

어떤 여성 영웅에게도(선한 쪽이건 악한 쪽이건), 너무 많은 희생을 치르고 얻은 승리보다 더 나쁜 것은 없다. 승리하더라도 너무 많은 이를 잃는다면 그렇게 싸운 의미가 없기 때문이다.

이 시리즈의 경우, 재통합을 위한 벨라의 협상은 앨리스

(미친 여자 예언자 원형으로, 뒤에 나올 원형에 대한 논의를 참조)에게 위임된다. 그리고 그 협상은 온 세계에 이로운 일이 된다. 그러나 벨라가 여정에서 이런 일을 하는 이유는 그녀의 가족을 보호하기 위해서다. 그녀의 아이, 뱀파이어 남편, 그리고 그녀 같은 뱀파이어들(채식 뱀파이어)의 존재가 계속되게 하기 위해서.

트와일라잇 사가는 벨라의 가족 네트워크가 굳게 구축되고, 뱀파이어들 사이에서 그녀의 자리가 보장받으면서 끝난다. 볼투리에 대한 복수는 필요 없고(사실, 그것은 분명하게 금지되었다), 영광도 필요 없다(영광스러운 전투는 심지어 현실에서 일어나지도 않았다). 이것은 인물과 독자 모두를 안심시켜준다.

우리가 여성 영웅의 여정에서 기대하듯이, 마지막 시퀀스에서 권력과 즐거움은 모두 가족 집단이나 커플의 형태로 묘사된다. 트와일라잇 사가 영화들의 결말은 로맨스 서사의 전형을 보여준다. 결합의 상징적인 힘이 로맨틱한 만남(로맨스 장르에서 이것은 보통 결혼이나 섹스거나 혹은 둘 다로 나타난다)을 가지는 커플을 통해 나타나는 것이다.

• • •

스토리텔러의 입장에서 전략은 분명하다. 여성 영웅은 집단 속에 있을 때 가장 큰 힘을 갖는 처지에 있다. 그러므로 이런 종류의 소설(특히 로맨스)에서 가장 강력한 장면들은 다른 사람(혹은 사람들)과의 (대화로 이끌어갈 때가 많은) 정신적 친밀감이나 감정적 혹은 육체적 친밀감을 묘사하는 장면들이 될 것이다.

   이것이 왜 약혼, 결혼, 파티, 섹스 장면이 여성 영웅 여정의 서사에서 그렇게 중요한가 하는 이유이다. 이것들은 세 가지의 친밀감 모두를 동시에 강조하는 경향이 있다.

여성 영웅의 추가적인 예시들
당신이 다양하게 비교할 수 있도록 몇 가지만 더

내가 이미 상세히 묘사한 두 가지에 더해, 여기 내가 수년에 걸쳐 눈여겨보아온 여성 영웅 여정의 예가 몇 가지 더 있다. <스타 트렉: 더 넥스트 제너레이션>(1987) 같은 스페이스 오페라, 대부분의 시트콤, 모든 로맨틱 코미디, 그리고 YA 로맨스, <러브, 사이먼>(2017)이나 <내가 사랑했던 모든 남자들에게>(2014), <걸즈 트립>(2017) 같은 이른바 여성 임파워먼트 코미디, <레버리지>(2008)처럼 더 가벼운 마음으로 볼 수 있는 케이퍼 무비(Caper Movie)*와 하이스트(Heist)** 프로그램들, TV 프로그램 <슈퍼걸>(2015) 같은 슈퍼히어로 팀에 대한 대부분의 미디어가 그것들이다.

문학에서 여성 영웅의 여정은 모든 로맨스 소설, 대부분의 코지 미스터리("나는 당신들을 오늘 여기로 다 함께 데려왔다, 왜냐하면 살인자는 당신들 중에 있기 때문이다" 같은 대사가

---

* 절도나 사기, 탈출 등 계획범죄를 중심으로 전개되는 영화 장르. 정교한 작전, 팀워크, 반전, 유머 등이 강조된다.

** 강도를 중심으로 한 범죄 영화 장르. 보통 은행, 미술관 등에서 돈이나 귀중품을 훔치는 계획과 실행 과정을 다룬다.

나오는), 상당수 SF/F(SF와 판타지), 특히 그중 스페이스 오페라처럼 집단 역학에 근간을 둔 것들, 『사랑을 기다리며』같이 이른바 여성 소설이라고 불리는 작품 중 상당수, 그리고 적어도 모든 YA 절반에서 찾을 수 있다.

• • •

당신의 이야기들을 창조할 때 이런 예들을 이해하는 것이 왜 중요할까?

그 예들은 상업적으로 크게 성공했고 서사를 아주 잘 풀어냈기 때문이다. 만약 당신이 여성 영웅 여정의 토대를 유념하면서 이들 중 몇 개만이라도 읽거나 본다면, 그 여정이 현대의 청중을 위해 어떻게 변형되었는지 알 수 있고, 더 명징하고 날카로운 플롯을 쓰기 위한 자신의 기법을 발전시킬 수 있다. 또 만약 당신이 어떤 종류의 라이터스 블록(writer's block)* 때문에 괴로워하고 있다면, 이 중 몇 가지는 당신이 빠진 수렁에서 어떻게 하면 빠져나올 수 있을지 아이디어를 줄 수도 있을 것이다.

당신들에게 다른 것을 모방하라고 얘기하는 것이 아니다. 그것들에 영감을 받을 수 있다는 말이다.

---

*　작가가 창작 과정에서 글을 쓸 수 없는 상태에 빠지는 것.

여성 영웅의 여정에 숨겨진 메시지들
정말로 매혹적인 핵심

여성 영웅의 여정에는 시간이 지나도 변치 않는 서사 요소와 메시지가 있다. 나는 작가들이 이것을 인식하는 것이 중요하다고 생각한다.

여성 영웅의 여정은 동기 부여를 어떻게 보는가

여성 영웅을 쓸 때 스토리텔러가 맨 처음 생각해야 할 것은, 그녀가 권력이나 안전에서 하강하는 것은 처음에는 거의 비자발적이라는 점이다. 그녀는 다른 사람을 돕기 위해 행동한다. 여성 영웅은 가족적 네트워크가 절단된 결과 여정에 나선다. 파괴된 네트워크를 고치고자 하는 욕구가 그녀를 행동으로 이끈다.

만약 당신의 여성 영웅을 빠르게 움직이게 하고 싶다면, 그녀가 소중하게 여기는 사람을 빼앗아라—연인, 자매, 친구, 동반자, 아이, 어머니, 조카 등등. 만약 빼앗기는 것이 사람이 아니라 물건이라면, 그 물건이 깊은 가족적 연결성을 가지고 있도록 해라—수첩, 일기, 사진 앨범, 가족의 마법책, 마법이 담긴 어머니의 찻잔 등등.

잠깐 이 플롯 포인트에 대해 말 한마디를 덧붙여본다. 많은 작가들에게는, '주인공에게 일어나는 일'이라는 개념 자체가 혐오감을 자아낸다. 이것은 교육자와 비평가에게도(시트콤이라는 예외는 가능하겠지만) 혹독하게 비판받는다.

외부 요소들에 영향을 받아 행동하게 되는 것은 '수동적'이거나 '반응적'인 것과 같지 않다는 점을 강조할 필요가 있다. 심지어 같다고 해도, 비평가, 글쓰기 워크샵, 창작 글쓰기 교사 들은 남성 영웅 여정에 과도하게 의존하고 그것을 우선시하기 때문에 주인공의 수동적 행동을 부정적으로 인식하도록 훈련받았다고 주장할 수도 있겠다. 결국 수동성을 '부정적인 것'으로 인식하는 것은 전형적으로 '저' 신화체계에서의 일이며, 여기서는 그렇지 않다.

어느 쪽이건, 모든 일이 당신의 여성 영웅'에게' 일어나지 않게 하면서 그녀의 서사를 쓸 수 있다.

그녀의 하강은 자발적이 아닐 수 있다. 그러나 그녀를 세계와 다시 연결하기 위해 이루어지는 행동들, 그리고 이어지는 하강 이후 그녀가 어떻게 움직이는가 하는 것은 그녀의 선택이고 결정이다.

게다가, 만약 정말로 부름이 있다면 여성 영웅은 그 **부름을 거부하지 않는다.**

왜인가?

왜냐하면 그녀는 가족을 빼앗겼기 때문이다! 그녀는 재결합을 추구하려 할 때 쭈뼛거리지 않을 것이다. 그녀는 남성 영웅이 아니고 그것은 그녀의 패턴이 아니다.

일단 여성 영웅이 행동에 들어가면, 그녀는 고립되지 않는 한 그 길에 머무른다.

여성 영웅의 여정은 여성성을 어떻게 보는가

배경 인물, 형제자매, 친구, 그리고 연인으로 등장하는 여성적 인물들(그리고 다시 한 번 짚지만, 저 말로 내가 뜻하는 것은 꼭 생물학적으로 여성적인 인물들이 아니라 서사에 의해 여성적으로 '젠더화된' 인물들이다)은 동기 부여, 감정적인 지지, 그리고 쓸모 있는 정보(승리를 위한 간첩 행위나 소문)를 제공하며 거의 언제나 여성 영웅을 돕는다.

이것은 내가 여성 스파이들에 대한 '피니싱 스쿨(Finishing School)*' 시리즈를 쓴 이유 중 하나다. 이 개념은 여성 영웅의 여정이라는 우산 아래에서 매우 행복한 결혼으로 향하는 데 도움을 준다.

따라서 이 여정 속에서 여성적인 것은 대체로 '긍정적인' 요소를 대표한다. 이는 여성적인 것이 '부정적인' 요소로 나

---

* 피니싱 스쿨(Finishing School)은 19세기 말에서 20세기 초 부유층의 젊은 여성을 대상으로 유행한 교육기관으로, 좋은 아내가 되기 위한 여러 교양과 예의범절을 가르쳤다.

타나는 남성 영웅의 여정과 날카로운 대조를 이룬다. 남성 영웅의 여정에서는 여성적인 것이 보통 문명, 정체(停滯), 장애물을 대표하는 원형으로 나타나서 남성 영웅이 퀘스트를 완수하지 못하게 막는 역할을 한다.

여성 영웅의 여정은 고립을 어떻게 보는가

다음으로 스토리텔러들이 이용할 수 있는 것은, 여성 영웅에게는 외로움과 혼자 하는 행동이 위험하다는 사실이다.

해리가 다른 모든 괴물들 중에서도 디멘터들을 가장 두려워하는 이유가 있다. 그들은 여성 영웅의 상실과 절망을 정의하는 것을 전형적으로 보여준다. 바로 외로움이다. 디멘터들에 대한 해리의 무기(그것을 '무기'라고 할 수 있다면)가 사랑과 가족 둘 다의 상징(해리의 패트로누스는 이야기의 맥락 안에서 감정적으로 그의 아버지를 표현하며, 단어 그 자체의 어근 '패트론'도 그렇다)이라는 점은 이 여정을 거의 완벽하게 수행한다.

여성 영웅의 여정은 힘을 어떻게 보는가

더 많은 스토리텔러들이 여성 영웅의 여정에 큰 임팩트를 주는 데 활용할 수 있는 도구를 여기서 소개한다.

여성 영웅의 힘은 그녀의 네트워크에 있기 때문에 공동체와 문명은 바람직한 것이다. 조직된 종교부터 보금자리를 마련하고 집을 짓는 것, 파티나 축제를 조직하는 것 같은 구체적인 상징도 마찬가지다. 이 여정의 작가로서, 우리는 마땅히 독자와 관객에게 우리의 여성 영웅을 돕는 호감이 가는 인물 여럿을 선사해야 할 뿐만 아니라, 그녀에게 위로가 되는 물리적 공간을 묘사해야 하며(론네 가족의 집, 벨라와 에드워드의 오두막집), 공동체 구축 이벤트(가족의 저녁식사, 우정의 모임, 결혼식, 출산, 공동 작업)도 활용해야 한다.

- 당신의 여성 영웅에게 호감이 가고 그녀를 배신하지 않을 친구들을 많이 주어라.
- 그녀에게 그 친구들을 돕고 지지할 기회를 주고, 그들에게도 마찬가지로 그녀를 도울 기회를 주어라.
- 그녀에게 그룹 안에서, 직장에서, 파티에서, 관계 속에서, 그녀의 가족과 함께 빛날 기회를 주어라.

이것은 작고 소소한 일일 수도 있다. 그녀가 정말 아름다운 가정을 꾸리는 것일 수도 있고, 아니면 책이 진전되면서 그녀의 가정이 더 아름다워지고, 평온해지고, 타인을 잘 맞이하게 되는 것일 수도 있다.

그녀는 무엇을 하든 팀을 꾸려서 해야 하는 일에서 탁월할 것이다.

여성 영웅의 여정은 의사소통을 어떻게 보는가

여성 영웅의 여정을 위한 도구상자 속에 있는 다른 도구는? 대화다!

이 여정을 쓴다는 것은 대화를 많이 활용한다는 뜻이다. 결국 인물들 사이를 친밀하게 만드는 주된 도구는 그들 사이의 여러 대화이다.

만약 당신이 대화를 쉽게 잘 쓰는 저자라면, 두 인물이 영화처럼 당신의 머릿속에서 서로 이야기한다고 느낀다면, 그렇다면 여성 영웅의 여정은 당신의 친구다. 만약 대화가 당신의 강점이 아니라면, 당신은 테크닉을 연구하고 잘 짜인 영화 스크립트를 주의 깊게 분석해야 할 것이다.

여성 영웅의 여정은 성공을 어떻게 보는가

또 다른 도구는 타협을 보여주고 그것을 성공으로 정의하는 것이다.

여성 영웅의 여정을 쓸 때 또 하나 기억해야 할 것은 연결은 타협을 통해 성취되리라는 것이며, 타협은 여성 영웅만이 아니라 모두를 이롭게 하리라는 것이다. 그 '모두'가 그녀의 확장된 우정 그룹(대부분의 현대 로맨스들에서 그렇다)과 그녀의 작은 마을이나 도시 공동체(코지 미스터리, 어반 판타지의 경우)로만 정의되고, 세상 전체나(YA, 에픽 판타지*의 경우) 우주(SF의 경우)로 업그레이드되지 않는다고 해도 그렇다.

당신의 여성 영웅을 타협하게 하고, 그것을 긍정적인 빛 속에서 강조하라.

우리가 성공을 어떻게 정의하는가 하는 부분도 이 여정을 잘 쓰기 위한 관건이다. 우리의 여성 영웅에게 우정과 대안 가족은 안전을 의미하고, 안전은 영광보다 낫다. 여성 영웅은 네트워크를 만듦으로써 '성공한다'. 그녀에게 성공은 바로 '통합'으로 정의된다.

다른 말로, 당신의 주인공의 동기는 당신이 어떤 여정을 쓸지 결정하도록 도울 수 있다. 그러므로 앉아서 당신 자신에게 이런 질문을 할 시간을 잠시 가져라.

'내 주인공은 정말로 무엇을 원하는가? 육체적으로? 정신적으로? 감정적으로?'

그런 질문을 통해 우리는 당신 서사의 메시지로 향한다.

여성 영웅의 여정은 위임을 어떻게 보는가

여성 영웅의 여정 전체를 지배하는 긍정적 메시지는 도움을 구하는(혹은 필요로 하는) 것은 '좋다'는 것이다.

나는 그것이 서구적 사고방식으로는 이해하기 힘든 문제

---

* 에픽 판타지(epic fantasy)는 판타지 장르 중 소설의 배경으로 완전히 새로운 세계를 창조하는 소설들을 말한다. 하이 판타지(high fantasy)라고도 한다. 한편 해리 포터처럼 현재 세계를 변형하는 종류는 로우 판타지(low fantasy)라고 한다.

라는 사실을 안다. 그러나 여성 영웅에게는, 도움을 얻는 것은 약점이 아니다. 그것이야말로 그녀가 가진 최고의 힘이다. 그녀는 여정의 첫걸음 때는 이를 알지 못할 수도 있지만, 독자들에게는 그것이 분명히 전해져야 한다.

해리 포터 시리즈에서, 이것은 항상 책이 끝날 때 해리가 친구들과 함께하는 집단 역학 속에서, 해그리드를 껴안는 장면을 통해 이루어진다. 해리는 자부심과 행복을 만끽하는 순간에 동료들 속에서 축하받는 것으로 묘사된다. 그러나 그에게 최고의 순간은 위즐리 가족과 지낼 때처럼 조용하고 가족적인 한때이며. 마지막에는 기차 플랫폼 위에서다.

이 점을 글 안에서 보여주는 한 가지 방법은 당신의 여성 영웅을 위임하는 사람으로 그리는 것이다. 상호 보완이 되는 능력을 알아보고 조화로운 전체를 창조하는 맥락 속에서 그 능력들을 발휘하게 해 상호 이익이 되는 결과를 낳는 사람으로 말이다.

해리의 친구들은 자주 스스로 역할을 맡아, 자신이 느끼기에 자신에게 가장 잘 맞는 임무를 떠맡는다. 론이 체스를 맡고 헤르미온느가 연구를 맡는 것이 그런 예다. 여성 영웅이 만약 무기를 가지고 있다면, 그녀의 무기는 보통 본성상 방어를 위한 것이다. 그녀를 중심으로 한 네트워크의 목적이 보호와 가장 잘 맞기 때문이다. 해리가 사용하는 최고의 마법이자 특히 그의 친구들에게 꼭 전해주어야 하는 마법은 무엇일까? 패트로누스와 엑스펠리아르무스 마법이며 이것들은 둘 다 방어적이다(각각 보호와 무장해제다). 벨라의 뱀파이어 능력이 보호막으로 드러났을 때, 나는 기뻐서 육성으로 환성을 질렀다(봐라! 여성 영웅으로 얼마나 완벽한가? 헉, 너무나 요점에 들어맞지 않나).

내가 내 소설 속 주인공인 알렉시아를 초능력자 중에서도 전기를 흘려 보내는 '접지'와 같은 존재로 만들었던 이유가 있다. 그녀의 능력은 그녀의 적들에게 사실상 아무것도 '하지' 않지만, 그들의 능력을 무(無)로 돌려버린다. 나는 내 다른 주인공 중 한 명인 프루던스를 더욱 여성 영웅답게 만들었다. 그녀는 초능력을 빼앗아 자신의 것으로 만들 수 있는 능력을 가졌다. 다른 말로 해서, 일종의 능력 공유다. 이 얼마나 여성 영웅스러운가?

여성 영웅의 여정은 권력을 어떻게 보는가

마지막으로, 글을 쓸 때 권력에 대해 생각해보자.

우리의 여성 영웅의 권력은 집단적으로 나타나거나 커플이 행사하는 것으로 나타날 것이다. 여성 영웅의 초점은 공동체를 유지하는 데 있기 때문에, 다른 사람이 나서서 그녀의 적들을 물리치거나 그녀의 요청을 대신 수행할 것이다(이시스와 호루스, 인안나와 닌슈부르, 혹은 데메테르와 헤르메스를 보라). 그녀의 여정은 결코 죽음, 복수, 응징에 대한 것이 아니다. 그녀는 혼자가 되는 경우가 거의 없다.

여러분이 내가 여성 영웅의 여정을 찬미하고 남성 영웅의 여정을 비난하고 있다고 생각하기 전에 짧게 언급하겠다. 맞다. 나는 남성 영웅의 여정 속에 있는 단독 행위에 대한 강조, 자기 희생, 결코 도움을 요청하지 않는 행위가 현대 사회에 해롭다고 믿는다(그리고 이 점에 대해서는 뒤에 더 이야기할 것이다).

강인한 개인이라는 신화는 몇 세기에 걸쳐 특히 미국적인 특성으로 공식적으로 인정되어왔으며, '혼자 가서 스스로 해내는 것'을 영광스럽고 바람직한 일로 만들었다. 이것은 우리가 도움을 요청하는 것을 약하거나 여성적으로 보도록 만들었다. 특히 만약 당신이 남성으로 정체화된 개인이라면 더욱 그런 경향을 가질 것이다. 이것은 동시에 '약함'과 '여성적인 것'을, '강함'과 '고립'을 쌍으로 묶는다.

우리는 남성들이 다른 사람들을 보살피고 싶어 하면, 즉 의사소통, 접촉, 혹은 감정적인 공명을 통한 연결을 추구하면 비난당하는 세상을 만들어낸 결과를 모두 함께 겪고 있다

그러나 여성 영웅의 여정에도 문제가 없는 것은 아니다. 만약 스토리텔러들이 잘못 다룬다면, 여성 영웅의 여정을 통해서도 심각하게 해로운 메시지들이 퍼뜨려질 수 있다. 특히 젠더와 생물학적 섹스가 혼동될 때 그렇다.

예를 들어, 아주 많은 옛날 로맨스 소설들을 뒷받침하고 있

는 지배적인 메시지는 '완벽한'(강력하고 성공한) '여자'가 되기 위해서는 '남자'와 결합해야 한다는 것이다. 이것은 서사의 젠더적 성격을 제거하고(기억하라, 우리의 여성 영웅은 생물학적 여성일 필요는 없다) 그것을 생물학적 성적 영역으로 밀어 넣는다. 우리는 결국 '올바른' 여성과 함께 자기만 하면 문제 많은 알파남이 정의롭고 다정하게 변한다는 괴로운 개념을 갖는 걸로 끝나게 된다. 속어로 말하면, 우리는 그것을 나쁜 남자 로맨스 속에서의 '보지 구원' 서사라고 부른다. 이런 서사는 언제나 튀어나온다.

이와 비슷하게, 여성 영웅은 고립되었을 때 위험에 처하기 때문에(이야기의 맥락에서 그것은 매우 긴장되고 흥미진진할 수 있는데 글을 쓸 때 긴장을 더하기 위해 이 사실을 활용할 수 있다), 그녀는 고립된 상황 속에서 지나치게 괴로워하며, 사회적 거부감 때문에 자살을 시도하고, 자신을 구해줄 남성을 과도하게 낭만화하는 모습으로 묘사될 수 있다.

그다지 좋은 메시지는 아니다.

그러니 양쪽 서사 모두에 지뢰처럼 작용하는 메시지들이 있다는 것을 명심하자. 특히 당신이 권력의 발현을 탐구할 때 유의하자.

• • •

그러나 (특히 로맨스 장르가 예시하는) 여성 영웅의 여정이 자기 메시지들을 전파할 때 남성 영웅의 여정보다 비평가와 전문가에게 훨씬 더 많이 비난받는다는 점은 흥미롭다. 당신이 로맨스 소설을 쓴다고 칵테일파티에서 말하면 어떤 느낌일지 상상만이라도 해보라. 그러면 내가 무슨 말을 하는지 이해할 수 있을 것이다.

  이 지점에서 당신이 스스로 질문하기를 바라는 것은 '왜'이다. 로맨스 소설가나 그보다는 덜하지만 판타지 소설가와 YA 소설가는 그들 자신이나 그들의 비난자가 깨닫고 있건 아니건 간에 여성 영웅의 여정에 대한 사회적 낙인을 마주하고 있다.

  그러니 그것을 좀 더 철저히 조사해보자. 어떤가? 다음 부분은 직업 작가로서 이 여정을 쓰기로 선택했을 때 따라올 결과를 다루는 데 도움을 줄 것이다.

CHAPTER 6

왜 여성 영웅의 이야기는 평가절하되는가

데이터를 철저히 조사하기

2016년에, 어떤 데이터가 글쓰기 세계에 혜성처럼 나타났다. 그 세부 사항들에는 이의가 제기되었지만, 흥미로운 통계들을 제시했다. 그것은 정확히 옳지 않다고 해도, 여전히 논의할 가치가 있는 숫자들을 제시한다.

내가 언급하고 있는 것은 데이터 가이(Data Guy)의 작가 소득 리포트(Author Earnings Report)다. 특히 그것은 로맨스 소설에 대해 말하고 있다. 이 리포트는 (2015년에 모은 데이터를 사용해서) 2016년 미국로맨스작가협회(RWA) 전국회의에서 발표되었다. 그 리포트 자체는 더 이상 온라인에서 볼 수 없고, 이후 데이터 가이는 작가 소득 사이트를 폐쇄했다. 그러나 당신은 그에 대한 정보와 그 결과에 대한 토론을 검색할 수 있다.

본질적으로, 데이터 가이의 2016년 리포트는 미국 도서 산업에 대해 우리에게 많은 것을 말해주었다. 특히 주목할 만한 것은 조사된 실물 '인쇄' 책 독자의 대략 절반이 소설을 소비했다는 것이고, 그리고 그 절반 중 약 4.4퍼센트가 로맨스를 읽었다는 것이다. 그러나 디지털(이북) 무대에서는 로맨스가 적어도 모든 소설 독서의 **절반**을 이룬다. 데이터 가이의 분석(미국의 아마존닷컴을 중점으로 했다)으로는 판매된 디지털 북 전체의 45퍼센트가 로맨스였다.

당신이 데이터 가이를 믿지 않는다 해도, 닐슨 미디어 리서치는 인쇄본과 디지털을 합쳐 2015년 소설 판매의 29퍼센트는 로맨스에서 나왔다고 보고했다.(gailcarriger.com/HJ_romance)

라이브러리 저널(2019)에서의 인쇄본과 이북 유통 데이터는 로맨스가 미스터리, 일반소설, 스릴러 다음 네 번째로 가장 대중적인 소설 장르라는 것을 보여준다.(gailcarriger.com/HJ_library)

당신이 어떻게 생각하든지 간에, 미국에서(이곳은 또한 가장 큰 영어권 도서 시장이다) 엄청난 수의 독자들이 로맨스를 읽는다.

이런 데이터를 알고 있었는가? 만약 알고 있었다면, 로맨스가 이렇게 많은 시장 점유율을 차지한다는 것을 정말로 실감하고 있는가?

여성 영웅의 여정의 다른 예들(많은 YA, 대부분의 코지 미스터리, 많은 코미디)을 여기에 더하자. 그러면 여성 영웅의 여정은 남성 영웅의 여정 못지 않게 대중적이거나 남성 영웅의 여정보다 더욱 대중적이라고도 주장할 수 있다.

・・・

이제 여성 영웅의 여정이 상업적 성공, 대중성, 독자 수, 매출액의 관점에서 거대하다는 것을 안다면, 특히 로맨스가 도서 산업에서 그리고 대중 담론에서 극도로 과소평가되었다는 것을 깨달을 수 있다.

이것은 부분적으로는 로맨스 장르가 기민하게 변화해서 대부분의 다른 장르들보다 앞서 디지털 에디션과 독립 저자 출판을 수용했다는 사실과 관계가 있다. 데이터 가이의 2016년 리포트는 로맨스 판매량의 89퍼센트는 디지털이고, 67퍼센트는 전통적인 산업 지표로 포착되지 않는다고 알려준다.

로맨스는 학자들이 깊이 연구하지 않은 분야이기도 하다. 로맨스는 비평가, 시상 위원회들, 작가 레지던시, 그리고 문학적 권위를 내세우는 다른 문지기들에 의해 대대적으로 비판받고, 무시되고, 빈축을 샀다. 로맨스는 시작부터, 로맨스가 고딕 문학 운동에서 태어날 때부터 그랬다.

로맨스는 여성 영웅 여정의 주요 수호자이기도 하다. 나는 본질적으로 연결되지 않는 두 가지 것을 결합하고 있을지도 모른다. 그러나 내 판단으로는 두 가지가 본질적으로 연결되어 있다. 그래서 나는 내 의견을 고집하겠다.

왜 우리는 여성 영웅의 여정을 그렇게 쉽게 무시하는가?

일단 여성 영웅 여정이 강조하는 서사적 요소, 주제, 그리고 메시지들은 서구 문화가 남성 영웅 여정의 맥락에서 약하다고 인식하는 것들이다. 또한, 이 여정에 집중하는 장르들은 대부분 여성이 쓰고 소비한다.

미안하지만 이것을 더 친절하게 말하는 방법은 없다. 광범위하게 체계화되고 주입된 여성혐오(이것의 증거를 더 많이 보려면, 2019년 카펜터가 쓴 인용 글을 읽어보라) 때문에 여성 영웅의 여정은 무시당하고 비평적으로 학대받았다.

당신이 이 여정의 작가라면 이 상황 때문에 사회적으로 방어적인 입장에 놓일 때가 많을 것이다. 파트로누스를 가진 해리와 방어막의 힘을 가진 벨라처럼, 당신은 정신을 바짝 차려야 할 것이다. 나는 모든 여성 영웅들처럼 당신이 강력한 작가 친구 그룹을 만드는 것을 강하게 추천한다. 그 역시 이런 유형의 여정들에 대해서 쓰고, 플롯과 글쓰기 같은 지점들뿐만 아니라 험난한 커리어 여정에서 겪을 감정 문제에 대해서도 당신에게 기꺼이 조언해줄 수 있는 사람들 말이다.

나는 심리적인 이야기를 하지 않을 거라고 말했지만, 결국 그렇게 되고 말았다.

글쓰기의 대부분은 외로운 일이다.

그것이 내향형 인간이 이 직업에 끌리는 이유이다. 그러나 만약 여성 영웅이 우리에게 가르쳐주는 것이 있다면, 외로움 속에는 위험이 있다는 것이다. 스토리텔러인 당신도, 당신의 주인공도, 필요할 때 도움을 요청하는 것을 배워야 한다. 도움을 청하는 것을 힘으로 보는 법을 배우라. 멋진 온라인 그룹과 동료 멘토링이라는 옵션, 지역 작가 그룹과 저자 조직이 있다. 때때로 열리는 컨퍼런스나 컨벤션에 용기 내 참석하는 것도 놀라운 효과를 낼 수 있다.

나는 내가 쓰는 글을 자랑스럽게 여기는 법을 오랜 시간에 걸쳐 배웠다. 어떤 글을 쓰냐고 질문을 받을 때 언제나 로맨틱한 요소가 있으며, 주로 여성 영웅의 여정을 그리는 상업 장르 소설을 쓰고 있다고 말하는 법을. 그리고 그런 소설은 잘 팔린다고 말하는 법을. 그런 소설은 독자들에게 위안을 주고 독자들을 행복하게 만든다. 그리고 그 안에서 힘을 찾을 수 있다.

여성적인 이야기는 주목받지 못한다
우리가 어떻게 우리 자신의 문화를 손상시키는가

여성 영웅의 여정은 다음과 같은 것들을 강조한다.

- 네트워킹
- 연결
- 연대와 통합
- 도움을 요청함
- 도움을 주기
- 성취를 나눔으로써 성공함

이 모든 것은, 남성 영웅의 여정이라는 우산 아래에서는 약하고, 비효율적이고, 단독 성취의 실패로(심지어 가끔은 부정행위로) 간주된다.

또한 여성 영웅의 여정은 일반적으로 코미디를 담고 있는데, 코미디는 무시되고 하찮아 보이기 쉽다. 코미디는 거의 진지하게 받아들여지지 않고, 칭송받지 않고, 혹은 비평에서 찬사를 받지 않는다. 코미디는 결국 코미디라는 식이다. 예를 들어, 지난 20년 동안 얼마나 많은 코미디 영화들이 최고의 영예를 얻는 아카데미상을 탔는가? 오직 <셰익스피어 인 러브>만이 있는데, 나는 그 영화도 여성 영웅의 여정에 맞는 해피엔딩은 아니라고 생각한다.

연결에 대한 강조 때문에, 여성 영웅의 여정은 (로맨스가 아닐지라도) 로맨틱한 맥락을 가질 때가 많은데, 그렇다고 이 트로프의 효과가 독자들이 인생에 대해 갖는 기대에 해를 끼칠 수가 없다는 말은 아니다. 로맨스에서 '바로 그 사람'이나 '운명의 짝' 같은 개념은 타협과 관계는 힘든 일이라는 더 실용적인 개념과 충돌한다.

또한 결혼이나 성적인 파트너십을 싱글보다 미화하는 경향도 있다.

마지막으로 여성 영웅의 여정은 보통 행복하게 끝나는데, 비평가들은 그것을 감상적이거나 자연스럽지 못하거나 예상하기 쉽다고 비판하길 좋아한다. 분명히 말하건대, 남성 영웅 여정의 파토스적 결말보다 더 예측 가능한 것은 **없는** 데도 그러하다. 그는 우수에 잠겨 홀로 죽어갈 것이다, 안 그런가? 참 놀라운 결말이다.

・・・

위의 통찰을 종합하자면, 비평적으로 검토되거나 논의될 때 여성 영웅의 여정은 지나치게 나긋나긋하거나, 어리석거나, 경솔하거나, 매우 감상적이거나, 저급하거나, 예측 가능하거나, 트로프적이거나, 연약하거나, 나약하다고 인식되는 경향이 있다. 이것들 중에서 트로프적이라는 것이 내가 가장 안 좋아하는 비평이다.

두 여정 다 트로프들로 가득하지만, (스릴러 장르에 들어가는 대부분의 이야기들처럼) 남성 영웅의 여정을 따라가는 것들에는 관대하면서 (로맨스 장르 같은) 대표적인 여성 영웅의 여정들이 예측 가능한 패턴들을 따라간다고 비판한다는 사실은 미치고도 팔짝 뛸 일이다.

이렇게 부정적인 비평적 시선이 있는 이유는 부분적으로 우리의 문화가 남성 영웅의 여정을 지나치게 강조하고 미화해왔기 때문이다. 그러니 마음의 준비를 단단히 하시라. 우리 스토리텔러들은 내가 말할 다음의 내용을 이해해야 한다. 우리가 여성 영웅의 여정을 쓸 때, 우리는 우리의 서사와 함께 일반적인 사회적 기대와 직접적으로 충돌하는 메시지를 보내고 있는 셈이다.

남성적인 이야기는 더 주목받는다
우리가 우리 자신의 문화를 어떻게 더 손상시키는가

남성 영웅의 문화는 다음과 같은 것들을 강조한다.

- 개성
- 분리
- 극복할 수 없는 역경을 뛰어넘은 단독의 업적
- 복수
- 도움을 청하는 데 소극적
- 구세주나 백마 탄 왕자 콤플렉스
- 성공이 다른 사람의 죽음으로 규정됨

남성 영웅의 여정은 거의 코미디를 담지 않는다(만약 그것이 코미디를 담는다면, 그것은 보통 비판적이거나 어두운 유머거나 조롱이다). 로맨틱한 사랑이나 섹스의 묘사는, 만약 나온다고 해도, 남성 영웅을 그의 퀘스트에서 멀어지도록 유혹하기 위한 행동이거나, 남성 영웅의 복수에 동기 부여를 하고 그를 앞으로 나아가도록 박차를 가하기 위해 연인이 죽는 것 중 하나다.

이 이야기들은 불쾌한 현실을 있는 그대로 보여준다고(긍정적인 톤으로) 자주 묘사된다. 그 이야기들의 결말은 파토스를 강조할 것이고, 보통 외롭고, 괴로우면서도 달콤하고, 비극적이고, 혹은 셋 다다.

비평적으로 검토하거나 논의할 때 남성 영웅의 여정은 영리하고, 리얼리즘적이고, 흥미진진하고, 영웅적이고, 고귀하고, 남성적이고, 강하거나 강렬한 것으로 인식된다.

우리 작가들은 이런 집단적 진술을 자주 듣는다.

"그러나 우리는 단지 남성 영웅의 여정을 **좋아할 뿐이다**."

이런 말은 컨퍼런스에서, 그리고 다른 작가나 독자와 갖는 사회적 모임들에서 나온다. 판매 및 소비 측면에서 나온 증거는 그 반대를 시사하거나, 적어도 구매하는 독자들에게는 건강한 균형이 있다는 것을 시사할 것이다. 심지어 더 나쁜 진술은 이럴 것이다.

"그러나 남성 영웅의 여정이 스토리텔링의 **가장 좋은** 형태이다."

나는 학교에서 그런 가르침을 받았고, 그때부터 사람들이 무수히 그런 말을 앵무새처럼 반복하는 것을 들었다. 이제, 그것은 의도적이든 비의도적이든 남성 영웅의 여정이 학술적으로 주목받으면서 얻게 된 '훌륭함'과 '가치'에 대한 교묘한 개념을 활용하고 있다.

첫 번째로 의도적인 경우, 남성 영웅의 여정에 대해 더 많은 글이 쓰여왔고, 대중문화, 학계, 비평가들, 스토리텔러들, 그리고 미디어가 그것을 논의하고 의도적으로 그것을 활성화하는 데 훨씬 더 많은 시간을 써왔다. 남성 영웅의 여정에는 더 많은 주의가, 말하자면 영광이 주어져왔다.

두 번째로 비의도적인 경우는 장르 소설의 역사와 그것의 비평이라는 측면에서 분석할 것이 더 많기 때문에 다음 챕터에서 들어가기로 하겠다.

평가절하의 해로운 영향
작가의 윤리적 책임

내가 분석하는 걸 아주 좋아하게 된 그 인용으로 돌아가자.

"여성들은 여행을 할 필요가 없다. 전체 신화학적 여정에서, 여성은 그곳에 있다. 여성이 해야 하는 일은 자신이 사람들이 가닿으려고 노력하는 장소임을 깨닫는 것뿐이다."

이 진술이 끼치는 다른 모든 해로움은 차치하고, 이 진술이 잘못된 점은 젠더와 생물학적 성을 혼동한 데만 있는 것이 아니라, 생물학적 성을 원형과 혼동한 것에도 있다. 그리고 그렇게 함으로써 이 진술은 인간성을 남자의 생물학적 성과 혼동하고 있다. 우리는 이렇게 엉망진창으로 뒤섞인 혼동을 겪고 있지만, 내가 지금 이것을 다시 꺼내는 이유는 이러한 문화 전반의 암묵적인 연관성이 여성 영웅의 여정(그리고 대중문화 세계에서 여성 영웅의 여정을 그리는 대표 장르들)에 대한 지속적이고 치명적인 평가절하로 이어지기 때문이다.

어떻게 그렇게 되느냐 하면……

생물학적 성과 젠더의 혼동은 개인에게만 피해를 입히는

것이 아니고, 남성과 여성에 대한 사회적 기대를 거대한 규모로 깊이 오염시킨다.

이것들은 핵심 서사 여정들이며, 스토리텔러들에게 스토리 안내서를 제공하는 것 이상의 일을 한다. 그것들은 전체 문화에 영향을 주는 주제와 메시지들을 단단히 박아 넣는다.

이것은 작가들이 어떤 스토리 라인, 플롯 포인트, 혹은 장면들을 다루려 할 때 주저하게 만들 수 있다. 또 깨닫지 못하더라도 작가 내면에 근본적인 불안을 심어서 라이터스 블록을 유발할 수도 있다.

• • •

나는 작가나 독자 들에게 한 여정을 다른 여정보다 더 좋아하는 것은 완전히 괜찮다고 강조하고 싶다. 그러나 남성 영웅의 여정의 '질'이 여성 영웅의 여정보다 우월하다고 사회가 '도덕적' 판단을 수행할 때, 이것은 어떤 **가치**를 더 선호한다는 해로운 시대정신적 '메시지'를 전달한다. 작가 스스로 우리 자신의 일에 어떤 가치를 매기는지를 포함해서 말이다.

다른 말로 해서, 서구 사회는 '남성 영웅'과 남성성을 '남자'가 된다는 것의 의미(따라서 남자가 인생에서 어떤 존재가 되어야 하며 무엇을 원해야 하는지)와 밀접하게 연관시켜왔고, 동시에 '여성 영웅'과 여성성을 '여자'가 된다는 것의 의미(따라서 여자가 인생에서 어떤 존재가 되어야 하며 무엇을 원해야 하는지)와 연관시켰다. 그리고 나서 우리 사회는 첫 번째가 두 번째보다 도덕적으로 더 낫고 윤리적으로 우월하다고 결정해왔다.

그래, 이건 성급한 일반론이 맞다. 그러나 그 점에 대해 생각해보고, 당신이 인물과 플롯을 쓰는 방식에 이런 판단이 어떤 영향을 끼칠 수 있는지, 그리고 당신이 쓰거나 이용하길 좋아하는 인물이나 플롯의 종류 때문에 당신이 어떤 스토리텔러로 취급되는지에 대해 생각해보길 바란다.

이 여정들에서 권력과 성공이 정의되는 방식의 부정적인 영향은 생활양식을 이분법적으로 나누도록 만들며, 그런 구분이 낳는 결과는 매우 중대하다. 예를 들어, 남성의 권력은 혼자 하는 행동 속에 있고, 그의 성공은 다른 사람(보통은 다른 남자)을 이기는 데 있다고 여긴다면, 이는 백마 탄 왕자 콤플렉스를 가져온다. 반면 여성의 힘(그것이 심지어 남성 영웅 여정의 맥락 바깥에서 나타나는 것이라도)은 집단적인 행동 속에 놓여 있고, 그녀의 성공은 가족(결혼이나 아이들로 정의된다)을 이루는 데 있다고 여긴다면, 이는 상호 의존이나 간병인 신드롬*을 가져온다.

이것은 이 여정들이 젠더화된 서사라는 것을 깨닫지 못하

---

*   오랫동안 가족이나 환자를 돌보는 간병인이 겪는 신체적, 정신적, 정서적인 소진 증상. 지속적인 피로, 우울감, 불안, 사회적 고립과 감정적 소진, 건강 문제 등이다.

고 등한시했을 때 발생하는 직접적인 결과이다.

우리는 이 여정들을 이야기를 위한 뼈대로 보는 대신, 우리 자신의 문화에서 생물학적으로 이분법적인 행동을 위한 가이드라인으로 받아들이는 잘못을 저지른다. '**남성 영웅**은 **남자**여야 한다. 혹은 **여성 영웅**은 **여자**여야 한다'고 받아들이는 것이다.

이분법적 생물학적 성 개념이 적용되면서, 문화 속에서 분열과 구분이 일어나기 시작한다. 그리고 각각의 여정에서 일어날 수 있는 최악의 메시지와 주제들을 각 여정과 연결된 생물학적 성의 특성과 연관 짓게 된다.

이와 반대로, 각 서사의 긍정적인 면들이 모든 젠더를 통틀어서 적용될 때 멋진 일이 일어나는데, 모든 사람이 자기 충족과 네트워킹을 통한 힘 둘 다를 추구할 수 있게 되는 것이다.

내 말의 뜻은, 만약 우리가 자립이라는 남성 영웅의 힘과 위임과 도움을 청하는 여성 영웅의 힘 사이의 균형을 찾을 수 있다면, 전인격적 인물들을 만들 수 있다는 것이다. 그뿐 아니라 우리 자신도 작가로서 전인격적이고 건강한 경력을 쌓고, 인간으로서도 그렇게 될 수 있다.

작가들은 서사를 퍼뜨리는 현대적 전위이고, 그렇기 때문에 우리는 권력이라는 위험한 위치에 있다.

한 여정이 다른 여정보다 더 우월하다고 홍보하고, 글을 쓰고, 장려하며, 주장하는 일은 결국 우리 문화가 무의식적으로 특정 서사에 우선적인 가치를 부여해왔다는 걸 말해준다.

우리가 여정 그 자체를 도덕적 혹은 윤리적으로 판단해서 하나를 다른 것보다 우월한 것으로 홍보하고 있을 때, 특히 사회 전체에서 무의식적으로 그렇게 할 때, 그것은 광범위한 시대정신적 메시지를 보낸다.

이 경우 그 메시지는 간단하다.

"남성 영웅의 여정은 비평적으로 '가치가 있는' 반면 여성 영웅의 여정은 그렇지 않다."

이 메시지를 멈춰라.

그 결과 나오는 것은 로맨틱 코미디, 로맨스 소설, 그리고 더 많은 것들에 대한 광범위한 비평적 무시이다(그것들이 핫케이크처럼 잘 팔리고 독자들이 분명히 원하고 있다는 사실에도 불구하고).

더 나쁜 것은, 이 메시지는 훨씬 더 교묘한 이런 아이디어를 퍼뜨린다는 것이다.

"여성 영웅의 여정 위에 세워진 모든 것은 약하고, 주의를 기울일 가치가 없고, 열등하다."

당신이 이 길을 선택했을 때 당신의 책, 시나리오, 영화, 혹은 당신의 커리어가 여기 포함될 것이며, 이 챕터 시작 부분에서 살펴본 데이터가 의미 있다면, 이는 명백히 사실이 아니다. 이런 지속적인 비평 세계에서의 시민권 박탈에도 불구하고, 여성 영웅의 여정은 계속해서 대중문화 속에 되풀이되며 나타나고 있다. 아무리 비평가들이 학대해도, 독자들은 그런 서사를 원하고 구매한다.

  이 상황에서 작가들에게 주어지는 작은 위안이라 할 수 있다.

  또, 여성 영웅의 여정을 받아들이는 장르의 독자들은 공격당하고 버려졌다고 느낄 때가 많으며 방어적이다(그래서 그들은 우리 편이다). 그들은 여성 영웅의 여정 서사에 고유한 위안과 연결을 원하기 때문에 여성 영웅의 여정을 읽는다. 이 여정이 네트워킹과 화합에 대한 것이기 때문에, 당신은 이보다 더 충성스러운 독자 그룹을 결코 찾지 못할 것이다. 저자는 독자들이 열망하고 있던 종류의 책을 씀으로써 그들이 찾고 있던 여성 영웅이 될 수 있다.

  그리고 충분한 충성스러운 독자들과 함께, 당신은 경력을 갖게 된다.

왜 이런 일이 일어났는가?
오래된 의문

내가 세미나에서 여성 영웅의 여정을 가르칠 때, 이 지점에서 언제나 듣는 비명 중 하나는……

'왜?'이다.

이 비명은 특히 비평가, 동료 작가, 심지어 독자와 친구 들에게서 창피주기, 트롤링, 대립, 온라인 학대, 분노의 형태로 끔찍한 학대를 당한 (우리 여기서 분명히 하기로 하자) 로맨스 작가들로부터 나온다. 만약 누군가 그 진부한 "그렇지만 로맨스의 글은 아주 형편없다"를 내놓는다면, 우리는 이렇게 말할 것이다. 스릴러, SF, 혹은 남성 영웅이 나오는 다른 상업적 장르 소설에서도 여성 영웅이 나오는 것들만큼이나 형편없는 글들이 많다고.

그래서, 왜인가?

왜냐하면 여성 영웅의 여정은 로맨스, 코지 미스테리, 코미디의 주춧돌이고, 많은 소설이 여성이나 여성적인 포용적 삶의 경험에 동일시하는 사람들을 대상으로 하고, 그런 사람들이 쓰고, 그런 사람들이 구매하기 때문이다.

고딕소설부터 시작된 비난

그러면 그들을 좀 철저하게 조사해보자……

오늘날 '모든' 장르소설이 문학적으로 정당한 평가를 받지 못하는 현상은 1800년대 영국 고딕 문학에 대한 빅토리아 시대의 비평적 태도에 뿌리를 두고 있다. 로맨스 장르는 어쩌다 보니 이 전투에서 두 개의 전선에서 싸우고 있다.

저자로서, 이런 일이 어떻게 일어났고 왜 일어났는지 아는 것은 중요하다. 그래야 우리는 이런 연원에서 유래한 결과에 대처할 준비를 더 잘 갖출 수 있기 때문이다. 우리가 이 여정을 쓸 때 매일 겪고 온라인과 실제 생활에서 마주치는 일들을 헤쳐 나갈 대비를 할 수 있다.

무슨 일이 일어났는가

산업 혁명의 결과로 빅토리아 시대 후반에 영국 중산층이 부상하는 과정에서 1870년과 1876년 두 개의 교육법이 통과했고 최종적으로는 여성에 대한 광범위한 교육이 이루어졌다.

중산층이 부상하고 도시화가 증가하면서 사회구조 또한 변화했다.

새로운 기계 기술, 특히 가사 노동을 쉽게 만드는 기술 덕분에, 그리고 증가한 가계 소득 덕분에, 이제 글을 읽고 쓸 줄 아는 여성들은 여유 시간이 더 많아지고 그 시간에 쓸 돈이 생겼다.

그들은 무엇을 했는가?

책을 구매해서 읽었다.

많이.

산업화는 동시에 더 값싼 종이를 제공하고 인쇄비용을 절감해주었으며, 이는 (1840년대에) 우리가 나중에 '펄프 픽션(싸구려 대중소설)'이라고 부르게 되는 것의 초기 형태가 나타났다. 빅토리아 시대 사람들은 이것을 '옐로백(yellowback)'과 '페니 드레드풀(penny dreadful)'이라고 불렀다.

옐로백의 표지는 밝고 값이 쌌고, 책은 대개 작고 가벼워서 1800년대 중반에서 후반까지 매우 흔했던 철도 여행에 이상적이었다. 옐로백은 내용이 어떻든 제작 방식 때문에 싸구려 제품으로 생각되었다. 값싼 포장 방식은 곧 그 안의 내용과 이야기의 품질과 동일시되었다.

옐로백의 부상 직전, 저명한 여성 작가이자 멜로드라마틱한 감성의 전달자 앤 래드클리프(Ann Radcliffe)가 시작한 로맨틱 고딕소설(그녀와 비평가들은 그녀의 책들을 '로맨스'라고 표현했다)이 부상했다. 그녀의 소설 『우돌포의 비밀』(1794)은 엄청난 베스트셀러였고, 빅토리아 시대 전반에 걸쳐 지속될 유행을 시작했으며, 옐로백으로도 출간되었다.

래드클리프의 책들이 가져온 한 가지 부작용은 대부분 여성들이 쓰고 여성을 위해 쓴 파생 로맨스 소설(그 용어의 고딕적 의미에서. 앞으로 나올 내용 참조)의 범람이었다.

래드클리프가 그녀의 시대에 대체로 좋은 평가를 받은 반면, 그녀의 고딕 문학 추종자들은 형편없는 모방으로 간주되고, 여성들에게 선정적인 오락거리를 제공하는 사람들로 여겨졌다. 래드클리프는 이들과의 연관성 때문에 평판이 깎였고, 20세기의 비평가와 문학사가는 일반적으로 그녀를 무시했다(로저스 1994). 예를 들어, 이안 와트는 1957년 『소설의 발생』에서 래드클리프나 그 외 어떤 여성 저자들도 거의 언급하지 않는다. 1966년 《타임》지에서 익명의 비평가는 래드클리프를 '종이 위에 펜을 얹은 사람 중에 가장 역겨운 위선자'라고 불렀다(로저스 1994, p.88).

가장 혹독한 비판을 받은 래드클리프의 후계자는 마리 코렐리(Marie Corelli)로, 그녀는 (1866년 글쓰기를 시작해) 로맨스, 오컬티즘, 미스테리, 그리고 기독교적 도덕성을 혼합한 작품을 썼다. 그녀의 소설 판매량은 동시대 남성 작가들의 판매량을 다 합한 것을 뛰어넘었다. 아서 코난 도일, H.G. 웰스, 그리고 러더야드 키플링 같은 이들의 작품을 다 합한 것을! 코렐리는 전 세계적으로 인기가 있었고, 독자들에게 매우 사랑받았으며, 비평가들에게는 멜로드라마 같고 교양이 없다고 대대적으로 비난받았다.《스펙테이터》지는 그녀가 "대중의 진부한 감상성과 편견에 화려한 배경을 주었고, 그 대중에게 천재로 받아들여졌다"고 말했다(스코트 1955, 30). 『트와일라잇』에 대한 평가와 비슷하지 않은가?

그러므로 우리가 맞닥뜨리고 있는 것은 빅토리아 시대 후반에 일어난 사건들의 혼합물이다.

- 대중적인 고딕 태생 장르의 발생
- 여성들이 쓰고 읽음
- 대량으로 값싸게 생산됨
- 문학의 수호자들, 남성 비평가들, 그리고 스스로 좋은 취향의 지지자들이라고 주장하는 사람들이 이 세 가지 이유를 들어 거세게 비난함

따라서 누군가가 로맨스를 비판할 때, 나는 천천히 박수를 치면서 200년간의 여성혐오에 참여해서 장하다고 그들을 칭찬하는 것을 아주 좋아한다.

• • •

그럼에도 불구하고 오늘날 모든 소설 중에서 가장 많이 읽히고 있는 종류의 상업 장르 소설들은 대부분의 트로프와 원형을 바로 그 고딕소설에 빚지고 있다.

고딕소설들은 서부극(이른바 옛날 서부 모험 소설), 역사소설, 미스테리, 스릴러와 범죄소설, 호러, 판타지, SF, 로맨스, 그리고 이제는 YA(이것은 현대의 마케팅 범주로, 위의 많은 요소들을 포함하고 있다)를 낳았다.

여성 영웅의 여정에 대한 문화적 무시와 고딕 유산에서 유래한 상업적 장르 소설에 대한 비평적 혐오감이 결합해, 로맨스는 특히 잘 공격받는 목록에 올라갔다. 그러나 펄프픽션의 시대에는 SF와 미스테리도 한때 그 목록에 있었다는 것을 잊지 말라.

요즘 대중언론에서 로맨스가 트로프적이고, 매우 감상적이고, 미숙하거나 저속하다고 자주 외치는 걸 보면서, 로맨스를 쓰거나 읽을 우리의 권리를 지켜야 한다는 생각이 뚜렷해진다. 로맨스는 독자로서든 작가로서든 로맨스를 즐기는 이들이 이 선호를 정당화해야 한다는 문화적 필요성을 느끼는 몇 안 되는 장르 중 하나다. 로맨스가 여성 영웅의 여정과 융합될 때(그리고 여성 영웅의 여정에 의존할 때), 이 또한 로맨스를 마찬가지로 (논의가 되기나 한다면 말이지만) 평가절하시킨다.

CHAPTER 7

복합 장르 문제

고딕 문학은 어떻게 내러티브에 영향을 주는가

   지금까지 나는 고딕의 도래가 여성 영웅의 여정과 상업 장르 소설이 문학적 시민권을 박탈당하는 데 영향을 준 점을 이야기했다. 이어서 고딕이 양쪽 여정의 서사적 성격에 어떤 영향을 주었는지 이야기하고, 작가와 독자들이 이를 이해함으로써 어떤 이익을 얻을 수 있는지 논의하려고 한다.

   이 내용은 여러분이 트로프를 활용해 당신의 여성 영웅의 여정에 대한 기대와 그 경험을 더 강화시키는 것을 도와주고, 오래된 인물들을 새롭게 변형하여 당신의 청중들을 놀라게 할 수 있도록 원형을 사용하는 방법으로 당신을 안내할 것이다.

왜 고딕 문학인가?

SF, 판타지, 그리고 로맨스 같은 장르가 비평가들에게 무시당하는 주요 이유가 고딕 때문이라는 사실 외에도, 왜 우리는 고딕에 대해서 알 필요가 있는가?

그 이유는 많은 서사 구조, 핵심 주제, 그리고 플롯 비트가 남성 영웅과 여성 영웅의 여정에서 유래하지만, 우리의 많은 트로프와 원형 들은 고딕에서 나오기 때문이다. 만약 여성 영웅의 여정이 우리의 토대라면, 고딕의 트로프와 원형은 우리의 건축 벽돌이다.

이것들은 우리가 여성 영웅을 위해 핵심적인 조연 출연진들을 구성하는 데 도움이 되고, 독자의 감정적인 여정에도 영향을 미친다.

그것은 정말로 멋진 일이다. 그러니까, 우리가 그 여정을 조작하는 방식과 이제껏 고딕 요소들을 발전시켜온 방식을 잘 조합하면 대부분의 주요 상업 장르들에서 독자가 필요로 하는 것을 원하는 대로 줄 수 있게 된다. 그리고 결과적으로 우리 저자들이 남기는 메시지들에 대해서도 그렇게 할 수 있다.

고딕 역사 약간

호레이스 월폴(Horace Walpole)의『오트란토 성(The Castle of Otranto)』(1764)은 일반적으로 최초의 진정한 고딕 로맨스로 간주된다. 곧바로 이 책을 따른 많은 초기 고딕소설들은 악마의 유혹적 본성에 대한 종교적인 비판을 넌지시 담고 있다[매튜 루이스의 『수도승(The Monk)』(1796) 등].

이후에 래드클리프와 옐로백 책들이, 그리고 더 나아가서, 메리 셸리의 『프랑켄슈타인』이나 로버트 루이스 스티븐슨의 『지킬 박사와 하이드 씨』같은 책들이 나타나기 시작했다. 이 두 책 다 (부분적으로는 산업 혁명의 영향으로) 구세주와 파괴자로서의 두 얼굴을 다 가진 과학기술이라는 주제를 탐구했다.

이로 인해 고딕 서사는 종교적인 주제에서 벗어나, 악은 인류가 과학과 학문적 지성에 오만하게 의존하면서 나타난다는 개념으로 옮겨갔다. 여전히 오늘날의 SF에서 논의되는 주제들이다. 그런데 래드클리프는 과거와 현재 사이에 일종의 다리를 놓았다. 스쿠비-두 기법(Scooby-Doo technique)*을 개발한 것이 바로 그녀이기 때문이다. 스쿠비-두 기법에서는 모든 외관상의 초자연적 침략이 결국은 자연적인 원인에서 비롯된 것으로 밝혀진다.

고딕 운동은 여성 영웅의 여정이건 남성 영웅의 여정이건, 오늘날 우리가 상업 장르 소설로 생각하는 대부분을 낳았다. 미스터리부터 로맨스까지, SF부터 판타지까지, 스릴

---

* 애니메이션 시리즈 <스쿠비 두>에서 유래된 용어로, 이야기에서 등장하는 초자연적인 사건이나 현상이 결국 모두 인간의 조작이나 자연적인 원인으로 설명되는 기법.

러부터 호러까지.

• • •

고딕의 전형적인 원형과 트로프는 좀 더 자세히 들여다보고, 이것들이 어떻게 그 두 여정들의 서사 요소에 영향을 미쳤는지 살펴볼 가치가 있다. 이 세 가지의 결합이 오늘날 쓰이고 소비되는 가장 인기 있는 소설을 낳았기 때문이다.

고딕 원형과 여성 영웅
그것은 모두 섹스와 젠더에 관한 것이다(모든 것은 아닌가?)

고딕 문학에서 가장 흔한 원형은 다음과 같다.

고딕 원형들

인간적 이브: 이야기 끝까지 살아남을 운명을 가진 우리의 여주인공은 적절한 인생의 교훈을 배우고, 남주인공과 결혼할 가능성이 높다.

순결한 이브: 보통 인간적 이브의 자매이거나 친구인 순결한 이브는 굴복하거나 죽을 운명을 지닌 비극적인 여주인공이다(이 세상에 살기에는 너무 순수한, 귀중한 시나몬 롤)

사악한 이브: 여마법사, 유혹녀, 혹은 나쁜 여왕. 권력에 굶주린 여성 캐릭터로, 광기로 무너져 내리거나 아니면 어떤 방식으로든 야심 때문에 자기 자신을 파괴한다.

남성 영웅: 남자다운 남자로서, 인간적 이브를 구출하고 악당의 파멸을 통해 가까스로 승리한다.

악당: 타락하고 폭력적인 폭군으로, 우리의 인간적 이브를 (혹은 양쪽 이브 둘 다) 노리는 성적인 포식자일 때가 많다. 빼어나지만 어리고 경험 없는 숙녀들에게 위험한 모든 것을 대

표한다. 그는 남성 영웅의 여정에서 남성 영웅이 나쁘게 될 수 있는 모든 점을 보여줄 때가 많다. 말하자면, 그는 다른 사람들에게 행사할 수 있는 엄청난 권력을 쥐고 있고, 문명화된 생활에 맞지 않으며, 신경질적이고 폭력적이며, 우리가 그와 만날 때 그는 혼자이다(그리고 혼자로 남아 있어야 한다).

실제의 고딕 원형들: <위험한 관계>

위에 언급된 모든 원형의 특징을 나타내는(그리고 '현명한 하인'같이 더 사소한 원형 몇 가지도 담은) 전형적 고딕 멜로드라마의 훌륭한 예가 1988년의 영화 <위험한 관계>다. 여기서 우리는 우마 서먼이 연기한 세실 드 볼랑주를 인간적 이브로 보고, 미셸 파이퍼가 연기한 마담 드 투르벨을 순결한 이브로, 글렌 클로즈가 연기한 메르테이유 후작 부인을 사악한 이브로, 키아누 리브스가 연기한 슈발리에 당스니를 남성 영웅으로, 그리고 존 말코비치가 연기한 발몽 자작을 악당으로 본다.

이 영화에서 각각의 대표적 원형은 전형적 고딕 작품에서 그들이 맡은 역할에 계속 충실하다. 본질적으로 그 플롯은 다음과 같다.

사악한 이브는 복수를 위해 악당에게 인간적 이브를 유혹하도록 시켜서 인간적 이브가 치욕을 당하도록 일을 꾸민다. 처음에는 그는 거절한다. 그는 이미 경건하기로 유명한 순결한 이브를 유혹하고 있기 때문이다. 사악한 이브는 판돈을 올린다. 만약 그가 순결한 이브의 처녀성을 빼앗는다면, 사악한 이브는 포상으로 그와 함께 잘 것이다. 오만함으로 가득 찬 악당은 도전을 거절할 수 없기 때문에 그 도전을 받아들인다.

한편, 인간적 이브는 남성 영웅을 만난다. 사악한 이브가 그들을 구슬려서 그들은 사랑에 빠진다. 남성 영웅이 평민이어서 그의 사랑도 인간적 이브를 망칠 것이기 때문이다.

한편, 악당은 순결한 이브를 유혹하는 데 성공한다. 그러나 저런, 그녀와 정말 사랑에 빠진다. 사악한 이브는 그의 사랑을 조롱한다. 그 조롱에 그는 굴욕감을 느끼고 순결한 이브와 갈라서게 된다.

순결한 이브는 슬픔과 수치심 때문에 병이 난다. 죄의식에 시달리는 악당은 사악한 이브를 비난한다. 그녀는 인간적 이브와 악당의 밀회를 남성 영웅에게 알려주는 것으로 응답한다.

남성 영웅은 악당에게 결투를 신청한다. 악당은 결투에 지고 일종의 자살 행위로 칼날에 몸을 밀어 넣는다. 죽어가면서 그는 남성 영웅에게 순결한 이브에게 자신의 사랑과 죽음을 말해달라고 부탁한다. 남성 영웅은 부탁받은 대로 하고, 그다음 순결한 이브도 죽는다.

악당은 남성 영웅에게 사악한 이브의 편지들을 주었고, 그

편지들은 그녀의 사악함을 폭로한다. 남성 영웅은 그 편지들을 상류 사회에 퍼뜨려, 사악한 이브를 파멸시키고 그녀를 사회적으로 매장한다. 그녀에 대한 처벌은 모든 인맥과 그녀 주위의 사람들을 조작할 수 있는 능력(그녀가 위치한 권력의 자리)을 제거하는 것이다.

나도 안다, 요약이 난잡하다는 걸. 만약 정말로 세부 사항까지 알고 싶다면, 그냥 영화를 봐라. 훌륭한 영화다.
당신이 인식했는지 모르겠는데, 이 영화의 플롯은 각 등장인물의 스토리 아크 속에서 고딕적 원형을 강조한다. 동기 부여부터 남성 영웅의 손에 죽는 악당까지, 순결한 이브는 문자 그대로 시들어가고, 사악한 이브를 파괴하는 것이 육체적 고통보다는 굴욕이라는 것까지…… 이 모든 것이 고딕의 표준이다.

바이런적 남성 영웅

어떤 경우들에서는, 남성 영웅과 악당이라는 두 가지 고딕적 남성 원형이 매우 대중적인, 괴로워하는 바이런적 남성 영웅(그중에서도, 마블의 울버린은 훌륭한 예이다)과 결합되어 있다. 바이런적 남성 영웅들은 고딕의 악당들처럼 오만하고 폭력적인 경향이 있는 것은 물론이고 교활하고 무자비하기까지 하다. 그러나 그들은 자기 자신을 돌아보기도 하기 때문에, 보통 그들 자신의 도덕적 타락 때문에 쉽게 우울해지고, 그로 인해 감정적으로나 정신적으로 괴로워한다.

매력적인 원형인 바이런적 남성 영웅은 여전히 현대 청중들에게 매우 매력적으로 다가온다(모두들 나쁜 남자를 사랑한다). 원래 고딕 형식에서, 그는 진정한 남성 영웅의 여정에 나오는 영웅으로, 선량한 여성의 사랑을 통해 구원받을 수 없고―왜냐하면 그는 다른 사람의 아내를 사랑하는 것을 선택할 때가 많기 때문에―완전히 자기 파괴적이고 달콤쌉싸름한 파토스 안에서 결말을 맞이하게 될 것이다. 우리의 바이런적 영웅은 보통 가족의 붕괴나 문제가 많은 어린 시절의 경험으로 인해 '까다롭지만 사랑스러운 남자로 만들어진다'(바로 당신 얘기다, 배트맨).

만약 우리가 바이런적 남성 영웅을 여성 영웅의 여정에 더한다면, 그는 사랑과 연결과 새로운 가족 공동체를 통해 구원받을 수 있을 것이다.

혹은, 만약 당신이 그를 남성 영웅의 여정에 넣고 자기희생을 하기 전에 구한다면, 그는 독자의 심금을 찢어놓을 것이다.

작가가 바이런적 남성 영웅을 가지고 어느 쪽 길을 택하건, 아주 호소력 있는 캐릭터를 만들 수 있다. 부분적으로 그것은 우리가 이 원형과 함께 해온 문화적 역사 때문이다.

로맨스 장르는 바이런적 남성 영웅을 끌어안아왔고, 여성 영웅의 여정을 그에게 부과하여 이 원형의 원래 길을 뒤집었다. 이제 '올바른' 여성의 사랑만이 그를 구할 수 있게 되었다. 트와일라잇 사가의 에드워드는 이 원형의 훌륭한 예다. 여성 영웅의 여정이 모두 연대에 대한 것이기 때문에, 여성 영웅은 가족 네트워킹을 적용해서(섹스, 사랑, 혹은 그 녀석에게 아기를 주기) 바이런적 남성 영웅을 구할 수 있다. 왜냐하면 최종 목표는 그와 그녀의 연결이지, 그가 남성 영웅의 여정을 따라가거나 거기에 연결되는 게 아니기 때문이다. 남성 영웅의 여정에 계속 있다면 그는 파멸의 운명을 피할 수 없겠지만, 그녀는 그를 자기 이야기의 일부로 만들면서 거기서 벗어나게 만드는 데 성공한다.

문제 많은 알파 남성을 구원하는 것은 놀라울 정도로 대중적인 트로프고, 많은 면에서 여성 영웅의 여정이 개입해서 남성 영웅의 여정에서 예상되는 내러티브 비트의 방향을 전환시키는 것으로 볼 수 있다. 만약 그의 여정을 계속한다면, 알파 남성 인물은 승리하겠지만 고독할 것이다.

그러나 만약 그가 여성 영웅 책의 범위 안에 들어왔다면(예를 들어 로맨스 소설 속의 구원 가능한 나쁜 남자나 사랑스러운 트릭스터로) 그는 이제 여성 영웅 여정의 일부이고, 그녀는 그의 모든 조각들을 도로 붙이고, 그에게 사랑할 가족을 주고, 타협의 기술을 가르쳐 그를 구원할 것이다(그리고 생명의 사이클을 이어가기 위해 아마 그의 가짜 성기로 아이를 낳을 것이다. 이시스, 바로 당신 이야기다).

다른 말로 해서, 우리는 이를 통해 '알파의 결핍을 사랑으로 구하기' 개념이 특히 로맨스에서 왜 그렇게 강력한지 쉽게 이해할 수 있다. 그것은 남성 영웅의 여정에 대해서 여성 영웅의 여정이 거둔 무언의 승리를 대표한다. 또한 이것이 비평가들에게 이 개념이 그토록 위협적인 이유이다. 나는 이 논의가 당신을 움찔하게 만들었다고 장담한다. 안 그런가? 만약 당신이 로맨스 작가가 아니라면 분명 그랬을 것이다.

그렇지만 엄청난 성적 매력을 갖추고 육체적 능력도 뛰어난, 억제할 수 없고 비꼬는 성격을 가진 나쁜 알파 남성은 사실 여성 영웅의 여정과 남성 영웅의 여정 양쪽 모두의 현대적 버전 속 어디에나 있다. 그는 어떤 서사와도 강렬하게 공명하면서 영향력을 발휘할 수 있고, 특별히 매력적인 캐릭터가 된다.

고딕적 여정

여성 영웅 여정의 비트들이 앞에 열거한 고딕 원형들 중 하나와 어떻게 보완하거나 갈등할 수 있는지 당신이 알기를 바란다.

예를 들어, 만약 당신이 남성 영웅의 여정 안에 사악한 이브 원형을 쓴다면, 그녀의 역할은 그를 유혹하여 침체시키는 것이리라. 그러나 만약 당신이 그녀를 여성 영웅의 여정에 집어넣는다면, 그녀는 여성 영웅을 가족과 분리시키고 인물을 더욱더 고립시키는 역할을 할 것이다. 우리의 사악한 이브는 어느 쪽 서사 속에서도 정신이 이상해질 운명이거나 자기파괴에 이를 수 있지만, 남성 영웅의 여정 속에서는 죽을 가능성이 더 높다. 반면 여성 영웅의 여정 속에서 그녀는 수치나 광기로 추락할 가능성이 더 높다.

사실, 이 원형들은 너무나 장르 고유의 것이어서 우리 스토리텔러들이 이들을 비틀고, 젠더를 바꾸고, 어떤 식이든 활용하는 것은 대중의 기대를 자연스럽게 자극하고, 서사 여정에 상관없이 독자들을 움직일 수 있게 해줄 것이다. 나는 인물들의 이런 내재된 흐름을 인식하는 것이 중요하다고 믿는다. 담력이 있다면 그것들을 사용해보라.

나는 『소울리스』를 쓸 때 바이런적 인물 원형을 전복하는 것이 매우 재미있었다. 나는 나의 알파 남성 영웅을 문자 그대로 늑대인간 무리의 우두머리로 둔 다음, 그를 매우 가족 중심적인 인물로 만듦으로써 전복시켰다. 그는 터질 듯 부푸는 애정 때문에 혼란스러워졌고, 연결되고 의사소통하려는 욕구 속에서 매우 감정적으로 되었다.

나는 내가 다루는 원형의 원래 모습을 잘 알고 있었기 때문에 이 모든 것을 할 수 있었고, 반대편에서 매우 호감 가는 인물을 나오게 할 수도 있었다.

고딕 트로프들과 여성 영웅
세계 구축이 상업 장르 소설을 만나다

    고딕 문학에는 트로프와 원형이 가득하고, 현대의 독자는 이제 이러한 요소들을 많이 예측할 수 있지만, 장르 작가들은 여전히 이야기의 배경, 분위기, 구조를 창조할 때 그것들을 주춧돌로 자주 활용한다.

• • •

    트로프들은 예상 가능한 결과들을 독자에게 전달하고, 우리 이야기 플롯에 대한 그들의 기대를 조절하기 위한 일종의 약속이다. 그런 다음 우리는 그 트로프를 깸으로써 그들의 기대를 비틀어 독자들을 놀라게 하거나, 혹은 불가피한 결과를 이해하게 만들어 독자들을 만족시키고 독자들이 스스로 영리하다고 느끼게 만들 수 있다. 독자들의 만족과 놀람은 우리 작가들이 사용할 수 있는 최고의 도구 두 가지이다.
    트로프가 남성 영웅의 여정이나 여성 영웅의 여정과 어떻게 상호작용을 하고 영향을 미치는지 알면 당신이 라이터스 블록을 극복하고, 당신의 인물들이 성공과 변화를 향해 움직이게 하는 데 도움이 될 수 있다. 또 이것은 당신이 완성한 이야기가 시장에서 어느 타깃에 맞을 것인지 더 잘 홍보하고 이해하는 데 도움이 되며, 그 이야기가 어떻게 독자의 기대를 충족시키고 충성스러운 팬층을 구축할지 알도록 도와준다.

핵심 역할로서의 설정

우선, 고딕 문학은 배경 설정이 핵심 역할로 기능하는 전형적인 예이며, 이 트로프는 느와르, 호러, SF, 판타지, 작은 마을 배경의 코지 미스터리, 그리고 상업적 장르 소설의 더 많은 하위장르들 속에서도 계속 이어진다. 세계 구축을 제거하면 스토리나 플롯이 완전히 손실되는 장르 문학은 모두 이 고딕 트로프를 차용하고 있다. 느와르는 거의 완벽한 예이다. 거기서 도시 설정은 거의 주인공만큼 중요하다.

사실, 만약 설정이 핵심 역할로 기능하지 않는다면, 즉 이야기 전체를 파괴하지 않고도 손쉽게 제거할 수 있는 '장식'이나 '배경'으로만 존재한다면, 그 책은 그 장르의 이름을 얻을 '권리'를 갖지 못한다고 믿는 비평가들도 있다.

SF 로맨스에서는 이런 일이 많다. 만약 독자들이 너무 로맨스 비중이 크고 SF 비중이 충분하지 않다고 어떤 책을 비판한다면, 그들은 설정이 부족한 점에 반응을 보이는 것이라고 할 수 있다. 여담이지만, 당신은 과학을 로맨스 타래의 필수적인 부분으로 만들어서 이 문제를 해결할 수 있다. 예를 들어, 남성 영웅을 부분적 사이보그로 만들고 그 결과 자신이 사랑받을 자격이 없다고 믿게 만드는 것이다.

설정을 핵심 역할로 사용하고 환경을 이야기의 일부로 만드는 것은 당신의 책을 장르나 하위 장르 속으로 더 깊이 밀어붙인다. 이것은 무엇보다도 당신의 책을 더 잘 팔리게 만들 것이다.

미스터리의 분위기

설정이나 인물 속에 발견해야 할 무엇인가, 신비로운 무엇인가가 있다는 아이디어는 대부분의 현대 장르 소설에 스며든 트로프이다.

대부분의 판타지가 마법 시스템의 발전과 탐구에 대해 언급하는 것처럼, 대부분의 SF는 어느 수준의 과학기술적인 미스터리와 그것이 등장인물들이 사는 세계에 미치는 영향에 대한 탐구에 착수한다. 이런 식으로 당신의 독자들은 등장인물들과 함께 더 많은 것을 배워나가게 된다. 심지어 호러도 초자연적인 존재의 근원을 철저하게 조사할 때가 많다.

그리고 로맨스 서스펜스와 스릴러는 말할 것도 없고, 미스터리 장르 전체가 그렇다. 당신의 책에는 실제 미스터리가 없을 수도 있지만, 장르 소설의 많은 하위 장르 속에는 어느 정도 미스터리의 분위기가 있을 가능성이 높다.

미스터리의 분위기나 경이감을 세계 구축에 더하고, 독자와 인물이 함께 세계에 대해 더 발견해 나가게 하면 독자들이 계속 책을 읽을 또 다른 이유가 생긴다. 그들은 인물에게 그다음에 무슨 일이 일어나는지 알고 싶을 뿐 아니라, 당신이 만든 세계에 대해서도 더 알고 싶을 것이고, 당신의 인물에 의해 그 세계가 어떤 영향을 받고 어떻게 바뀔 것인지도 알고 싶어 할 것이다.

예언

대부분의 고딕소설들은 예언을 포함한다. 요즘은 이 트로프가 초자연적인 것을 다루는 장르에서 나올 때가 많다—판타지, 슈퍼히어로물, 특히 YA물. 그것은 또한 남성 영웅이나 여성 영웅 여정의 트로프를 이용한다. 독특한 능력, 힘, 신과 같은 기질, 운명이 정해진 출생 같은 것이다.

그것은 '특별함'이라는 외피를 쓰고 모든 상업적 장르 속에 스며들 수 있다. 특히 남성 영웅 여정의 핵심적인 요소이고, 또한 여신인 여성 영웅에게서도 그녀의 진정한 본성과 신성을 감출 수 있는 능력으로 나타난다.

우리는 예언을 우리의 남성 영웅이나 여성 영웅이 다른 인간들보다 '낫다'고 구별해주는 특별한 기술(배우거나 독학해서 획득한)의 집합이라고도 생각할 수 있다. 이런 관점에서 보면 우리는 셜록 홈즈부터 배트맨, 캣니스 애버딘(『헝거 게임』)까지 이런 트로프를 곳곳에서 발견할 수 있다.

특별함의 예언 트로프는 지나치게 많이 사용되는 면이 있지만, 여전히 지속적인 매력을 발휘한다. 해리 포터는 훌륭한 예이다.

한 인물이 자신의 특별함에 대처하는 방식은 작가와 독자들에게 훌륭한 소재다. 그들은 운명을 피할 수도 있고 그것을 받아들일 수도 있다. 이것은 특히 YA에서 그렇다. 모든 십 대들은 자신이 특별해지기를 바라기 때문이다.

이 트로프는 지겨울 수도 있지만, 잠들지 않을 것이다. 이 트로프를 사용하면 비평가들이 당신을 아주 싫어할 수도 있고, 그것을 전에 100만 번 보았던 나이 든 독자들은 짜증을 낼 수도 있다. 그러나 새로운 독자들, 젊은 독자들은 당신의 주인공과 사랑에 빠질 것이고 당신은 대성공을 거둘 히트작을 손에 쥐게 될지도 모른다.

나쁜 징조와 초자연적인 요소들

고딕 문학은 징조, 환상, 으스스한 꿈들로 가득했다―요즘에는 예시(豫示)의 형태로 가장 자주 볼 수 있는 트로프다. 이것은 고딕 문학의 초자연적 연결성을 유지하는 장르들에서 가장 흔히 나타날 것이다. 판타지, 호러, 어반 판타지, 초자연적 로맨스, 그리고 그와 연관된 YA.

최근의 예는 자신의 신으로부터 많은 환영과 메시지를 받아 웨스테로스의 사람들에게 전하는 <왕좌의 게임>(2011)의 마녀 멜리산드레이다. 트와일라잇 사가의 앨리스나 해리 포터 시리즈의 시빌 트릴로니는 불길한 징조를 전하는 고딕의 예언자들을 대표한다.

지나친 감정

감상성은 고딕의 특징이었다. 스토리를 이끌어가기 위해 감정과 친밀감에 의존하고 이를 체계적으로 사용하는 것은 이제 여성 영웅의 여정을 차용한 장르 소설의 범주에 들어오게 되었다. 코지 미스터리, 로맨스, 스페이스 오페라, 정치적 판타지, 그리고 YA.

나는 이런 종류의 친밀함을 <왕좌의 게임>(2011)처럼 성적 관계, 강간, 그리고 근친상간을 플롯 장치로 사용하는 이야기와 결합하지 말라고 경고하련다. 왜냐하면 그 둘은 같은 것이 아니기 때문이다(여성 영웅의 동기 부여에 대한 이전의 논의를 보라). 그러나, 공정히 말하자면, 양쪽 다 이 특정 트로프를 변형한 것이다.

예를 들어, 강간은 친밀성이 아니라 폭력의 행위다. 그것은 여성 영웅을 고립시키고 더욱 외롭게 느끼도록 만들 행위다. 만약 그런 행위가 책 속에 나와야 한다면, 그것을 교정하고 도로 여성 영웅의 여정으로 복귀시키기 위한 특별한 방법이 필요하다. 그 한 가지는 강간의 결과로 당신의 여성 영웅이 위기를 겪을 때 그녀 주위에 모여서 도와줄 여성의 우정 네트워크를 만드는 것이다. 그러나 나는 그것의 사용을 추천하지 않는다.

여성 영웅의 여정을 쓸 때, 당신은 스토리의 중요한 중심이 되는 플롯 포인트에서 보통 대화나 육체적 친밀성을 통해, 혹은 둘 다를 통해서 감정을 인물들 간의 연결 수단으로 활용하는 방식으로 '지나친 감정' 트로프를 차용할 가능성이 높다.

다른 말로, 당신의 주인공은 대화나 섹스, 친밀함을 통해서 자기 마음을 바꾸고, 자기의 행동을 바꾸고, 누군가 혹은 무엇인가에 대한 자기의 감정을 바꾸는 일을 가장 손쉽게 할 수 있다.

만약 당신이 여성 영웅의 여정을 쓰고 있는데, 갈팡질팡하거나 의욕이 떨어지거나 라이터스 블록에 부딪혔다면?

새 인물을 도입하거나 당신의 주인공과 감정적인 상호작용을 하는 옛 인물로 돌아가라. 그리고 그것이 상황을 어떻게 바꾸는지 관찰해보라.

고통에 빠진 처녀

고딕에는 성적 욕정에 가득 찬 악당의 손아귀에서 마지막 순간에 구출되는, 치렁치렁한 흰 옷을 입고 흐느끼는 여자들이 아주 많다. 당신은 움찔했을 것이다. 나도 안다. 그러나 이 트로프는 **죽지 않을 것이다.**

그 흐느끼는 이들의 생물학적 성이 더 이상 언제나 여성은 아니지만, 이것은 여전히 존재한다. 우리의 남성 영웅은 확실히 처녀들을 구출하기를 좋아한다. 그 처녀가 결국 그를 멈춰 세우려고 하거나 그를 덫에 걸어 퀘스트를 포기하게 만들려고 해도 말이다. 그리고 우리의 여성 영웅은 누구든 고통에 빠진 사람을 미래의 새로운 네트워킹의 기회로 보고서 거의 의무적으로 구출한다.

우리는 이 트로프를 계속 쓸 것이다. 나는 단지 당신이 그 고통의 성격(그것이 꼭 성적인 것이어야 할 필요가 있는가?)과 '구출되는 처녀'의 젠더, 인종, 성적 정체성을 매우 조심스럽게 택할 것을 강력히 권고한다.

처녀 트로프는 약함의 매우 강력한 표상이다. 저자들은 책을 쓸 때 누가 **약자 또는 피해자로 나타나는지 유의해야** 한다. 그것이 보내는 메시지가 청중의 자존감에 해로운 영향을 미칠 수 있기 때문이다.

라이벌 연인

이것은 고딕 문학에서 엄청나게 흔한데, 거기서는 보통 로맨틱한 남성 영웅과 악당 원형들이 인간적 이브의 주의를 끌기 위해 다툰다. 이것은 엄청난 인기를 끄는 사랑의 삼각형으로 변했고, 특히 판타지, 로맨스, YA에서 흔하다. <트와일라잇>이나 <내가 사랑했던 모든 남자들에게>(2014)를 보라.

이것은 여성 영웅의 매력을 보여주기 위한 수단일 뿐인 경우가 많다. 라이벌들이 여성 영웅의 여정에서 주먹다짐까지 벌이는 일은 아주 드물다(그러나 들어본 적 없는 것은 아니다). 그녀는 그들을 서로 겨루게 하는 것이 아니라, 다른 이들과 함께하고 싶다는 동기로 움직이기 때문이다. 물론 당신이 사악한 이브 스타일의 반(反) 여성 영웅을 쓰고 있다면 상황이 다르다. 그런 경우에 그녀는 주변 인물을 조종하기 위해 네트워킹을 할 것이고 그녀가 가장 좋아하는 도구는 자기가 속여서 모든 참가자들과 대결하게 만들 수 있는 알파 타입 남성일 것이다.

우리는 '라이벌 연인' 트로프가 남성 영웅의 여정에서 튀어나와, 남성 영웅을 질투 어린 분노에 밀어 넣어 사람들을 죽이게 만드는 것을 자주 본다. 그 트로프의 이런 버전은 셰익스피어와 옛날이야기들에서 탄생한 것 같다.

라이벌 연인 트로프는 재밌게 차용할 수 있고, 전복하는 것도 재미있을 수 있다.

나도 나의 '파라솔 보호국' 시리즈에서 이 트로프를 사용해서 독자들에게 일부일처제도와 양성애의 특성에 대한 이야기를 전했다. 삼각관계의 복잡한 특성을 다루기 위해서, 나는 내 여성 영웅의 애정 상대로 여성 크로스드레싱 인물을 소개했다. 이것은 또한 주인공의 성적 지향에 대한 독자들의 기대와 그 인물의 충실함, 그리고 그녀의 늑대인간 애정 상대에 대한 지속적인 관심을 시험했다. 이것은 책에 '그녀는 그렇게 할까? 하지 않을까?' 하는 긴장감 넘치는 순간들을 더했다.

독자들은 한 종류의 사랑의 삼각형―두 남자와 한 여자―을 기대했기 때문에, 그것을 한 남자, 한 여자, 그리고 크로스드레서 프랑스인 발명가로 만들자 그 인물들 셋 모두에 대해 훨씬 더 많은 것을 드러낼 수 있었고, 독자들을 유혹해 다음 페이지를 넘길 수 있게 만들었다.

환유

요즘은 아주 드물지만, 나는 이를 마지막 고딕 트로프라고 언급한다. 나는 환유가 매우 매력적이라고 생각하기 때문이다(그리고 그것은 칵테일 파티에서 써먹기에 멋진 단어이다).

또한 스토리텔러들이 인식하지 못하고 환유를 사용하는 것은 엄청나게 위험하다.

호러, 느와르, SF, 판타지에서 가장 흔히 발견되고, 옛날이야기들에서도 부분적으로 나오는 환유는 은유의 하위 유형으로, 그 안에서 무엇인가가(비나 파란색) 다른 것(슬픔 같은 것)을 상징하도록 사용된다.

환유는 부패한 개성이 외모에 드러난다는 더 음험한 아이디어에 대한 책임을 부분적으로 져야 한다. 즉, '악'은 '추'하거나 '뚱뚱'하다는 아이디어 말이다.

스토리텔러로서, 이것은 우리가 무의식적으로 발동시키지 않도록 특히 주의해야 할 또 하나의 트로프이다. 그것은 미적인 편협함이라는 해로운 메시지를 계속 퍼뜨리기 때문이다.

우리가 우리의 이야기들 속에서 누구를 약한 모습으로 그릴 때 조심해야 하는 것처럼, 악당이 어떤 모습인지 설정할 때도 외모, 성별, 장애, 신경다양성, 성적 지향, 인종 등의 측면에서 편견이 반영되지 않도록 특히 조심해야 한다.

'당신 자신과 당신의 이야기에 진실'해야 한다고 주장하기 전에, 당신 자신이 평생 들어온 옛날이야기와 그 안에 내포된 음험한 환유의 희생양이 되고 있지는 않은지 부디 점검해보라.

이 트로프를 이용함으로써 그 안의 메시지가 지속 전파될 수 있으며, 이는 세계와 당신의 경력 양쪽 다에 매우 해로울 수 있다.

예를 들어, 어반 판타지 표지는 보통 파란색과 보라색(슬픔, 불안)이며 도시 풍경을 배경으로 고독한 그림자 같은 인물이 나온다. 또는 현대 로맨스 장르는 밝고 화사한 장밋빛 색상 팔레트(열정과 여성성)와 (빅토리아 시대 사람들과 그들의 발렌타인 카드 같다는 비난을 받을) 소용돌이 모양의 캘리그라피 같은 글꼴을 사용할 때가 많다.

색채 선택, (인물이 있다면) 인물 배치, 글꼴 등등은 독자들에게 장르를 전달할 뿐만 아니라 분위기와 감정적 내용까지 전달한다. 이 또한 환유다.

고딕 문학과 여성 영웅의 여정

고딕 문학이 그들의 원형과 트로프를 옛날이야기와 셰익스피어의 작품과 그의 동시대 작품에게서 얻었기 때문에, 여성 영웅의 여정에 대해 내러티브 비트를 깔끔하게 적용하기는 매우 어렵다. 작가는 독자의 기대를 설정할 수 있기 때문에 그것들을 사용하고 싶어 할 것이고, 그다음 놀라움과 흥분의 요소를 가미하면서 그것을 전복시킬 수 있다.

옛 트로프에 새로운 전개를 가미하면 식상한 독자들을 사로잡을 것이고, 예상 가능한 트로프라도 섬세하게 재해석하면 독자들이 무슨 일이 일어날지 추측하면서 만족감을 얻을 수 있다. 약간의 기대에 약간의 놀라움을 조율하면서 즐겁게 선을 넘나든다면, 당신의 독자들을 행복하고 만족스럽게 만들 수 있다.

이것이 여성 영웅의 여정과 다시 어떻게 연관되는가?

자, 이 여정의 독자들은 책을 읽고 난 뒤 만족감과 위안을 얻기를 바란다. 당신이 쓰고 있는 장르의 트로프들을 사용하면 확실히 거기에 도움이 될 수 있다.

• • •

고딕 문학이 상업 장르 소설에 미친 영향으로 인해, 두 여정 중 어느 하나를 비트 단위로 하나하나 그대로 따라가면서 현대 장르 소설에 딱 어울리게 쓰는 것은 어려워졌다. 하지만 그렇기 때문에 우리는 이러한 트로프와 원형을 기준점으로 삼는 것이다.

이것이 내가 양쪽 여정들을 굳건한 규칙이 아니라 서사 '가이드'라고 말하는 여러 이유들 중 하나다. 당신이 상업 장르 소설을 쓸 것이라면, 당신의 등장인물들은 그 원천 여정의 여러 가지 다양한 변형과 다소 공존하기 힘든 고딕 원형과 트로프들을 포함할 가능성이 높기 때문이다.

그러나 만약 당신이 균형을 잘 잡을 수 있다면, 당신의 책들은 그 여정들이 제공하는 핵심과 고딕이 강화한 감정적 기준이라는 두 가지 측면에서 매력을 가질 것이다.

고딕의 부작용들
몇 가지 흥미로운 영향들

나는 이 부분을 어디에 넣어야 할지 정확히 알지 못하지만, 빼고 싶지는 않았다. 이 부분이 현대 로맨스(확실히 가장 인기 있는 종류의 로맨스다), 현대 스릴러, 그리고 (어떤) 문학 소설이나 회고록(당신은 회고록 집필자인가? 반가워요, 이 책을 읽는 특이한 이방인이여)을 쓰는 사람들과 특별한 연관이 있기 때문이다. 이런 장르에서 고딕 트로프와 원형에 대한 접근과 사용 방식은 색다를 가능성이 높다.

사실, 나는 이렇게 주장하고 싶다. 특히 현대 로맨스의 놀라운 성공(그리고 상업 소설의 하위 장르 중 가장 잘 팔리고 가장 많이 읽히는 현대 로맨스의 대중성) 뒤에 있는 비결 중 하나는 그 스토리가 '화이트 박스*'라고 부를 수 있는 것 속에서 가장 잘 작동한다는 점이다.

모욕하려는 말이 아니다.

그것은 시공간을 초월하여 인물들이 문제 없이 존재할 수

---

* 특정한 설정이나 배경에 의존하지 않는 중립적이고 보편적인 공간. 예를 들어 연극이나 소설에서 배경이 구체적으로 설정되지 않고, 독자의 상상에 맡겨지는 경우.

있지만, 이야기는 여전히 작동한다는 것을 뜻한다. 이런 종류의 책들은 대화(여성 영웅의 여정) 그리고/또는 액션(남성 영웅의 여정)이 많은 경향이 있다―폭력이나 섹스/로맨스에서 그런 모습이 잘 나타날 수 있다.

다른 말로 하면, 능숙하게 잘 쓰인 스릴러나 달콤한 현대 로맨스는 그 내용을 어떤 배경에든 넣어도 된다는 뜻이다. 미스터리의 작가들은 이것을 다룰 수 있고 설정을 강조하며 느와르 쪽으로 기울여 다루기도 한다. 그러나 강력한 작품들은 보통 다른 어떤 것에도 상관없이 행동과 반응, 인물의 상호작용만으로도 흥미진진하고 가슴 두근거리게 만든다. 이것을 다른 방식으로 말하면 이렇다. '인물들은 화이트 박스 안에서 존재할 수 있다.'

노라 로버츠의 현대 로맨스 소설들은 이 훌륭한 예들이다. 스토리텔러의 관점에서, 이런 종류의 서사를 쓰는 것은 매우 시장성이 있는 기술이다.

만약 당신이 책을 여러 권 잇달아 내고 싶다면, 약간의 수정만 하고 본질적으로 똑같은 책들을 계속 되풀이해서 쓸 수 있다. 왜냐하면 그런 책들은 내가 방금 이야기한 많은 트로프들에 별로 의존하지 않기 때문이다. 판타지, SF, 느와르는 설정 자체가 핵심 역할이 된다는 것이 정의의 하나이기 때문에 제약을 받는다. 관계와 모험 둘 다 때때로 세계관을 설명하기 위해 멈추어야 한다. 그 장르의 독자들은 정교하게 구축된 세계와 그 세계를 감상하기 위한 여유를 열망한다. 하지만 '또한' 속도가 빠르고 설정이 사실상 관계없는 화이트 박스를 더 좋아하는 독자들이 있다.

나는 SF 로맨스 같은 진정한 크로스오버 장르 작품들이 가장 큰 어려움을 겪는다고 생각한다. 왜냐하면 로맨스의 주요 독자층은 화이트 박스 책을 추구하는 반면, SF 독자층은 기술과 과학에 대한 상세한 설명을 바라기 때문이다. SF 로맨스 작품을 쓰는 것은 어렵지 않지만(왜냐하면 그것들은 여전히 둘 다 고딕에 기원을 두고 있기 때문에) SF 로맨스를 받아들일 만큼 충분히 큰 독자층을 찾는 것이 어려운 일이다. 각 장르의 독자들은 서로 정반대의 트로프와 스타일을 따르는 하위 장르들에 익숙해져 있다.

나는 이것이 단순히 개인적 취향의 문제일 뿐만 아니라, 우리가 글을 쓰는 장르가 어디로 이동해왔느냐의 문제이기 때문에 언급하고 있다. 이론적으로, 작가들은 어느 장르에서든 두 여정 중 하나를 담을 수 있지만, 특정 장르 안에 있는 헌신적인 독자들은 어느 정도의 기대를 품고 있다. 그 기대는 '단지' 어떤 원형과 트로프나 어느 요소들이 잘 활용되거나 강조되는지에 그치지 않으며, 당신 서사의 뼈대가 어떤 여정을 기반으로 구축되었는지에 대한 것이기도 하다.

달리 말해, 당신은 물론 여성 영웅의 여정 스릴러를 쓸 수 있다. 그러나 당신은 그 독자층이 당신에게 매우 실망하는 것을 깨닫게 되거나, 대신 결국 로맨틱 서스펜스를 쓰게 될 것이다(그리고 그건 괜찮을 것이라고 확신한다).

출판 시장으로의 여정

당신은 이야기를 쓰면서, 어떤 트로프들을 쓸 것이며 주인공이 어느 여정에 착수할지 결정할 때 글쓰기 과정의 일부로 독자의 기대에 대해 심사숙고할 필요가 있다.

당신은 독자를 수용하기 위해 자신이 여정을 옮겨 다닌다는 것을 깨달을 수도 있다. 괜찮다. 여정은 당신을 방해하기 위해서가 아니라 당신을 돕기 위해 있으며, 당신의 책은 여정의 틈새와 초점을 발견하면서 더 강해질 것이다.

이런 경향과 연관성은 확정된 것이 아니다.

매우 성공한 어떤 책들은 그 모델들을 깬다(그리고 문학적 소설은 보통 그것들을 완전히 무시한다), 그러나 우리는 그 여정들이 고딕 문학에 어떤 영향을 받았는지, 그리고 이것이 이번에는 독자들의 기대에 어떤 영향을 미치는지 알아야 한다. 그래야 우리가 자신의 서사에 대한 통제권을 확보하고, 마침내 그 서사들이 시장에서 어디에 자리 잡게 되는지 알 수 있다.

작가에게 전혀 필요하지 않고 작가가 전혀 원하지도 않는 것은 독자가 이야기에 배신당했다고 느끼고 그것 때문에 나쁜 서평을 남기는 일이다.

예를 들어, 앞서 내가 언급한 당신의 스릴러 독자는 남성 영웅의 여정을 찾고 있는데 당신(저자)이 무정하게 그들을 속여 로맨틱 서스펜스를 읽게 했다고 느낄 수도 있다. 로맨틱 서스펜스는 보통 여성 영웅의 여정인데 말이다.

그리고 당신은 로맨틱 서스펜스 독자를 노리고 작품을 출시했는데, 당신이 쓴 것은 실제로는 스릴러이고, 그 작품에서 주인공은 (전형적인 남성 영웅의 방식으로) 승리하지만 마지막 총격전에서 연인을 잃는다면 하늘이 당신을 지켜주어야 할 것이다. 왜냐하면 이 시장에서는 클리프행어에 대한 경고를 받지 못했거나 해피엔딩을 얻지 못한 로맨스 독자보다 더 엄격한 사람은 거의 없기 때문이다.

여성 영웅의 여정은 위안을 약속하기 때문에, 독자의 기대가 쉽게 부서질 수 있다.

만약 당신이 애정을 약속하고 아픔을 준다면, 그 반대 경우보다 배신감은 더 크다. 정말이다. 당신의 독자는 매우 배신당했다고 느낄 것이다.

어느 트로프들을 채용할 것이고 어느 여정을 사용할지 결정하는 것은 독자의 독서 경험과 책이 호소할 대중에게 크게 영향을 준다. 무의식적으로보다 의식적으로 결정하는 것이 더 좋다.

∴

그렇기에 스토리텔러로서 당신의 역할(당신이 그것을 받아들이기로 선택했다면)은 원형부터 트로프, 여정까지 어떤 요소가 '당신의' 소설 작품을 위해 가장 잘 기능할 것인지 고르고 선택하는 것이다.

여성 영웅 여정의 어떤 내러티브 비트들이 '지금' 현대 청중들과 공명하는지(그리고 그것들이 어떻게 발달해왔는지) 자세히 들여다보는 것이 우리에게 도움이 될 수 있다. 특히 우리가 작가로서 위치한 포스트-고딕 공간을 고려하면 더욱 그렇게 할 필요가 있다.

그러므로, 당신이 다음에 인기 있는 영화나 책을 볼 때, 당신은 이 부분을 떠올리거나 두 여정의 비트들을 다시 살펴보면서, 무엇이 성공적으로 사용되었는지, 왜 그것이 잘 기능했는지 이해해보면 좋을 것이다.

CHAPTER 8

서사의 변형

복잡성과 영어덜트 이야기들

 이 서사들은 처음에 명백히 보이는 것보다 훨씬 더 복잡하다는 사실을 강조하기 위해서, 이 부분에서는 다른 여정들의 가장 흔한 변형과 적용, 그리고 그들이 결합될 때 무슨 일이 일어나는지, 그것들이 독자들 안에 감정적인 반응을 불러일으키기 위해서 어떻게 활용될 수 있는지 철저히 조사할 것이다.
 이것들은 쓰는 재미가 있지만, 사려 깊게 작동시키면 더 좋다. 당신이 이런 인물들로 감정을 쥐락펴락하는 법을 알면 독자들은 더 많이 몰입하게 될 것이기 때문이다.

YA 이야기들

그러나 먼저, 성장 서사를 담은 영어덜트 서사에 대해 한마디.

YA 이야기들은 두 가지 여정을 모두 엄청나게 성공적으로 활용할 수 있다.

YA 책이나 틴에이저 영화/TV 프로그램은 자율성, 자족성, 외로움을 대하는 전략, 성스러운 직무, 단독 책임, 불굴의 용기를 배운다는 면에서 십 대로부터 어른으로 가는 발전을 다룰 수 있다. 또는 사회에서 개인의 자리, 소속, 친목 그룹의 형성과 사랑의 경험, 더 나은 의사소통 기술의 발전, 그리고 리더십 능력을 발견하는 내용을 다룰 수 있다. 첫 번째 경우, 당신의 십 대는 남성 영웅이 되고 있으며, 두 번째 경우에는 여성 영웅이 되고 있다.

비극적 여정
그냥 모두를 울리자, 어때?

만약 당신이 사람들을 울리고 싶은 스토리텔러라면, 확실히 이 두 가지 서사를 실은 비극을 탐구할 가치가 있다.

비극적 남성 영웅의 여정

일반적인 규칙으로서, 남성 영웅은 권력이나 영광을 추구하다가 자신의 오만 때문에 살해당한다. 때때로 그는 다른 사람들을 위해 스스로 희생하라는 요청을 받을 수도 있지만, 그의 희생은 개념이나 이상을 위해 희생할 때 가장 효과적이다.

그의 여정은 본성상 약간 비극적이다. 그는 보통 자기가 구하려 하는 문명으로 돌아올 수 없다. 그는 자신의 퀘스트를 거치며 너무 강력해졌거나 길을 잃었기 때문이다. 또한 문명은 여성성과 정체와 밀접히 연관돼 있기 때문에, 만약 우리의 남성 영웅이 화합하는 사회로 돌아가서 완전히 재통합된다면, 그는 영웅으로서의 의미를 잃을 것이다.

나는 이들을 '극단적인 남성 영웅들'이라고 부른다. 헤라클레스는 너무나 남성 영웅답게 되어서 결코 고향으로 돌아올 방법이 없게 된 대표적인 예이다.

보통 남성 영웅이 외로워지는 것으로 끝나는 반면, 극단적인 남성 영웅은 자발적이든 비자발적이든 죽을 운명이다. 대중문화의 예로는 스타워즈 프랜차이즈의 루크 스카이워커와, <왕좌의 게임>의 존 스노우가 있다.

비극적 여성 영웅의 여정

반면에 비극적 여성 영웅은 거의 언제나 사회의 더 큰 선을 위해, 또는 친구들과 가족을 위해 자신을 희생시켜 그들이 함께 조화를 이루며 살아갈 수 있도록 한다.

흥미롭게도, 권력을 향한 욕망에 오염된 여성 영웅(그것은 남성 영웅의 선택인 경우가 더 흔하다)은 광기에 빠지는 경우가 많다—좋은 예는 원형적인 옛날이야기의 사악한 여왕이거나, 맥베스 부인 같은 인물들이다.

다시 한 번 나는 당신에게 이 두 가지 여정은 윤곽이 아니라 뼈대라는 것을 일깨우려 한다. 여정의 모든 현대적 버전이 관련 서사의 모든 지점에 들어맞지는 않을 것이다. 또한 모든 현대 이야기가 전적으로 하나 혹은 다른 여정에 꼭 들어맞을 필요도 없다.

이것은 작가로서 당신이 패턴 인식을 훈련하는 과정이지, 깊이 몸에 밴 본능에 반하여 그 모델을 억지로 수용할 이유는 없다. 두 여정을 알고 무엇이 그 둘을 다르게 만드는지 아는 것은 당신이 진정으로 쓰고 싶거나 혹은 써야만 하는 이야기에 도움이 되어야지 방해가 되어서는 안 된다.

이를 명심하고서, 예외, 변형, 그리고 작가들이 이 두 서사를 능수능란하게 이용할 수 있는 방법들에 대해 이야기해보자.

부가적인 서사 요소

더 많은 원형, 트로프, 주제들

이 부분에서는, 나는 이 책의 다른 어느 곳에도 잘 맞지는 않지만 작가들이 고려할 필요가 있을 수 있는 몇 가지 다른 것들을 파고들려 한다.

매우 특수한 기술의 집합

뛰어난 특별함(예언)이라는 아이디어는 고딕 문학으로부터 장르 소설에 들어오고, 독특한 능력을 드러내 보이는 주인공이 나오는 양쪽 여정에 다 나타난다.

만약 당신이 남성 영웅을 쓰고 있다면, 그의 기술 목록이 죽음을 선사하는 데 중점을 두고 있기 때문에(뾰족한 물체와 쾅 하고 터지는 물건들이 선호된다) 그의 능력은 아마 공격적일 것이다.

만약 당신이 여성 영웅을 쓰고 있다면, 그녀의 기술 목록이 방어와 보호에 중점을 두고 있기 때문에(비록 그녀는 아주 뛰어난 발명가가 될 수도 있겠지만) 그녀의 능력은 아마 방어적이어야 할 것이다.

내가 전에 말한 것처럼, 트와일라잇 사가 마지막 책에서 벨라가 자기의 뱀파이어 특수 능력을 얻었을 때 나보다 더 기뻐한 사람은 없었을 것이다. 그 능력은 무엇이었나? '보호막'이었다! 그보다 더 여성 영웅의 여정다운 것은 없을 것이다. 트로프를 아주 완벽하게 수행한 것이다.

예언에 대한 개념에서 넘어가기 전에 장르 소설의 또 다른 고유한 원형을 언급하지 않으면 안 될 것이다. 해리 포터 프랜차이즈에서 경박하지만 선의에 넘치는 점술 선생 시빌 트릴로니가 예시하는 원형이 그것으로……

미친 예언자와 현명한 바보

만약 당신이 서구 신화 체계의 희미한 뿌리 깊은 곳까지 거슬러 올라간다면, 카산드라를 이 원형의 시작점으로 둘 수 있을 것이다—진실을 말하지만 누구도 믿지 않는 운명을 타고난 미친 여성 예언자. 이는 아마도 델피의 신탁과 연관돼 있을 것이다. 고대 그리스에서 무녀들은 카산드라와 비슷하게 환각성 연기를 흡입하고, 방언을 말하고, 미래를 이야기했다.

미래를 꿈꾸거나 미래에 대한 환영을 보는 (보통 여성 정체성을 가졌거나 성별이 없는) 조연 인물이라는 아이디어는 다양한 장르에서 집어 들었다, 내려놓고, 여러 가지로 가지고 놀았다—변덕스러운 <닥터 후>부터 여러 슈퍼히어로들, 앞서 언급한 트와일라잇 사가의 앨리스까지.

이 원형에서 파생된 역사적 버전들도 있다, 현명한 노예(특히 로마의 희극에서), 혹은 현명한 바보(안녕하세요, 셰익스피어), 고귀한 어릿광대, 혹은 현명한 시종(당신을 이야기하는 거예요, 지브스*). 중요한 것은 전부 모르지만 대신 모든 것을 아는, 또는 적어도 아주 비밀스러운 것들(보통 미래에 대해서)을 안다고 사람들이 기대하는 미친, 하층의, 혹은 교육을 제대로 못 받은 인물이 언제나 반복해서 나타난다.

이 원형이 나타나는 모습은 종이 한 장 차이로 달라지며, 이 차이는 이 원형 인물들이 돕는 여정(그리고 그 인물들은 언제나 도움을 주려고 한다)의 종류뿐만이 아니라 그 이야기가 속한 책의 장르와 분위기에 따라 결정된다. 희극에서, 현명한 바보는 모두의 이익을 위해, 혹은 적어도 주인공의 이익을 위해 결국 주인공을 설득한다. 비극에서, '예언자는 무시당하고 트로이는 무너진다'.

여담이지만, 시빌 트릴로니(Sybill Trelawney)는 매우 영리한 이름이다. 그리스-로마 세계에서 예언자 여성들은 시빌(Sibyll)이라고 불릴 때가 많았다.

---

* P. G. 우드하우스(Wodehouse)의 소설에 등장하는 인물로, 뛰어난 지능과 문제 해결 능력을 가지고 주인의 복잡한 문제를 해결해주는 하인이다.

이 원형은 여성 영웅과 어떻게 교차하는가?

여성 영웅들은 예언자/현명한 바보 인물들과 친구나 동맹이 된다. 남성 영웅들은 보통 자만심 때문에 그들을 무시하거나 묵살한다. 팀업 장르, 범죄물, 버디 형사물, 경찰 소설, 다시점 소설, 희극과 (특히) 여성 영웅 여정의 맥락 속에서 신중하게 적용될 때, 이 원형은 항상 관객을 즐겁게 한다.

사실, 이 인물은 당신의 독자들에게 가장 매력 있는 인물이 될 수 있고, 시청자에게 엄청난 매력을 전달할 수 있다. 또한, 그들은 정보를 전달하는 데도 매우 유용할 수 있다. 여기서 나는 <스타 트렉: 오리지널 시리즈>(1966)의 스포크, <스타 트렉: 더 넥스트 제너레이션>(1987)의 데이터, 혹은 그가 <슈퍼걸> TV 프로그램(2015)으로 건너갔을 때의 브레이니 같은 인물들을 떠올리고 있다.

반면, 이 원형은 심하게 잘못된 길로 갈 수도 있다. 예를 들어, 스타워즈 프리퀄(1999~2005)에 나오는 자자 빙크스처럼 말이다.

이 인물은 주변과 이질적인 예언자로 등장할 수 있다(자주 그렇기도 하다). 실제 외계인이든 다른 나라의 이방인이든, 그들은 그들을 둘러싼 문화에 별종인 존재다. 그렇기 때문에 주인공과 대비되는 인물로 기능할 수 있고, 그렇게 하면서 독자들에게 주인공과 주인공이 편안하게 거주하는 세계(그 이질적인 존재는 그러지 못하는)에 대한 정보를 독자들에게 더 많이 드러낼 수 있다.

그들은 멋진 희극적 완화제이기도 하다……. 이암베를 투입하라. 그녀가 야한 농담을 해서 데메테르가 미소 짓도록 하라.

남성 영웅은 예언자나 좋은 충고를 결코 믿지 않도록 운명 지어져 있다(또는 아마도 이질적인 존재를 진지하게 받아들이지 않도록 운명 지어져 있을 뿐일지도 모른다). 사실, 고대 그리스인들은 신탁의 경고를 유념하지 않았다고, 운명을 피하려고 했다고, 또는 잘못된 이유로 바른 일을 했다고 그들의 영웅들을 벌한 적이 많았다.

그러나 여성 영웅은 여성 예언자를 믿을 수 있다. 그녀는 아마 그 예언자와 친구가 될 것이고 그녀의 능력을 잘 이용할 것이다. 트와일라잇 사가에서, 시리즈의 마지막에 앨리스는 협상을 통한 재결합의 방법을 제공해 수많은 이의 죽음과 파괴를 막는다. 앨리스는 벨라에게 유리한 증거를 찾기 위해 직접 수색에 나섰다가 돌아온다. 그녀 덕분에 새로 성립된 벨라의 가족적 네트워크는 지속될 수 있었다.

예언자/현명한 바보 역할에 아이들(서사에 의해 젠더적으로 성별이 없는)을 사용하는 경향이 있다는 것을 덧붙여야겠다(『듄』과 후속 프랜차이즈들을 보라). 현명하고 조숙한 아이는 어른 인물들에게 길잡이 역할을 하며, 인물들이 보호하고 동시에 배울 수 있도록 유도하는 플롯 장치가 된다. 게다가 어른의 행동을 지시하는 아이라는 개념에는 뒤틀린 듯하면서도 동시에 매력적인 부분이 있다. 이런 힘의 역전 구조는 호러 장르에서는 으스스한 것으로 변할 수 있고, 더 밝게 접근하면 사랑스러워질 수 있다(시트콤이나 로맨스의 조숙한 아이를 보라).

물론, 이 아이가 어떻게 인식되는가는 그들이 어떤 서사에 속해 있는가를 나타내는 지표이기도 하다. 『듄』의 알리아 아트레이데스는 사실 저주받은 여성 예언자이고, 그녀의 존재 자체가 남성 영웅과 그의 적 둘 다에게 불길한 징조이다. <스타 트렉: 더 넥스트 제너레이션>(1987)의 천재 소년 웨슬리 크러셔는 공포 소설 「옥수수밭의 아이들」(1977)에도 어울릴 법하지만, 그는 다행히 스페이스 오페라 장르의 여성 영웅 여정에 속해 있기 때문에 잘 지낼 것이다(하지만 캐릭터의 원형을 강조하듯이 승무원들은 곧바로 그에게 우주선의 운전을 맡겨버린다. 문자 그대로, 그는 안내자이자 항해사이다. 당연히도 그를 예언자에 비유한 것 같지 않은가?).

데우스 엑스 헬퍼

외부의 초자연적 요소의 개입으로 구원받거나, 또는 심지어 그냥 친구들이나 가족에게 구원받는 주인공은 현대의 독자들을 화나게 할 수 있다. 한 팟캐스트에서 어떤 남자가 해리 포터가 볼드모트와 대결하러 갈 때마다 먼저 죽은 가족 구성원이 찾아와야 한다는 사실에 대해 매우 불평하던 것을 결코 잊지 못할 것이다. 그러나 여성 영웅에게는, 도움을 받는 것이 약점이 아니다. 그것은 여성 영웅의 힘이다. 해리는 그곳에 혼자 갈 수 없다. 그는 여성 영웅이고, 그에겐 가족이 필요하기 때문이다.

그래도 만약 당신이 여성 영웅의 여정을 쓰고 있다면 당신은 이런 종류의 비평에 직면할 가능성이 높다. 나는 그냥 어깨를 으쓱하고 갈 길을 계속 가는 경향이 있다. 결국, 팟캐스트에서 그 사람이 불평을 했어도 J. K. 롤링에게는 아무 문제가 없었지 않았나.

만약 당신이 걱정이 된다면, 친구와 가족의 도움이 '꼭 필요해' 보이도록 하는 데 초점을 맞춤으로써(다른 사람의 강점을 활성화하여 자신의 명백한 약점을 가리는 군사 전략을 구사하듯) 이러한 비판을 방지할 수 있다. 여성 영웅의 필요보다는, 도움이 되는 조연 인물이 여정의 성공에 기여하는 가치를 집중적으로 강조하라.

다른 말로 해서, 여성 영웅이 파이어볼 마법을 잘 사용하지 못하는 것이 아니라 자신의 절친이 파이어볼을 더 잘 사용한다는 것을 알기 때문에, 파이어볼을 가장 효과적으로 사용하기 위해 그 절친에게 위험을 감수하게 할 수도 있다는 것이다. 이것은 또한 독자들이 그 조연 인물들을 소중하게 여기게 만들 것이며, 그들이 독자들에게 여성 영웅만큼 인기를 얻게 할 것이다.

집단 역학

내가 느끼는 그 두 서사 사이의 다른 차이를 스토리텔러들이 이해하는 것이 중요한데, 그 차이를 이해하면 당신의 이야기 속에 감정적인 깊이와 동기를 더욱 풍부하게 하는 데 도움이 된다. 그 차이란 여성 영웅이나 남성 영웅이 '어떻게' 집단에 접근하느냐이다.

우리의 남성 영웅에게, 집단과 군중은 전쟁의 위협, 문명의 침체, 혹은 배신의 가능성을 나타낸다. 우리의 남성 영웅은 이렇게 생각하기가 가장 쉽다. '나는 다른 사람들을 **믿을 수 없다**.'

우리의 여성 영웅에게, 집단과 군중은 가족적 위안, 권력을 공유하고 함께 기뻐하는 존재, 혹은 계획을 꾸미고 정보를 모을 수 있는 가능성을 나타낸다. 우리의 여주인공은 이렇게 생각하기가 가장 쉽다. '나는 다른 사람들을 **믿어야 한다**.'

이것은 또한 내 등장인물들에 대해서 내가 가장 좋아하는 감정 중 하나로 이어질 수 있다. 아무리 그들의 상황이 끔찍해도, '적어도 우리는 그 안에 함께 있다'.

예를 들어, 만약 당신이 에픽 판타지를 쓰고 있다면, 당신의 남성 영웅을 위한 흥분 넘치는 클라이맥스는 극복할 수 없는 역경에 맞서서 어느 시점에 홀로 서 있고 적과 일대일로 맞서 싸워 이기는 것이다.

그러나 여성 영웅에게 그 클라이맥스는 군대나 팀 앞에 서서 그들을 이끌고 적에 함께 맞서는 것일 가능성이 더 높다. 또는 뒤에 앉아 문제를 조율하고 있거나.

이 두 가지 다 권력의 위치들이고, 따라서 독자들에게 정서적인 힘을 끼친다. 다만 그 방식이 서로 다르다.

이것은 누구의 여정인가?
언제 남성 영웅이 여성 영웅의 여정을 침범하는가
혹은 그 반대는 언제인가

남성 영웅—이 말로, 나는 명확히 남성 영웅의 여정을 밟아가는 인물을 뜻한다—이 여성 영웅의 여정을 침범할 때, 매우 흥미로운 일들이 일어난다.

이것을 다른 방식으로 말하면, 주인공과 내러티브 비트들이 모두 여성 영웅의 여정을 이야기하지만, 이 속에 자율적으로 행동하고 기능하며 남성 영웅의 목표와 가치 체계를 갖고 있는 인물이 등장하는 것이다.

• • •

남성 영웅의 여정이 여성 영웅의 여정과 겹칠 때 작가들이 유념해야 할 두 가지 충돌하는 요소가 있다.

❶ 만약 당신이 그 침범을 인식하고 있다면, 그것은 훌륭한 이야기를 만들기 위해 페이지 위에서 갈등을 일으키는 데 사용될 수 있다.
❷ 만약 당신이 그것에 대해 모르고 있다면, 그것은 남성

영웅 인물과 그와 연관된 스테레오타입들을 통해 잠재적으로 해로운 사회적 메시지를 창조할 수 있다.

남성 영웅은 여성 영웅의 여정에서 조연으로, 배경 인물로, 동료로, 연인으로, 혹은 다수의 시점 인물 서사에서 많은 인물 중 하나로 나타날 수 있다. 심지어 주된 여정이 내러티브 비트, 집합적 목표, 인물 간의 상호작용의 관점상 여성 영웅의 여정일 때조차, 이야기에 참여하는 개인들은 다양한 범위를 아우를 수 있다. 사실, 우리 작가들의 입장에서 보자면 이러한 상호작용에서 진지한 내용이 나올 수 있으며, 그 결과 탐구할 수 있는 재미있는 갈등들이 생긴다.

논의를 위해 우리는 자신의 여정이 아닌 여정 속에 있는 남성 영웅, 또는 자신의 여정이 아닌 여정 속에 있는 여성 영웅을, 다른 여정의 대표자라기보다 원형으로서 바라볼 수 있다.

남성 영웅의 여정이라는 맥락 속에서 여성 영웅은 여성적인 것(생물학적인 여성이든 아니든)을 대표한다. 그녀의 초점이 화합과 네트워킹에 맞추어져 있기 때문에, 남성 영웅이 그녀를 여성성을 대표하는 것들로, 즉 문명, 문화, 정체의 도구로 인식한다는 것을 알 수 있다. 그녀는 그를 붙잡고, 막고, 연대와 통합이라는 그녀 자신의 길로 인도하려 한다. 이는 자신의 퀘스트에서 성공하기 위해 혼자서 계속 전진해야 한다는 그의 필요와 대립된다.

그러나, 나는 남성 영웅이 여성 영웅의 여정에 침범할 때 무슨 일이 벌어지는지 정말로 살펴보고 싶다. 그러니 거기서 시작하자.

여성 영웅의 여정 속 남성 영웅

남성 영웅이 여성 영웅의 여정 속에 나타날 때, 그는 보통 알파 로맨틱 애정 상대로 나타난다. 그는 남성일 수도 여성일 수도 있고 젠더 플루이드*일 수도 있지만, 텍스트 내에서 그는 남성적인 젠더로 성별화된다.

그가 로맨스 소설에서 애정 상대로 그렇게 인기 많은 원형인 데는 많은 이유들이 있다. 이 알파 남성 영웅들은 백마 탄 왕자 콤플렉스와 초(超) 남성적인 기질 덕분에 독자들에게 매우 매력적이다. 그들은 (군인이나 형사나 늑대인간처럼) 폭력적인 직업을 가진 근육질의 보호자거나, (외롭고, 감정을 잘 드러내지 않는 억만장자나 록 스타, 뱀파이어, 스포츠 스타들처럼) 엄청난 부와 권위를 가진 강력한 왕 타입인 경우가 많다.

이런 인물들은 남성 영웅의 여정 위에 있고 책의 시작 부분에서 그들은 그 길을 걸어가려고 한다.

---

* 성별 정체성이 고정되어 있지 않고, 시간이나 상황에 따라 변화할 수 있는 사람.

그들에게는 불행하게도, 만약 그들이 들어간 이야기가 여성 영웅의 여정이라면, 그들은 결국 여성 영웅의 사랑이나 우정으로 인해 그들 자신의 영웅적 행위(고독한 행동)로부터 구원받을 수밖에 없다. 나는 이 밀고 당김의 내재된 이분법이 아이러니하면서 재미있다고 느낀다. 나는 그것을 내 첫 번째 책『소울리스』에서 썼다. 거기서 남성 영웅 로드 매콘은 정말로 남성 영웅의 여정에 오르고 싶어 하지만, 나의 여성 영웅 알렉시아는 그를 함께 데려가기로 굳게 마음먹었다(그의 무리도 마찬가지다). 그 불쌍한 녀석에게는 기회도 없다. '당신에게 고립은 없을 거야!'

그래서, 알파 남성 영웅은 고독과 복수, 정의와 정복, 물러남과 소중한 것의 회복이라는 의무적인 길을 느릿느릿 걸어간다. 그는 고독하려고 하며, 보통 감정을 잘 드러내지 않고(그는 남성 영웅이다. 그는 연결하기를 원하지 않고, 연결은 그를 저지할 것이다) 육체적으로 강력한 모습(그는 싸워서 이길 필요가 있다)으로 그려진다. 남성 영웅은 다른 인물들을 믿지 않는다. 그는 네트워크를 만들려 하지 않는다. 왜냐하면 그는 전적으로 자기가 혼자 있어 마땅하다고(그리고 그쪽이 더 낫다고) 생각하기 때문이다.

여성 영웅 여정의 골조 안에서, 이 인물은 작가의 통제를 벗어나 막 나갈 수 있다. 남성 영웅은 긍정적으로 묘사될 수 있지만, 여성 영웅이나 그녀가 대표하는 것에 대한 욕망이 그 자신의 문명화 수준을 압도하면 잔인해질 수 있다. 그는 여성 영웅을 언어적이나 신체적으로 학대하거나 몹시 집착하며(왜냐하면 그는 여성 영웅을 그의 보물로, 그가 얻은 상품으로, 그의 보상으로 보며, 따라서 욕망의 대상으로 보기 때문이다) 스토커의 영역으로 넘어갈 수도 있다.

알파 남성 영웅은 여성 영웅 여정의 맥락 속에 들어오면 쉽게 왜곡된다. 그의 성공에 대한 정의는 그녀의 것과 정반대이고 따라서 그는 잘못된 방향으로 너무 멀리 갈 수 있다. 여성 영웅 자체가 그의 퀘스트가 될 수 있다. 그녀를 소유하는 것이 그의 승리를 정의하게 될 것이고, 그는 이에 집착하게 된다.

그는 이미 목표에 대한 그의 외골수적 추구로 정의되었다. 그녀가 목표가 될 때, 그는 그녀를 가지기 위해서, 그리고 그녀가 자기 이외의 누구와도 연결되지 못하게 하려고 무엇이든 할 것이다. 만약 그들이 헤어지거나 그녀가 그를 보지 않으려 하면 그는 자살하겠다고 협박하거나 실제로 자살하는 데까지 갈 것이다. 그의 행동은 물론 그녀의 본성과 즉시 충돌한다. 왜냐하면 그가 하고 있는 일은 그녀를 다른 사람들에게서 고립시키고, 그녀의 유일한 네트워크가 되려는 시도이기 때문이다. 여성 영웅은 그런 식으로 행동하지 않는다―그녀는 공동체 전체를 원하고 공동체를 만들 필요가 있다.

여성 영웅을 추구하는 알파 남성 영웅은, (그 남성 영웅이 남성 영웅 여정의 기본 구조에 가깝게 그려질 때) 여성 영웅에게 강력한 동맹이자 연인으로서 매력적으로 다가오지만 동시에 그의 목표가 본성상 그녀의 목표와 반대되기 때문에 위험하다. 이런 종류의 갈등은 쓰기에 매우 재미있을 수 있지만, 나는 그것이 또한 알파 애정 상대를 극도로 위험한 영역으로 보내버릴 수 있다는 것을 이해할 수 있기를 바란다. 독자들은 그런 종류의 남성 영웅들을 '알파-결핍'이라고 부르곤 한다.

당신이 보듯이, 원형들의 갈등을 쓸 때 스토리텔러들에게는 헤쳐가야 할 지뢰밭과 어려움들이 있다. 여성 영웅이 그녀의 연결 능력으로 남성 영웅을 자기 길로 이끌 만큼 강할 수 있다는 아이디어, 그녀가 그를 사랑으로 구할 수 있다는 바로 그 아이디어는 그의 본성과 정확히 반대되는 것이다.

그는 그녀가 대표하는 것에 저항하도록 설계되었다. 그녀가 대표하는 것을 그는 유혹으로, 조작으로, 정체로 볼 것이다. 그녀와 함께한다는 것은 그의 여정을 완수할 수 없다는 것을 의미하며, 그래서 그녀가 강조하는 타협과 가족 네트워크를 받아들이기 위해서는 그가 남성 영웅(그의 정체성)으로서의 정의 자체를 포기해야 한다. 그리고 남성 영웅은 그의 서사에 그런 변모를 포함하고 있지 않다. 오디세우스 같은 트릭스터는 예외지만, 그것은 다른 원형이다.

로맨스에서, 여성 영웅이 그녀의 알파 남성 영웅을 사랑으로 구할 수 있다는 이런 아이디어는 잘 작동한다. 비극적 로맨스에서는 이 요소가 우리의 연인들을 영원히 갈라놓는다.

작가들의 입장에서는, 좋은 알파 남성 영웅을 만드는 것과 똑같은 요소가 완벽한 알파 악당을 만든다.

결국, 무슨 대가를 치르더라도 여성 영웅의 여성성을 거부해야 하는, 그러한 자기 자신의 여정을 고수해야 하는 남성 영웅보다 여성 영웅에게 위협적인 존재가 어디 있겠는가? 이와 같은 요소들은 어느 장르에서든 사랑만큼이나 위협과 갈등을 다루는 데도 매우 풍부한 재료가 된다. 이 주제에 대해서는 10장의 악당에 대한 부분에서 더 자세히 살펴볼 것이다.

남성 영웅의 여정 속 여성 영웅

여성 영웅의 목표는 남성 영웅의 것과 정반대이며, 그녀가 정보를 수집하고 힘을 나누는 방식이 남성 영웅에게는 남을 조종하는 것으로 보일 것이다. 전투에서의 승리보다 관계와 안정성을 추구하는 선호는 말할 것도 없고, 그녀의 영리함과 권력을 사용하는 기술은 남성 영웅의 서사 맥락에서 사악한 것 아니면 의심스러운 것으로 인식될 것이다.

만약 그가 그녀를 긍정적으로 본다면, 그는 그녀를 너무 좋아하게 될까 봐 두려워서 그녀를 약간 경계할 수도 있다.

남성 영웅의 여정에 여성 영웅이 침입하면서 나타나는 특히 해로운 서사 요소는 '황금 같은 마음을 지닌 창녀'*라는 원형이다. 남성 영웅의 여정이라는 우산 아래에서, 여러 남성과 관계를 갖는 여성은 남성 영웅의 정의대로라면 여성성의 최악의 예이다.

사실 그녀는 최고의 여성 영웅이 조악해진 버전이다. 그녀 역시 가능한 한 많은 관계를 맺고자 하며, 그러기 위해 가능한 한 많은 사람들과 잠자리를 하고자 한다는 점에서 그렇다. 그녀는 단지 남성 영웅의 서사에 들어와서 그녀의 주체성에 대한 관점 때문에 왜곡되었을 뿐이다. 이 맥락에서는, 여러 남자와 자고 다닌 행위는 우리의 남성 영웅에게 그녀를 믿을 수 없다는 암시를 준다―그녀의 마음이 다른 남성 영웅에게 향할 수도 있다. 심지어 그가 마지막에 대결해야 하는 악당에게 향할 수도 있는 것이다.

남성 영웅이 여성 영웅이 되다

주인공이 처음에는 남성 영웅으로 시작하지만, 여성 영웅 여정에서의 구원이라는 관점을 통해 여성 영웅으로 전환되는 인기 있는 주제(특히 장기 연재 소설이나 TV 시리즈에서)가 있다. 다른 말로 하면, 여정 안에서의 내적 갈등이나 다른 인물들이 아니라 여정 자체가 변화의 원동력이다. 나는 특히

---

* '황금 같은 마음을 지닌 창녀(the whore with a heart of gold)'는 부정적인 이미지나 직업을 가졌으나 본성은 선한 여성 인물을 가리킨다.

경찰 수사물과 케이퍼물이 그렇다고 생각한다.

<CSI>(2000), <레버리지>(2008), 심지어 <ER>(1994)처럼 여러 시즌에 걸친 TV 프로그램들은 인물들이 상호간의 성공과 공동 목표, 문제나 퍼즐의 해결을 위해 함께 일해야 하는 집단적 여정이다. 서사의 성격상, 이야기의 진행 과정에서 외부 전문가에게 의지하고 안전을 위해 서로에게 의존하는 것은 물론이고, 정보 수집과 동료 관계 네트워킹이 필요하므로, 이런 서사들 속에서는 훌륭한 '팀워크'가 성공 자체를 정의하게 된다.

이런 종류의 수사물들이 모든 에피소드나 시즌에서 반드시 여성 영웅 여정의 내러티브 비트를 따르지 않을지는 몰라도, 그 기본 골조는 여성 영웅 여정을 뒷받침하는 것과 동일한 주제와 메시지에 기반을 두고 있다. 성공과 권력에 대한 정의가 유사하기 때문에 이런 드라마들의 주제와 메시지는 여성 영웅 여정을 반영하는 경향이 있다.

흥미롭게도, 이런 시리즈는 필연적으로 지도적인 영웅 타입이나 독불장군/고독한 주인공으로 시작한다. 그(대개 남성적 젠더를 가진 인물이다)는 강력한 상관, 리더, 혹은 주모자이며, 남성 영웅으로서 해야 할 말과 행동을 하는 사람이다. 그는 완고하고 결단력 있으며, 외롭고, 가족과 떨어져 있거나 떨어지고 있을 가능성이 크고, 그 자신이 혼자 있는 것이 더 낫다고 생각하는(더 성공적이라고 생각하는 것은 물론이고)

경향이 있다. 시리즈 전반에 걸쳐, 그는 지속적으로 혼자서 일을 성취하려고 할 것이고, 자기는 혼자 할 때 더 잘하고 더 강하다는 믿음을 유지할 것이다. 그래서, 그의 캐릭터 진화 방향은 여성 영웅 쪽으로 향해 있다.

이런 종류의 시리즈에서, 그의 캐릭터 아크는 보통 팀을 위해 자신을 희생하거나(비극적인 여성 영웅), 고독한 우울 속에서 자기를 파괴하거나(비극적인 남성 영웅), 여성 영웅으로의 이동을 성공적으로 마무리하고 (보통 자기 팀의 다른 구성원과) 결혼하여 가족을 꾸리고 리더십을 부하(잘하고 있어, 아가씨. 그 권력을 나눠 줘)에게 넘기면서 끝난다.

따라서, 남성 영웅이 여성 영웅 여정의 일부일 때는 맥락이 중요하다. 남성 영웅 여정에서 그에게 가장 긍정적이고 성공을 가져올 가능성이 높았던 것이 이제는 그럴 가능성이 가장 적어졌다. 그는 성공에 대한 자신의 인식, 자기가 좋다고 생각하고 자신을 강하게 만든다고 생각한 것을 그 맥락에 맞게 조정할 수도 있고, 그러지 못할 수도 있다. **모든 것은 맥락에 따른다.**

그가 들어가 있는 여정은 여성 영웅의 여정이기 때문에, 그는 문자 그대로 적응하지 않으면 죽게 된다. 독자들이 보기에, 어떤 결말에서든 그는 강렬한 파토스로 가득 차게 된다.

만약 여성 영웅의 여정 속에 있는 남성 영웅이 적응할 수 없다면, 그것은 그가 그 여정의 독자들과 연결되지 못한다는 뜻이고, 독자들은 그를 매우 슬프거나 무진장 답답한 인물로 볼 것이다.

어떤 경우에는 여성 영웅 여정의 맥락이 남성 영웅이 거기에 적응해서 핵심 네트워크의 일부가 되기를 바라기 때문에, 만약 그가 변하지 않는다면 독자들은 배신당했다고 느낄 수 있다.

여성 영웅이 남성 영웅이 되다

물론, 이것은 반대 방향으로도 작동할 수 있다. 남성 영웅의 여정 위에서 연결하고, 소통하고, 네트워크를 만들고, 통합하려는 어떤 여성 영웅이 그 여정의 맥락에서는 약하고, 헤프며, 조종하려 들거나, 절박한 인물이라고 인식될 것이다.

일반적으로 말해서, 남성 영웅 여정의 독자들은 대체로 그녀가 답답하다고 생각하겠지만, 남성 영웅 여정에 능숙한 작가는 바로 그 곤궁함을 이용해 그녀를 매력적(물론, 남성 영웅의 관점에서)으로 만들 수 있다. 그런데 그녀 또한 영웅적으로 고귀한 결말을 위해 죽거나 스스로 희생할 수도 있는데, 그녀가 남성 영웅 여정의 필요성과 요구를 받아들였다는 것을 나타내기 위해 그렇게 한다.

그러나 그녀는 자신의 보물을 추구하며 외롭게 말을 타고 황혼을 향해 떠날 수 있으며, 이 경우 그녀는 성공적으로 남성 영웅으로 변한 것이다.

다른 말로 하면, 그런 서사는 여성 영웅이 그 여정 자체를 여성 영웅의 여정으로 바꾸지 못했거나 남성 영웅의 길을 그녀가 만든 길로 바꾸지 못했기 때문에, 남성 영웅의 여정이 이긴 것이라고 우리에게 말하고 있다. 그리고 이 여정을 즐기는 독자들은 그 결과(즉 승리)도 즐길 것이다.

  남성 영웅이 이길 때, 그는 자신의 성취를 가치 있는 것으로 정의하기 위해 보물이나 희생을 요구한다. 다른 말로 하면, 만약 그녀가 그 여정에 들어맞을 수 없다면, 그녀는 그 책 속에서 실제로 죽거나, 아니면 그녀의 여성 영웅적인 부분이 죽어야 하고, 남성 영웅 여정의 소비자들은 그래서 그녀를 사랑할 것이다(예를 들어, <어벤저스> 영화 프랜차이즈 속의 블랙 위도우 같은 경우가 그렇다).

버디와 사이드킥
우리는 함께 있을 때 더 좋다

두 가지 여정이 다 나오는 타협물을 쓸 수도 있다. 이중 서사나 여러 시점의 서사는 남성 영웅과 여성 영웅 둘 다를 주인공으로 담을 수 있다. 대부분의 버디 형사 이야기(드라마나 코미디)는 남성 영웅과 여성 영웅이 한 쌍을 이루고 있고, 그 둘은 여성 영웅 여정(코미디)이나 남성 영웅 여정(드라마)의 골조 안에서 함께 존재할 수 있다.

・・・

그런데, 나는 버디 서사를 두 주인공이 대략 동등한 페이지나 스크린 타임을 갖는 것으로 정의한다. 특색 있는 조연이 주연과 함께 나오는 사이드킥 서사는 이와 대조적이다.

버디물

예를 들어, <맨 인 블랙>(1997) 같은 버디 코미디에는 보통 냉소적이고 완고한 남성 영웅(에이전트 K 같은)과 열성적인 신참 여성 영웅(에이전트 J 같은)이 나온다. 코미디이기 때문에, <맨 인 블랙>이 여성 영웅의 여정인 것은 놀랍지 않다. 영화 마지막에 에이전트 K는 남성 영웅답게 벌레를 물리치기 위해 자신을 희생하지만, 기억을 잃고 그가 사랑하는 여자에게 돌아감으로써 구원받는다(관계, 연결). 그는 결국 여성 영웅 여정 속에 있는 남성 영웅이기 때문이다. 반면 에이전트 J, 우리의 여성 영웅은 자신의 위치를 위해 새로운 파트너(새로운 버디)와 타협하고 문명화하는 힘을 계속해서 이어져 나가게 한다.

한편, 버디 '드라마'는 보통 남성 영웅의 여정일 것이고, 이런 틀에서는 방정식에서 가정적인 면을 가진 사람(우리의 여성 영웅)이 죽어 없어지고 완고한 남성 영웅 버디가 남아 혼자 싸움을 이어갈 것이다.

이중 서사에서는 마지막 장면과 성공에 대한 정의가 이야기의 틀을 결정한다. 만약 당신이 이런 종류의 이야기를 쓰고 있다면, 성공이 중요한 요소가 될 것이다.

- 만약 성공이 함께 행동을 완수하고, 좋은 유머와 행복을 얻고, 단체로 혹은 조직된 활동으로 끝나고, 가족을 찾거나 옛사랑과 재결합하는 것으로 정의된다면, 그 뼈대는 여성 영웅의 여정이다.
- 만약 성공이 통치권이나 권력을 위한 투쟁, 우위를 위한 전투, 그리고 우월성의 재정의로 정의된다면, 그것은 남성 영웅의 여정이다.

사이드킥

두 동등한 주인공이 나오는 대신 대화, 페이지, 시간과 나레이션(그리고 시점까지도)의 무게가 사이드킥과 나누어지는 경우가 있다. 이 캐릭터는 주인공과 함께 다니지만, 이야기는 분명 그에 대한 것이 아니다. 그는 주인공을 도와주는 사람으로 존재한다(배경 인물은 사이드킥이 될 가능성이 많다).

홈즈와 왓슨은 사이드킥 서사의 상징적인 예이다. 홈즈는 의문의 여지 없이 주인공이고 남성 영웅(자기 파괴적이고 고독하다)이며, 반면 왓슨은 여성 영웅에 더 가깝다. 그는 치유자이고, 의사소통과 네트워킹을 하는 이로서 홈즈의 남성 영웅 서사에 들어갔다. 코난 도일은 이를 잘 이용했으며, 이는 모든 다양한 각색에서도 잘 작동한다(당신 이야기다, 닥터 하우스).

그러나 여성 영웅의 여정에 깊은 감정을 느끼고 그것을 끊임없이 갈망하는 우리는 홈즈가 왓슨을 그렇게 무시하고 심지어 정신적, 감정적으로 학대하는 모습을 보면 마음이 아프다. 우리는 왓슨과 매우 강하게 동일시하고, 홈즈의 외골수적인 태도와 잔인하고 고독한 총명함이 매정하고 답답하다고 느끼게 된다.

이것이 사이드킥물의 위험이다—주인공과 대조적인 사이드킥은 독자들이 보기에 주인공에게 괴롭힘당하는 것처럼 보이거나 그와 대비되어서 더 매력적으로 보인다.

이것은 여성 영웅의 여정인가 남성 영웅의 여정인가?

자, 남성 영웅은 사이드킥을 가질 수 있고 사이드킥을 가질 때가 많다(때때로 배경 인물이기도 하다). 사이드킥은 남성 영웅의 여정과 서사에서 그를 도와줄 것이다. 그러나 대개 우리의 남성 영웅은 고독한 행동으로 정의되기 때문에, 결말 부분에서 그는 적을 혼자 패배시켜야 할 것이다. 따라서 슈퍼히어로 오리진 스토리들은 남성 영웅의 여정인 경우가 많고, 반면 슈퍼히어로 팀 스토리들은 여성 영웅의 여정인 경우가 많다.

흥미로운 예외는 <캡틴 마블>(2019)인데, 이것은 (나로서는 매우 기쁘고 놀랍게도) 여성 영웅 여정의 뼈대 위에서 작동하는 버디 형사 코미디 오리진 스토리이다. 결말 장면은 특히 매혹적인데, 그녀가 외계인 집단 전체를 그들의 새 안식처로 인도하면서도(매우 여성 영웅답다), 그들 앞에 홀로 빠져나와 있다(매우 남성 영웅답다). 한편, 그녀의 사이드킥은 고양이 외계인에게 보상을 얻는다. 오, 그 상징이란!

플러큰*에 대해서 말하자면, 이 캐릭터는 패밀리어**의

---

*   마블 유니버스에 등장하는 가상의 외계 생물. 외견은 일반 고양이와 비슷하지만 입 안이 다른 우주로 연결되어 있다.
** 주로 마법이나 판타지 이야기에서 나오는 동물로, 주인에게 도움을 주거나 주인을 보호하는 마법적인 존재. 흔히 까마귀, 고양이, 부엉이 같은 동물이 패밀리어로 등장한다.

완벽한 사례다. 패밀리어는 초자연적인 도움이나 무기와 결합된 사이드킥 역할을 한다.

나는 슈퍼히어로들에 따라서 특별히 잘 맞는 여정이 있다고 주장하는 편이다.

예를 들어, 배트맨은 남성 영웅으로서 특히 성공적이다. 그는 전형적인 남성 영웅 여정에 참여할 때 매우 매력적이다―성격 나쁘고, 고립되어 있으며, 내성적인 억만장자로, 그의 여자 친구들은 계속해서 죽고, 물리적 힘을 이용해 이기며 보통 기이한 악당과 대면해서 하나하나 물리치는 사람. 기쁘게도 연극적인 코미디 <배트맨> TV 시리즈(1966-1968)의 예외가 있지만, 누구든 그를 여성 영웅의 여정 속에 넣거나 팀의 일부분으로 넣으려고 하는 이들은 실패하게 된다―그는 너무나 전통적인 정의에 딱 맞는 남성 영웅인 것이다.

한편, YA와 성년 혹은 성장소설 서사의 영역에 잘 자리 잡은 스파이더맨은, 당신이 궁극적으로 그가 어느 성장 패턴으로 진화하는지(남성 영웅 또는 여성 영웅) 보고 싶은가에 따라 어느 쪽 여정이건 성공적으로 걸어갈 수 있다.

그러나 사이드킥 논의로 돌아가자.

여성 영웅은 거의 필연적으로 사이드킥, 혹은 버디, 혹은 가장 친한 친구, 혹은 여러 명의 친한 친구들을 '가져야만' 한다. 여성 영웅들은 정보의 권위자이기 때문에, 그들은 네트워크를 만들어야 하며 그렇게 하지 못하면 실패한다. **여성**

영웅이 나오는 어떤 서사에도 그녀의 동료들이 나올 것이다.

사이드킥들은 인간 외 다른 종이 될 수 있고 실제로 그러하다. 동물 사이드킥/패밀리어들은 흔하다(디즈니 말이다, 디즈니). 작가의 관점에서 이런 동물 캐릭터들은 지속적으로 인기가 있고 당신의 서사에 훌륭한 색채를 더해주지만, 어떤 장르들에서는 여성 영웅의 서사가 사실상 필수적으로 이런 동물 사이드킥/패밀리어를 요구한다. 특히 코지 미스터리와 어반 판타지는 신비로운 동물 친구들을 등장시키는 경향이 있다. 고양이는 작고 불평 많은 사이드킥이나 트릭스터처럼 행동할 때가 많은 반면, 개와 말은 대체로 더 여성 영웅 같은 태도로 묘사된다. 또 아이들도 사이드킥 역할을 할 수 있다.

사이드킥은 보통 살아남기 위해(혹은 형사 드라마의 경우, 승진을 위해) 부분적으로 혹은 전적으로 주인공에게 의존한다. 특히 여성 영웅에게는, 아이나 동물 사이드킥은 그녀에게 매우 의존하기 때문에 아주 중요하며 엄중히 보호되는 네트워크 지점이 된다. 그리고 그녀는 그 연결을 유지하고 자신의 사이드킥을 위험에서 보호하기 위해 자신의 힘이 닿는 한 모든 일을 다 할 것이다(그리고 만약 독자가 그녀를 좋아하게 되기를 바란다면 다 해야만 한다).

이것은 우리를 코미디와 코지 미스터리 같은 장르들로 데려간다. 그런 장르들에서 사이드킥은 거의 언제나 '마지막 순간의 도움'을 준다. 신체적 기량이나 정보로든, 혹은 납치당

해서 주인공이 구출 작전에 나서도록 만들든 간에.

왜냐고?

이번에도 역시, 이런 이야기들이 여성 영웅의 여정 틀 속에 존재할 가능성이 아주 높기 때문이다.

배경 인물과 이중성
잠시 문학적으로 되어보자

예를 들어, 만약 당신이 『일리아드』에 대한 비평적 분석에 익숙하다면, 당신은 문학에서 배경 인물(foil)이라는 개념을 알고 있을 것이다.

배경 인물은 기본적으로 대조를 통해 다른 인물을 정의하는 인물이다. 파트로클로스는 본질적으로 아킬레우스의 여성적인 배경 인물(그리고 양심)이다. 더 나아가서 비극적이지만 피할 수 없는 남성 영웅 여정 위에서 아킬레우스를 구하려는 여성 영웅 여정의 시도라고 생각할 수도 있다.

・・・

판타지 경기장에 있는 우리들에게, <반지의 제왕>의 프로도와 샘은 흥미롭게 생각해볼 구석이 있다. 샘은 단순히 프로도의 사이드킥인가, 혹은 샘은 실제로 프로도의 배경 인물인가? 톨킨이 우리와 대화를 한다면 프로도가 장교 계급을 대표하고, 샘이 제1차 세계대전에서 오래 고통받은 징집병들을 대표한다고 말할 수도 있을 것이다. 마지막에 프로도를 운반하는 샘을 마음속에 그려보라. 둘이 함께 파괴해야 하는 그 권력에 의해 오염된 장교 계급을 문자 그대로 들어 올리고 있는 샘을.

배경 인물은 한쪽 혹은 다른 쪽 여정에 언제나 깔끔하게 들어맞지는 않는다. 그 이유의 일부는 배경 인물이 남성 영웅의 여정에 끌려 들어간 여성적인 존재일 때가 많기 때문인데, 남성 영웅의 여정 위에서 그녀의 목적(네트워킹)은 '어떤 대가를 치르더라도 승리한다'는 주인공의 목표와 정반대되고, 그래서 그 대가는 보통 배경 인물이 치르게 된다.

그 대신에, 여성 영웅의 배경 인물은 남성적인 면을 나타내며 여성 영웅의 여정 속에서 남성 영웅 여정의 목표를 갖고 있을 것이다. 그런 경우 그는 아마도 승리해야 한다는 강박에 휩싸여 계속 혼자 나가서 무엇인가를 죽이려고 할 것이다.

<반지의 제왕>의 클라이맥스 장면에서 목표는 반지의 궁극적인 파괴인데, 프로도는 문자 그대로 반지와 그것이 보여주는 힘(남성 영웅)을 놓을 수 없고, 반면 샘은 결국 프로도와 반지를 함께 운반한다. 이것은 활동 중인 지지 네트워크(여성 영웅)를 보여주는 확연한 예시이다.

배경 인물 샘(여성 영웅과 보통 사람 둘 다를 대표하는)은 '절대로' 그의 친구를 뒤에 두고 떠나지 않는다. 그는 이 특성으로 정의된다. 샘은 또한 전형적인 여성 영웅 여정의 결말을 맞이한다―고향, 가정, 가족. 샘은 프로도를 잃는다. 그것은 그의 본성에 반대된다. 그러나 우리는 그가 호빗 공동체

의 품속에서 충분히 자리 잡은 모습을 보고 그와 헤어진다.

물론, 프로도는 전형적인 그리스 남성 영웅의 달콤쌉싸름한 결말을 맺는다. 자신의 퀘스트 때문에 쇠진해지고 더 이상 자기가 간신히 구한 세계에 소속될 수 없는 프로도는 그 다음으로 계속 나아가야만 한다.

결국, 두 인물 다 그들 각각의 여정에서 성공적인 결말을 맞이했다.

대립하는 여정들

이것은 우리를 버디 형사 드라마와 코미디로 이끈다. <맨 인 블랙>(1997)과 <캡틴 마블>(2019) 같은 영화들이나 오리지널 <스타 트렉> TV 시리즈(1966)는 자주 남성 영웅, 여성 영웅, 혹은 둘 다의 상충되는 예들을 통해 배경 인물들을 보여준다. 어떤 경우들에는, 그런 배경 인물들이 사이드킥에 더 가까워지거나, 심지어 두 명 이상의 주인공으로 발전한다.

이중 역학을 쓰는 것은 매우 재미있을 수 있다. 이중 역학이라는 말로 내가 뜻하는 것은, 서로 정반대인 두 시점 인물로 쓰인 이야기이다. 하나는 남성 영웅의 시점에서 그리고 다른 하나는 여성 영웅의 시점에서, 혹은 다른 목표를 가진 두 남성 영웅의 시점에서, 혹은 다른 네트워크를 가진 두 여성 영웅의 시점에서.

서로 다른 두 남성 영웅(많은 버디 형사 드라마), 또는 서로 다른 두 여성 영웅(많은 이중 스파이 혹은 하이스트 코미디), 또는 더 흔하게는 각 영웅 유형이 하나씩 등장해 궁극적인 목표가 충돌하는 와중에, 퀘스트와 목적의 균형을 맞추는 것은 작가로서 헤쳐가볼 만한 도전이다. 두 주인공은 불편한 균형 속에서 하나의 여정을 함께 하게 될 때가 많다. 다음 장에서는 교차하는 여정들에 접근하는 방법에 대해 이야기할 것이다.

다중 시점 서사

내 머릿속 아주 많은 목소리들

장르 문학에서는 특히 다중 시점 서사를 쓸 때 복잡성이 더해진다.

이런 종류의 앙상블 캐스트의 예로는 <파이어플라이>(2002) 같은 스페이스 오페라, <왕좌의 게임>(2011) 같은 에픽 판타지, 혹은 광범위한 역사 소설과 여러 세대에 걸친 가족 대하 소설이 있다. 이런 종류의 책들에는 하나의 동일한 서사 속에 여러 유형의 남성 영웅, 여성 영웅, 배경 인물, 사이드킥, 버디 들이 모두 나올 수 있다.

너무 많은 인물이 다양한 여정의 너무 많은 버전을 겪고 있기 때문에, 이런 다중 시점 작품들은 너무 복잡해서 어느 한쪽 여정에 안주하기 힘들 수 있다. 종종 어떤 등장인물이 어떤 여정을 따라가고 있는지를 마지막까지 알기 어렵기도 하다.

장르 문학에서, 다중 시점 서사는 일반적으로 <왕좌의 게임>(2011) 같은 에픽 판타지, 정치적 격변 멜로드라마, 가족 대하소설, 그리고 스페이스 오페라의 영역이다. 소프 오페라, 의학 드라마와 <로 앤 오더>(1990) 또는 <CSI>(2000) 같은 범죄 수사물도 이 범주에 들어간다. 광범위한 정치적 스페이스 오페라 <익스팬스>(2015)나 <배틀스타 갤럭티카>(2004)도 어느 쪽 서사라고 분류하기 힘들다.

이 모든 것들에는 여러 명의 남성 영웅이 나오고, 때로는 몇 명의 여성 영웅도 나올 수 있다(그리고 보통 나온다). 그들은 집단의 목적을 위해 함께 일하거나, 서로 불일치하는 유연한 집단 속에서 서로를 적대할 수도 있다.

집단 속의 남성 영웅들과 여성 영웅들

일반적으로 말하면, 남성 영웅들은 협동 작업을 잘하지 못한다. 물론, 그것은 작가가 갈등을 위해 쓰는 서사적 도구 중 하나가 되며, 당신의 모든 남성 영웅들이 외로운 승자밖에 될 수 없다는 사실을 활용할 수 있다.

배신의 드라마가 시작되게 하라!

기억하라. 남성 영웅에게 집단은 위험하다. 그래서 그가 집단 내에서 잘 지내야 하는 서사적 상황 안에 있을 때, 그것 하나만으로도 갈등을 촉발할 수 있다.

반면에, 다중 시점 서사에서 여성 영웅들은 함께 무엇인가를 구축하거나 재구축하기 위해 열심히 노력하게 될 것이다. 케이퍼나 하이스트 서사, 외교나 군사 구조 임무에 대한 긍정적 묘사가 들어가는 정치적 판타지, 또는 근간에 서바이벌 서사가 있는 외계 행성 불시착 SF 같은 것들은 모두 다중 시점을 위한 뼈대로 여성 영웅의 여정을 잘 사용할 수 있다.

집단이 함께 내동댕이쳐져서 공동의 이익을 위해(그리고 당신은 작가로서 비극이 허용되지 않는 긍정적인 결과를 의도한다) 함께 일해야만 하는 모든 상황은 여성 영웅의 여정에 편하게 잘 들어맞을 것이다.

이런 상황에서, 자연재해, 외계인 침공, 또는 엄청나게 도전적인 물리적 환경/게임 같은 외부 원인에서 갈등이 발생하는 드라마는 여성 영웅에게 가장 잘 맞을 가능성이 높다. 집단 내에 있는 인간 적수들은 대부분 혼자 행동하려 하고 폭력적인 경향을 가진 남성 영웅의 사고방식을 가질 가능성이 높다.

당신의 여성 영웅들은 집단이 어떤 위협을 받을 때 장군으로 변해 대응할 가능성이 높다. 그녀는 책임을 위임하고 누가 어떤 일에 가장 적임인지 알아차린다.

여성 영웅의 판단이나 방향 선택이 의심받을 때도 갈등이 일어날 수 있다. 여러 명의 여성 영웅이 등장하는 경우, 그들은 각자 네트워킹과 성공에 대해 서로 다른 접근방식을 취할 수 있고, 이것은 독자들이 호감을 가지는 인물들을 여러 명 만들면서도 결국 서로 다른 해법 때문에 충돌하게 만드는 훌륭한 방법이 될 수 있다.

한 집단 안에 여러 명의 남성 영웅들과 여성 영웅들이 있을 때:
'**남성 영웅들**은 서로 다르거나 충돌하는 **목표들**을 가질 가

능성이 더 높다.'

 '여성 영웅들은 같은 목표에 대해 서로 다르거나 충돌하는 **접근 방식들**을 가질 가능성이 더 높다.'

CHAPTER
9

독자의 경험

당신 자신과 당신의 독자들을 기쁘게 하기 위한 글쓰기

나는 이미 독자에 대한 배신 개념을 언급했다. 이 부분에서, 우리는 그것을 더 깊이 탐구하고, 독자의 기대라는 개념(한 동전의 양면이다)도 탐구할 것이다. 이것들은 내러티브 비트, 트로프, 원형 들뿐만 아니라, 독자들이 여정의 일부로 무의식적으로 얻길 기대하는 감정적 경험과도 관련이 있다.

다른 말로 하면, 우리는 독자들이 책이나 TV 프로그램, 또는 영화를 리뷰할 때 긍정적이든 부정적이든 무심코 우리에게 전하는 그들의 욕망을 살펴볼 것이다. 그렇다, 우리 작가들은 이런 것들을 통제할 수 있다. 그렇다, 그렇게 하는 것은 전적으로 우리의 책임이다. 그렇다, 그것은 여성 영웅의 여정과 관련이 있다.

· · ·

최근 내가 어느 패널 토론에 있을 때, 어떤 사람이 내가 두려워하는 질문 중 하나를 했다. 예술의 신성한 성격에 대한 질문이었다.

근본적인 물음. "우리는 우리 자신을 즐겁게 하기 위해 글을 써야 하지 않나요?"

거기에 대한 나의 대답. "물론입니다. 하지만 그러면 당신은 자신의 독자 규모가 어느 정도일지 알겠지요, 그렇죠? 한 사람. 당신뿐입니다."

만약 당신이 자기 자신을 즐겁게 하려고 글을 쓰고 싶다면, 일기를 써라. 만약 당신이 글을 쓰고 다른 사람들이 그것을 읽게 하고 싶다면, 세상 어딘가에 존재하는 독자에게 만족스러운 경험을 어떻게 제공할지 생각해야 할 것이다.

정말로?

이기적인 것은 항상 지루하다. 그리고 당신은 무의식적으로 누군가를 배제함으로써 회복할 수 없는 피해를 초래할 수 있다.

이런 종류의 질문에는 교묘한 숨은 의도가 깔려 있다. '예술을 위한 예술'과 '나는 이 일을 나 자신을 즐겁게 하기 위해서만 하고 있다. 다른 사람의 의견을 고려할 필요는 없다'는 외침은 매우 오래전부터 들려왔는데, 주로 유력한 엘리트들이 (가장 큰 연단과 가장 많은 청중을 가진) 자신들은 소수

자의 목소리를 고려할 필요가 없다며 그런 이유를 내세웠다. 이것은 우리에게 여러 세대에 걸쳐 같은 유형의 이야기를 쓰는 같은 유형의 작가들—늙고, 백인에, 이성애자에, 남성인 작가들—을 선사해주었다.

• • •

다양한 이야기가 말해져야 하고 평가되어야 하며, 거기에는 여성 영웅의 여정에 기대는 것과 폭넓은 독자들에게 호소하는 새로운 목소리들을 강조하는 것도 포함되어야 한다.

나는 소설 작가들이 상업적인 이유에서뿐만이 아니라, 현대의 문화 서사를 제공하는 사람으로서의 의무를 지니고 있기 때문에 마땅히 청중들을 고려해야 한다고 믿는다.

나는 상업 장르 소설을 쓰고 있으며, 거기에 관심을 갖고 있다. 그것은 내가 내 독자들과 그들의 욕망을 고려해야 하고 고려하고 싶으며, 그렇지 않으면 나는 책을 팔지 못할 거라는 뜻이다. 하지만 나는 또한 내 책이 대중들에게 감정적인 영향을 주기를 원한다. 내 경우에, 나는 온기와 희망을 영원히 주고 싶다.

나는 여성 영웅의 여정을 통해 내 독자들에게 가장 잘 가닿을 수 있으며, 그들은 내가 생계를 이어갈 수 있을 정도로 충분히 내 책을 사줌으로써 이 방식이 그들에게 잘 통한다는 것을 알게 모르게 거듭 말해주었다(나는 이것이 모든 직업 스토리텔러의 궁극적인 목표이기를 바란다). 그러면서 나는 여성 영웅 여정이 그들이 갈망하는 것임을 점점 더 깨닫게 되었다. 왜냐하면 여성 영웅 여정의 지침은 '연결'이며, 그것은 위안으로 이어지기 때문이다.

• • •

우리 주변의 세계와 대중문화는 말할 것도 없고, 독자의 욕망을 더 잘 이해하는 것에 더해, 여성 영웅의 여정을 알면 글쓰기 '기술'에 세 가지 심오하고 '구체적인' 영향을 줄 수 있다.

❶ 우리가 독자의 기대를 더 잘 관리하도록 도울 수 있다.
❷ 이야기 중간에 생긴 라이터스 블록을 해결하도록 도울 수 있다.
❸ 독자에 대한 배신을 방지하도록 도울 수 있다.

나는 이 세 가지 구체적인 영향을 전부 살펴볼 것이며, 작가들이 이와 연결된 함정을 피하도록 도우려 한다.

독자의 기대
서사는 권력을 가진다

만약 당신이 양쪽 여정의 좋은 점과 나쁜 점을 안다면, 그리고 당신이 어느 쪽을 쓰고 있는지 안다면, 당신은 당신의 독자와 청중의 기대를 다룰 힘을 갖고 있는 셈이다.

소설 작가로서, 우리의 주요 기능은 재미있는 이야기를 잘하는 것이지만, 두 번째 목표는 가능한 한 모든 방법으로 독자의 기대를 관리하는 것이어야 한다. 편의를 위해 '독자'라는 이름을 사용할 테지만, 시나리오 작가나 오디오 애호가 여러분을 위해 말하자면, 이 단어는 '관객', '시청자', '청취자'도 의미한다는 것을 알아주기 바란다.

독자의 기대를 관리하기

그러면, '독자의 기대를 관리하기'란 말은 무엇을 뜻하는가?

자, 기본적으로 이것은 스토리텔러가 사람들의 관심을 유지하고 몰입 경험을 향상시키는 방법이다. 그렇다, 플롯과 페이스가 중심 역할을 한다. 그러나 우리가 접근할 수 있는 도구는 그것들만은 아니다.

여러분 중 몇 명이나 스릴 있는 액션을 보면서도 인물들이나 드라마에 전혀 몰입하지 못한 적이 있는가? '분명 즐거워야 하는데 그렇지 않았고, 왜 그런지는 잘 모르겠다'는 그 이상하고 괴로운 느낌.

(여성 영웅의 여정이건 남성 영웅의 여정이건) 서사의 핵심적인 특징은 당신 이야기의 중심 **뼈대**(의도적이건 아니건 간에)이며 독자들에게 문화적으로 고유한 무의식적인 복선을 제공한다.

당신은 어떤 한 여정으로 보이게 한 다음에 그것을 뒤틀어 다른 여정으로 만듦으로써 독자를 완전히 농락할 수 있다—이것이 당신이 독자에게 할 수 있는 가장 좌절스러운 일이라는 것을 깨닫고 있다면 말이다.

다른 말로 해서, 만약 당신이 여성 영웅의 여정을 이야기하고 있다면, 모든 장르나 하위 장르에 대한 기대와 별개로 독자들은 그 여정에 대해 일정 정도의 기대를 갖게 된다. 예를 들어, 로맨스 소설에 대한 기대에는 해피엔딩이 들어 있다. 당신 책의 표지와 광고 카피에 해당 하위 장르에 맞는 기대치를 전달하는 트로프나 원형을 보여줄 수도 있다. 예를 들어, 초자연적 로맨스에는 뱀파이어 애정 상대라든지, 현대 로맨스에서는 억만장자 남성 영웅이라든지 하는 식으로 말이다.

하지만 당신이 여성 영웅의 여정을 쓰고 있을 때(만약 당신이 로맨스를 쓴다면 당신은 여성 영웅의 여정을 쓰고 있다), 당신은 독자가 분명하게 이름 붙일 수는 없지만 '여성 영웅의 여정이 깔려 있기 때문에' 갈망하는 다른 무의식적 주제들도 내보이고 있다. 만약 이 주제들이 소홀히 다루어지거나, 제대로 발전되지 않거나, 아예 없다면, 독자는 그 결핍을 느끼고 아마 나쁜 서평을 쓸 것이다. 혹은 더 나쁘게는, 스토리텔러로서의 당신에 대한 믿음을 잃고 그 이후부터 당신의 작품을 쳐다보지도 않을 것이다.

여성 영웅의 여정을 더 섬세하게 활용한다면 독자에 더 나은 경험을 줄 수 있을 것이다. 해피엔딩뿐만 아니라 연결이나 가족이나 결합과 같은 주제, 도움을 요청하고 받기, 동기간의 애정(혹은 배신) 등등—이 모든 것은 사실 내가 지난 여러 페이지 동안 되풀이해온 여성 영웅의 하강, 탐색, 상승의 표지들이다.

이것은 당신이 부르고 있는 노래의 박자나 심지어 멜로디도 아니며, 더 깊고 더 근본적인 것이다. 그것은 음악의 개념 그 자체이고, 리듬과 목소리가 어떻게 결합해 다른 사람에게 몰입하는 경험을 주느냐이다. 이런 토대 없이는, 당신의 이야기는 창조되는 동안 창작자인 당신과 공명하지 못하고 죽어버릴 것이고, 아니면 독자들을 견인하지 못할 것이다.

기대가 충족되지 못할 때 독자는 결말에 만족하지 못할 것이고, 이야기 전체를 돌이켜볼 때도 만족하지 못할 것이다. 그들은 책에 화를 낼 수도 있고, 또 저자에 화를 내는 일도 잦다. 그 혹독한 영향은 그저 그 책의 서평, 인기, 판매에만 그치지 않는다. 독자들은 같은 작가가 미래에 쓸 다른 책들에게도 혹독할 수 있다.

  알겠지만 이런 작가는 독자가 그 작가의 스토리텔링 능력에 대해 가졌던 신뢰를 깬 것이다. 독자들은 이를 좀처럼 용서하지 않을 것이다.

감정적인 후크와 라이터스 블록
독자들이 원하는 것을 아는 법

그러면 서로 다른 여정의 독자들은 어떤 감정적 울림을 찾고 있는가? 우리는 스토리텔러로서 어떻게 하면 독자들에게 그들이 진정으로 욕망하는 것을 주는가?

남성 영웅 여정의 독자들이 원하는 것은 무엇인가?

남성 영웅 여정을 쓴 책들은 이럴 때 서평과 블로그에서 독자들이 긍정적으로 묘사한다.

- 스릴 있을 때
- 드라마틱할 때
- 거칠 때
- 강인할 때
- 폭력적일 때
- 하드보일드할 때
- 선정적일 때
- 짓궂을 때
- 가슴이 두근거릴 때

- 속도감 있을 때
- 신랄할 때

이 감정 가득한 단어(나는 가끔 그것들을 '후크'라고 부른다)들과 독자층의 일반적인 톤으로부터, 나는 남성 영웅 여정의 독자들이 주로 찾고 있는 것이 바로 이거라고 결론지어도 안전할 것 같다.

흥분.

이런 책을 쓰는 작가들의 예로는 이언 플레밍, 레이먼드 챈들러, 그리고 리 차일드 같은 이 스타일의 현대적인 후계자들이 포함된다. 판타지와 SF에서는, 프랭크 허버트와 로버트 하인라인부터 브렌트 위크스와 앤디 위어까지 다양한 범위를 아우른다.

여성 영웅 여정의 독자들이 원하는 것은 무엇인가?

여성 영웅 여정을 쓴 책들은 이럴 때 서평과 블로그에서 독자들이 긍정적으로 묘사한다.

- 섹시할 때
- 달콤할 때
- 마음을 따스하게 할 때
- 매력적일 때

- 우스울 때
- 재치 있을 때
- 차분할 때
- 고요할 때
- 즐거울 때
- 중독성이 있을 때
- 로맨틱할 때
- 감상적일 때

이런 단어들과 그들이 사랑하고 찾는 것(당신 자신의 것을 포함하여)을 묘사하는 독자들의 일반적인 톤으로부터, 나는 여성 영웅 여정의 독자들이 주로 찾고 있는 것이 바로 이거라고 결론지어도 안전할 것 같다.

위안.

독자들은 페이지 위에서 우정과, 호감 가는 인물들과, 해피엔딩을 찾기를 바라며 그를 통해 이야기 자체에서 위안을 얻는다. 동시에 그들은 이야기의 기본적인 패턴이 예측 가능하다는 점에서도 위안을 얻는다. 이를 위해 작가는 특정한 트로프나 원형, 주제와 긍정적인 메시지들을 반드시 충족시키거나 적어도 그것을 어느 정도 반영해야 한다.

다른 말로 하면, 우리는 우리가 쓰는 '글'과, 우리가 그것을 쓰는 '방식' 양쪽 다에 위안이 나타나기를 바란다.

이런 책을 쓰는 작가들 예로는 제인 오스틴, 조젯 헤이어, 비벌리 젠킨스, 그리고 로맨스의 여왕 노라 로버츠가 있다. 판타지와 SF에서는, 당신은 메르세데스 래키, 앤 맥카프리, 로이스 맥마스터 부졸드, 나오미 노빅을 발견할 것이다.

이것이 라이터스 블록에 어떻게 도움이 되는가

스토리텔러로서, 우리의 시점 인물이 어떤 서사 여정 위에 있는지, 그리고 각 여정의 함정이 무엇인지 아는 것은 독자의 기대를 관리하는 데만 깊은 도움이 되는 것이 아니라, 우리에게 라이터스 블록을 피하도록 돕는 유용한 도구들을 줄 수 있다.

만약 당신이 남성 영웅의 여정을 쓰고 있는데 벽에 부딪혔다면? 당신의 남성 영웅은 아마도 자신을 움직이게 하고 고립시키는 결정을 할 필요가 있을 것이다. 그것이 그가 서사적으로 의미 있는 것을 성취할 유일한 방법이다. 그는 목표가, 퀘스트가 필요하고, 이 임무를 성취할 수 있는 유일한 사람으로 그를 정의할 수 있는 강력한 능력이 필요하다.

또는 당신은 그에게 유혹을 접근시킬 수 있다. 유혹하는 여성을, 또는 위험한 상황을. 그를 폭탄이 터질 예정인 군중 속에 넣어라. 그의 적이 그를 함정에 빠뜨리려고 시도하게 하라(즉 그를 가만히 붙잡아두게 하라).

또는 이 파트의 시작 부분에 있는 감정적인 단어들로 돌아가서, 독자들이 이 여정에서 추구하는 것을 다시 살펴볼 수도 있다. 흥분 말이다.

여성 영웅의 여정을 쓸 때 플롯의 난관을 해결하는 데도 같은 전술이 들어맞는다. 당신의 여성 영웅이 어딘가에 갇혔는가? 도움이 될 만한 인물을 도입하거나, 새로운 친구를 만들거나, 변장을 하게 하거나, 주인공이 친구들에게 임무를 나누어주게 하거나, 당신의 인물이 전문가와 상담을 하게 하거나, 그녀에게 새로운 패밀리어나 사이드킥(아니면 변태)를 주거나, 그녀의 여정을 돕거나 방해할 남성 영웅을 등장시켜라. 그의 목적은 자연스럽게 그녀의 목적과 긴장을 빚을 것이다.

그녀의 여정이 어디쯤인지(하강인가, 탐색인가, 상승인가?) 살펴보고, 기본으로 돌아가라. 신화들을 살펴보라. 신화들은 당신을 안내하고 (내 생각에는) 끝없는 선택지를 제공할 것이다.

당신의 애정 상대를 열네 조각으로 나누어 나일 계곡에 뿌려라…… 물론, 은유적으로 말하는 것이다. 내 생각으로는, 가짜 남근, 새로운 아기, 죽은 시체의 부활은 어떤 플롯에도 기적을 일으킬 것이다. 굶주린 물고기는 말할 것도 없다.

당신의 독자의 감정적 기대를 다시 살펴보라. 긍정적인 서평들에서 사용된 감정적인 단어로 돌아가면 작가로서의 당신에게 도움이 될 수 있다. 당신이 글을 쓸 때 겪는 덜컹거

림을 극복하게 해주는 한편 다음에 쓸 것을 선택하도록 이끌어줄 수도 있다. 그런 단어들을 이용해서 당신의 작품이 완성된 후 어떻게 그것을 홍보할지, 어떻게 그것을 표지 글에 쓰거나 편집자, 에이전트들에게 이야기할지, 어떻게 판매하거나 마케팅할지 결정하라.

작가들을 위한 팁

만약 당신이 한 권 이상의 책을 냈다면, 자신의 책에 대한 독자의 긍정적인 서평을 보고, 독자들이 당신의 작품에 어떤 용어들을 사용하는지 살펴볼 수 있다. 또는 지금 시장의 구체적인 사정을 알아내기 위해 당신이 쓰는 하위 장르의 베스트셀러들을 살펴보라.

내가 쓴 책들은 '매력적이고' '재치 있다'는 말을 들을 때가 많다. 그래서 나는 내 독자들에게 장르와 상관없이 매번 매력적인 재치를 선사하려고 한다. 그리고 위안, 언제나 위안이다.

당신이 할 수 있는, 도움이 되면서도 비교적 간단한 연구 방법은 당신이 쓰고 싶은 하위 장르를 가능한 한 좁게 잡고—현대 게이 로맨스 서스펜스, 역사 버디 형사물, 코지 미스터리, 뭐가 되었든—거기에서 상위 열 권의 책을 골라서 그 책들의 별 다섯 개짜리 서평 몇 개를 읽어보는 것이다. 우리에게는 다행히도, 비전문가들의 서평은 대부분 책의 플롯을 되풀이한 후(이 조사에는 중요하지 않다) '그들의 감정적인 반응'(진짜 매혹적인 부분)을 말하는 데 집중하고 있다.

특히 쓸모 있는 것은 바로 이 두 번째 부분이다.

- 그들이 어떤 단어를 사용하는가?
- 그 단어들이 당신의 작품에 적용될 것인가?
- 자기 자신에게 솔직하라. 이것은 배울 기회이고 수정할 수 있는 기회이다.

이런 감정 단어들을 생각해보고 당신의 책에 적용되는지 판단한 다음 당신의 마케팅 문구에 사용해도 완전히 유효하다. 나는 언제나 에세이를 쓸 때의 오래된 기교를 사랑한다. '당신이 무엇을 말할지 먼저 말하고, 그것을 말하라. 그다음에 당신이 말한 것을 말하라.'

내가 앞에서 말했듯이, 이것은 소설에서 성적인 장면이나 음담패설을 다룰 때도 매우 효과적이다. 당신의 인물들이 하고 싶은 것에 대해 서로 이야기하게 만들고, 그렇게 행동하게 하고, 그다음 그들이 한 일에 대해 서로 이야기하게 하라. 이러면 스토리텔러인 당신은 동의, 행동, 열렬함을 모두 하나의 멋진 포장으로 감쌀 수 있다. 그건 아주 맛있다.

나는 독자들로부터 감정적으로 긍정적인 단어들을 모으는 이 기법이 책의 표지 글, 홍보, 광고에 매우 효과적이라는 사실을 깨달았다. 솔직히 말해서, 대부분의 작가에게 자신을 홍보하는 일은 힘들다. 자, 어느 쪽이든 당신이 쓰고 있는 여정이 이 무거운 짐을 당신을 위해 들어주고 있다—그것은 당신에게 내러티브 비트들의 방향뿐만 아니라 감정적인 반응을 향한 방향도 가리켜줄 수 있다. 그리고 정말이지, 당신이 글을 쓴다면 당신이 독자들 안에서 불러일으키고 싶은 게 그것 아닌가? 감정적인 반응 말이다.

그러므로, 당신의 장르에서 가장 인기 있는 책들을 묘사할 때 서평자들이 사용하는 감정적인 단어와 형용사를 살펴본다면, 당신은 자신이 쓰고 있는 것을 더 잘 알 수 있을 뿐 아니라, 어떤 경우에는 이런 단어들을 당신의 책에서 중심점(플롯과 페이스 둘 다)을 안내하는 데 이용할 수 있다. 여기에는 당신 주인공의 행동, 태도, 선택들도 포함된다.

라이터스 블록이여 잘 가라.

예를 들어, 이런 단어들은 당신이 쓰고 있는 이야기가 원래 생각한 장르에 진짜로 잘 맞는지 판단하는 데도 도움이 될 수도 있다. 만약 당신이 계속 마주치는 단어들이 실제로는 전혀 당신의 책을 묘사하지 못한다면, 당신은 잘못된 장르나 하위 장르, 아니면 심지어는 잘못된 영웅의 여정을 쓰고 있는 것이다.

이미 이야기했듯이, 특정 장르와 하위 장르들에서는 하나의 여정이 다른 여정보다 더 지배적일 수 있다. 또는 당신의 책은 이중 서사처럼, 두 가지 여정의 혼합을 잘 이용하고 있을 수도 있다. 그러면 당신은 여러 등장인물들이 있는 작품에서 감정적인 속성과 형용사를 하나의 인물이나 다른 인물에 적용함으로써 이상적인 독자층에 더 잘 다가갈 수 있다.

독자를 배신하지 않기
또는, 독자가 당신의 책을 벽에 내던지지 않게 하기

나는 작가들이 뭐 그러하듯이, 우리 도시의 다양한 카페에 간다. 새로 연 카페에 가보기를 좋아하고, 거기에 내가 특히 먹거나 마시고 싶은 것이 있는지 본다. 어느 날, 나는 분위기 좋고 음료수도 훌륭한 새로운 카페를 발견했지만, 음식이 맛있을지는 확신할 수 없었다.

나는 배가 고팠기 때문에, 샌드위치를 주문하기로 했다.

엄청난 실수였다.

자, 그곳 메뉴에는 루벤 샌드위치가 있었다. 내가 제일 좋아하는 샌드위치 중 하나고 전통적으로 여기에는 다섯 가지 기본 재료가 들어간다.

- 콘비프
- 스위스 치즈
- 사우어크라프트
- 러시안 드레싱
- 호밀빵

내가 서빙받은 것은 이렇다.

- 파스트라미
- 아메리칸 치즈
- 캐러멜라이즈된 양파
- 마요네즈
- 사워도우 빵

때때로 루벤 샌드위치에 콘비프가 아니라 파스트라미가 들어갈 수 있다는 것은 인정한다. 심지어 때때로 러시안 드레싱 대신 사우전드 아일랜드를 쓸 수 있다는 것도 인정한다. 하지만 내가 서빙받은 것에는 오직 하나의 (아슬아슬한) 공통 요소, 파스트라미만 있었다. 이건 루벤이 아니고, 파스트라미 혼합물이었다.

샌드위치가 나왔을 때, 나는 맛을 보지 않고도 그것이 호밀빵이 아니라는 것을 알 수 있었다. 나는 즉시 맞는 샌드위치를 가져왔느냐고 물었다. 그들은 이 카페에서는 루벤 샌드위치를 사워도우 빵으로 만든다고 말했다.

그거 괜찮은 거야?

그다음, 내가 한 입 깨물었을 때 쏘는 맛이 나지 않고, 크리미한 맛만 났다. 나는 일어서서 그 샌드위치를 카운터로 도로 가져갔다. 솔직히 너무 혼란스러웠다. 내가 느끼는 문제점을 전부 이야기했다. 내가 맞는 샌드위치를 받은 게 확실한가? 그렇다. 그렇지만 크라우트는 어디 갔나? 스위스 치즈는? 진짜 루벤을 만드는 모든 것은?

나는 '자기들이 루벤 샌드위치를 만드는 방식은 이렇다'는 말만 들었다.

나는 음료수를 다 마셔버리고, 샌드위치는 먹지 않고, 허망하고 슬프고 인생에 실망한 기분으로 떠났다. 그리곤 그 카페에 절대로 다시 가지 않았다.

자, 여러분, 이것이 바로 독자에 대한 배신의 음식 버전이다.

나는 내가 곧 소비하게 될 것이 어떤 것이라고 믿었다. 나는 심지어 겉모습이 어떻든 계속 먹어보라고 설득당했다. 그것은 결국 내가 예상한 것과는 아무 상관도 없었다.

전혀 없었다.

독자에 대한 배신은 여러 형태를 가질 수 있다. 그 근본은, 독자가 읽고 있는 책이 완전히 예기치 못한 뭔가를 '나쁜' 방향으로 할 때 독자가 갖는 느낌이다. 예를 들어, 그들이 로맨스라고 생각하고 집어 든 책이 해피엔딩이 없을 때처럼. 때때로 그것은 표지나 표지 글(또는 영화나 TV의 경우 예고편이나 포스터)의 잘못이고 때로는 이야기 구조의 결함 때문이다. 그 처음 몇 가지는 우리 작가들이 언제나 통제할 수 있는 것은 아니다.

그러나 자, 이야기는 작가의 영역이다. 또한 작가의 책임이다.

• • •

우리는 책 뒤표지의 소개 글, 제목, 처음 몇 부분에서 우리의 독자들에게 약속을 한다. 이것들은 독자가 우리 글에서 처음 먹어 보는 부분이고, 그들은 그 풍미를 통해 계속 읽을지, 그 책이 그들을 위한 책인지 알게 될 것이다. 가끔 그들은 책을 내려놓고 가버릴 것이다. 그 책이 그들을 위한 책이 아니라고 판단했기 때문이다. 말하자면, 그것은 그냥 그들 취향의 샌드위치가 아닌 것이다.

하지만 더 나쁜 것은, 훨씬 더 나쁜 것은, 독자들이 한 여정을 따라가고 있거나 한 장르를 읽고 있다고 생각하고 있고, 우리가 쓴 모든 것이 그들에게 그런 기대를 갖게 했는데…… 그것이 전혀 그런 종류의 책이 아닌 것으로 밝혀졌을 때이다. 그것은 그저 어깨를 으쓱하고 잠시 실망하는 정도로 그치지 않으며, 독자에 대한 진정한 배신이다.

만약 운이 좋다면, 그들은 당신에게 별 하나짜리 서평을 남길 것이다. 만약 운이 나쁘다면, 그들은 자신의 모든 친구들에게 당신을 헐뜯고, 당신이 쓰는 어떤 것도 다시는 읽지 않는다.

독자를 배신하는 이야기란 무엇인가

당신이 책을 읽거나 TV 시리즈를 보고 있을 때 완전히 행복해하고 있다가, 갑자기 플롯에서 뭔가가 바뀌는 바람에, 무거운 물건을 던지고 싶은 순간이 있잖은가?

그것이 독자에 대한 배신이다.

왜 독자에 대한 배신이 일어나는가?

- 이야기 구조 속에 결함이 있을 때가 많다. 당신이 책을 읽고 있는데, 작가가 갑자기 뛰어들어서 그것을 다른 이야기로 바꿀 때다. 그것은 작가의 잘못이다(이것은 내가 '비명 지르며 던지기' 시나리오라고 부르는 것이다).
- 또는 독자의 기대 속에 있는 결함 때문일 수도 있다. 표지와 책 표지 글이 다른 말을 하고 있는데도, 독자는 자기가 어떤 종류의 책을 읽고 있다고 생각했고, 어쨌든 계속해서 읽었다. 그건 우리 작가들이 통제할 수 '없는' 것이다.

독자에 대한 배신을 피하는 가장 좋은 방법은?

당신의 서사 여정이 무엇인지 알고, 당신이 어떤 여정을 쓰고 있는지 또는 정확히 어떻게 여정들을 결합하고 있는지 알고, 당신이 자리 잡고 있는 장르나 하위 장르의 기대치를 알아라.

포스트 아포칼립스 YA 남성 영웅의 여정(<다이버전트>,

2011)은 포스트 아포칼립스 YA 여성 영웅의 여정(<헝거 게임>, 2008)과 많이 달라 보일 것이다. 둘 다 포스트 아포칼립스 성장 소설 독자의 욕망에 맞는 원형과 트로프를 충족시켜야 할 테지만, 그들은 각자의 여정에 바탕을 둔 서로 다른 서사 요소를 갖게 될 것이다.

본질상, 여성 영웅 여정의 서사를 따를 때 독자에 대한 배신 중 가장 큰 형태는 갑자기 고독 속의 성공을 강조하는 플롯으로 전환하거나, 여성 영웅이 갑자기 복수심에 불타는 폭력적이고 고독한 남성 영웅이 되는 인물 전환이다.

여성 영웅 여정의 독자는 대안 가족의 감각과 위안을 추구한다. 그들은 연결과 통합, 우정과 사랑(플라토닉이든 다른 방향이든)에 굶주려 있다. 만약 그들이 당신의 주인공이나 심지어 작가의 목소리가 이것을 더 이상 믿지 않는다고 느낀다면, 혹은 당신의 서사가 도덕적으로 '좋은' 것의 반대에 방점을 두고 그쪽으로 그들을 이끌어간다면, 그들은 스토리텔러인 당신에게 화를 낼 것이다.

독자들은 이야기에서 어떤 일이 벌어지고 있는지 확실하게 말할 수 없을지도 모르지만, 엄청나게 화를 낼 것이다.

<배틀스타 갤럭티카> 리부트(2004)는 특히 흥미로운 연구 사례이다. 사실상, 그것은 여성 영웅의 여정으로 시작했다. 결국, 핵심 인물인 로라의 영원한 외침은 '집을 찾고, 살아남고, 함께 있는 것'이 아닌가. 거기에는 있는 그대로 인구수가

적힌 게시판이 있는데, 그것은 증가하는 연결의 물리적 표상이다. 처음 몇 시즌 동안 <배틀스타 갤럭티카>는 통합, 화합, 그리고 함께 있는 것이라는 주제들을 탐구했다. 그러고 나서 그것은 뒤틀려서 전투 속 개인의 미화, 예언, 사생활, 배신, 단독의 탁월함으로 가득 찬 남성 영웅의 여정이 된다. 나는 이것이 마지막 시즌의 완성도에 영향을 미친 이유 중 하나라고 주장한다. 우리는 한 서사를 따라가도록 유도되었지만, 그것은 다른 서사가 되었고, 자기가 어디 있고 무엇을 하고 있는지 잊어버리더니, 흐지부지되었다.

여성 영웅 여정의 뼈대를 알고 따라가면, 작가는 독자의 기대를 관리하고 배신당했다는 느낌을 막을 수 있다. 당신의 특정 하위 장르에 필수적인 트로프와 원형을 적용하라. 그러면 당신은 독자들에게 그들이 상업 소설에서 진정으로 원하는 것, 당신만의 독특한 목소리와 전반적인 스타일에 대한 접근 방식과 결합된 익숙한 리듬을 줄 수 있다. 독자들은 당신 곁에 머물고 더 많은 것을 찾아 계속 당신에게 돌아올 것이다. 그들은 이런 종류의 안도감과 깊은 만족감을 당신과 연관 지을 테니 말이다.

말하자면, 당신은 유명한 레스토랑이 될 것이다.

• • •

내가 말하는 것은, 최고의 루벤 샌드위치를 만들되, 물론 당신만의 독창적인 변형을 가미하고, 꼭 해야 한다면 한두 가지 요소를 바꾸라는 것이다. 하지만 만약 당신이 그것이 루벤 샌드위치라고 말하려면, 실제로 그 샌드위치가 루벤이어야만 한다.

만약 그들이 당신의 루벤 샌드위치를 좋아하지 않는다면, 그들은 당신의 독자가 아니다.

하지만 만약 당신이 루벤 샌드위치를 약속했는데 당신이 가져다준 것이 이상한 파스트라미 혼합물이라면?

그들은 나가서 다시는 돌아오지 않을 것이다.

당신은 당신이 어떤 여정을 사용하고 있는지, 어떤 장르에 당신이 속해 있는지 잘 파악하고 이를 바탕으로 당신의 독자들에게 약속을 하면 가장 좋은 메뉴를 내놓을 수 있을 것이다. 그럴 때만 당신은 당신의 청중들을 만족시킬 것이고, 당신의 목소리를 신뢰하는 독자들을 얻어 작가 브랜드를 구축하기 시작할 것이다.

CHAPTER 10

여성 영웅 이야기를 쓰는 법

비트를 두드리기

　이 부분에서 우리는 '정확히' 당신이 무엇을 써야 여성 영웅 여정의 내러티브 비트들을 명중시킬 뿐만 아니라, 독자를 만족시키고, 그들이 궁극적으로 당신의 작품에 꼼짝없이 사로잡힐 것인가를 깊이 탐구할 것이다.
　나는 나의 모든 비밀을 펼쳐 보일 것이다. 오래 살아남고 사랑받고 독자와 팬과 때로는 동료 작가까지도 사로잡을 수 있는 여성 영웅의 여정을 쓰기 위해 당신이 할 수 있는 실질적인 일들을 알려주겠다.

● ● ●

　먼저, 마지막으로 한 번 더 열심히 말하면 여정의 비트들은 다음과 같다.

여성 영웅 여정의 비트들

하강
- 깨진 가족 네트워크
- 간청이 무시되고 권력을 포기함
- 원치 않는 물러남
- 도움의 제공은 있지만 해결책은 없음

탐색
- 상실은 고립/위험을 뜻함
- 변장/전복
- 대체 네트워크 형성
- 동료들의 도움을 받아 지하 세계 방문

상승
- 성공은 새로운/다시 태어난 가족 네트워크를 뜻함
- 그녀는 위임, 네트워킹, 의사소통, 일과 성공을 나누어주는 데 탁월함
- 그녀의 협상과 타협은 모두를 이롭게 함
- 복수와 영광은 중요하지 않음

기억하라, 이 비트들이 당신의 이야기 윤곽일 필요는 없다. 이는 서사의 뼈대를 구축하는 법을 안내하는 가이드이다. 당신이 이것들을 하나하나 다 맞출 필요는 없다.

이것들은 플롯을 향한 지침이지, 꼭 플롯 자체는 아니다. 이 비트들이 반드시 제시된 순서대로 나와야 되는 것은 아니며(인안나를 보라) 동일한 비중을 가질 필요도 없다. 또 이것들이 되풀이될 수도 있다.

요소들은 순서에서 벗어나 나타날 수도 있다(또는 몇 개는 아예 안 나타날 수도 있다). 그래도 그 기준들이 일관성을 유지하는 한 당신의 이야기는 여전히 여성 영웅의 여정일 것이다.

당신 주인공의 성공이 네트워킹에 달려 있는 한, 그녀의 힘이 도움을 요청하는 데 달려 있는 한, 여성 영웅의 여정에서 당신이 사랑하는 모든 것들이 당신 책에 있는 한, 그 책은 바로 그 요소들을 사랑하는 청중들을 찾아내고 그들을 당신, 곧 저자에게 인도할 것이다.

좋아, 그러면 우리는 그것을 정확히 어떻게 작동시킬까? 내가 그 방법을 세어보겠다. 열 가지 방법이 있다.

여성 영웅에게 동료들을 주기

스토리텔러의 입장에서, 여성 영웅 여정의 가장 중요한 신호 표지는 당신의 주인공에게 많은 친구들을 확실히 주는 것이다. 진정한 친구들, 사랑스럽고 다정한 동료들. 깊이를 가진 복잡한 친구들, 가끔 길을 잃기도 하지만 언제나 돌아오며(때로는 즉각적으로, 때로는 이야기의 결말에 이르러서야), 힘닿는 대로 도우려고 하는 친구들.

간단히 말해서, 그들은 존재 그 자체로 여성 영웅을 '여성 영웅답게' 강화하는 행동을 한다.

당신은 친구들뿐만 아니라, 지인, 패밀리어, 사이드킥, 동물 동료, 도움을 주는 존재, 원조자, 스승 등등으로 당신의 우주를 채울 수 있다.

여러 명의 호감 가는 인물들

만약 당신이 여성 영웅의 여정을 쓰고 있다면, 여러 명의 호감 가는 인물들을 쓰는 것이 절대적으로 중요하다.

이것의 가장 좋은 예시 중 하나는 해리 포터 프랜차이즈의 위즐리 가족이다. 물론, 론은 해리의 가장 좋은 친구이자 사이드킥(그리고 코믹 릴리프* 인물일 때가 많다)이다. 시리즈가 전개되면서, 나머지 위즐리 가족들도 해리의 여정에 중요해진다. 그들은 계속 코믹 릴리프로 남아 있지만, 필요할 때마다 다재다능하고 신체 튼튼한 동료이자 조력자로 활약한다. 그들의 가족적인 행복의 순간들(휴일, 결혼식, 선물로 주는 못생긴 스웨터들)은 해리를 받아들이는 방향으로 움직이며, 그를 향해, 그와 함께, 그를 위해 그들의 연결을 더 증진한다.

독자들은 위즐리 가족의 구성원들이 앞에 나서서 해리를 보호하고 도와주는 순간들을 기억하고 공감한다. 특히 위즐리 부인은 어머니 같은 인물로서, 독자들과 함께 호흡하는 강력한 역할을 맡는다. 마지막 전투에서 그녀의 순간들―지니를 지키고 아이를 잃는―이 그렇게 깊은 임팩트를 주는 이유는 그녀가 궁극적으로 여성 영웅의 가족적 연결, 연민, 보호, 사랑을 표상하기 때문이다. 이 대부분은 위즐리 부인이 해리의 지지 네트워크의 일원으로서 해리에게 얼마나 중요한지와 관련이 있다. 당신과 내가, 그리고 모든 독자들이 아는 바와 같이, 만약 해리가 위즐리 부인을 필요로 한다면, 그녀는 하늘과 땅 끝까지 그를 돕기 위해 갈 것이다. 그렇지만, 그녀는 전체 이야기에서는 아주 작은 역할을 맡은 인물이다.

---

* 코믹 릴리프(comic relief)는 이야기 속의 긴장을 풀어주는 유머 요소를 말한다.

스토리텔러로서, 당신은 이런 복잡하고 사랑스러운 조연들이 여성 영웅을 돕게 만들 뿐 아니라 서로서로 돕게 만듦으로써 그들을 더 강력하게 만들 수 있다(또한, 그들을 위험에 처하게 만드는 것은 당신의 독자와 여성 영웅의 동기에 강력한 스트레스 요인이 된다).

이 인물들이 당신의 주인공을 위해서만 존재하는 것이 아니라 그들 자신의 삶과 관심사가 있고, 그들의 도움이 당신의 여성 영웅이 필요할 때만 나오는 것이 아니라 그들의 타고난 성격의 일부라는 점을 보여주는 것이 중요하다. 그렇게 하면 그들에게 더 균형 있는 개성과 더 넓은 매력을 준다. 또한 독자들에게 공감할 수 있는 여러 캐릭터를 줌으로써, 비중이 적은 등장인물 속에서일지라도 독자들이 당신의 책 속에서 자기 자신을 볼 수 있게 한다.

특히, 책 속에서 나오는 건강하고 플라토닉한 우정은 독자들에게 귀하고 아주 특별한 선물이다. 건강하고 플라토닉한 우정이란, 서로를 지지해주는 성적인 의미가 깃들지 않은 신뢰를 말한다.

이성애자 남성과 이성애자 여성 사이의 우정, 동성애자 남성과 다른 동성애자 남성 사이의 우정, 동성애자 여성과 다른 동성애자 여성 사이의 우정, 그리고 각각의 모든 미묘한 차이들은 소설에서 드물지만, 매우 중요하다.

이들은 서로와 자고 싶어 하지 않으며, '절대로' 같이 자지 않을 것이며, 성적인 요소 없이도 굳건한 관계를 맺고 유지할 수 있는 인물들이다. 그들은 정신적이고 감정적인 친밀함을 보여준다. 이런 친밀함은 소설에서 자주 잊히거나, 성적 친밀함의 사소한 부분으로만 나타나는 것이다.

우정의 과도한 성애화는 남성 영웅 여정의 원형과 단단히 연결되는데, 그 여정에서 남성 영웅 서사 속 여성적인 것의 존재는(그리고 그와 함께 성적인 유혹은) 위협이고 거의 모든 상황에서 성애화된다. 이것은 섹스 가능성이 있는 관계의 중심 초점은 섹스가 '첫째'여야 하며 인물의 자율성은 훨씬 중요성이 떨어지는 둘째여야 한다는 지배적인 문화 개념을 우리에게 심어놓는다. 이야기가 남성 영웅 인물의 시점으로 전개될 때는 모든 관계에서 그들이 얻을 수 있는 성적 만족감에 초점을 맞추게 된다.

이와는 반대로, 성적인 것이든 아니든, 어떤 관계에서든 여성 영웅의 초점은 이럴 것이다. '내 친구의 강점과 약점은 무엇이며 우리는 서로를 어떻게 도울 수 있을 것인가?'

모든 친밀한 관계가 성적 끌림을 의식하며 부담을 짊어지고 있다는 생각을 지속시키는 것은 매우 해로우며, 또한 여성 영웅의 여정과 대립한다―당신이 로맨스의 맥락을 쓰고 있든 아니든 간에.

친구들은 충실하다

마찬가지로, 여성 친구들이나 절친한 친구들이 언제나 재미와 음모를 위해 배신을 하고 서로 뒤통수를 친다는 생각은 여성 영웅 여정의 주민들을 매우 괴롭힌다.

뒤통수 치기는 여성 영웅을 고립시키기 위한 수단으로 사용되지만, 그것은 남성 영웅의 관점에서 나오며, 영웅이 고립 속에서 성공한다는 생각을 깔고 있다. 또한 이것은 독자에게 당신의 여성 영웅 주인공에 대해 매우 해로운 이야기를 한다.

즉 '이 여성 영웅은 네트워킹의 관점에서 그녀 자신의 판단을 신뢰할 수 없다'는 생각을 퍼뜨린다.

이 개념은 여성 영웅의 정체성과 동기 부여의 핵심을 공격한다—의사소통과 네트워킹은 그녀의 **힘**이다. 여성 영웅 여정의 맥락에서, 친구의 배신, 특히 여성 친구나 자매애의 배신은 여성 영웅 자신의 정체성을 깎아내리고 하찮게 만든다.

당신의 독자들은 이런 부분이 나오면 배신당했다고 느끼고, 작가로서의 당신과 앞으로 당신의 주인공이 할 판단에 대해서 비슷하게 신뢰를 상실할 것이다. 친구가 여성 영웅의 뒤통수를 칠 때, 독자들은 공감을 하는 대신 그 친구를 미워할 뿐만 아니라 본능적으로 당신의 주인공도 의심하게 될 것이다.

그러므로, 그냥 플라토닉한 우정이 아니라 충실한 플라토닉 우정이 여성 영웅의 여정에는 극도로 중요하다.

여성 영웅을 성애화하기

이것은 좋은 섹스와 성적 관계가 여성 영웅의 선택지가 아니라는 말이 아니다.

결국, 로맨스 소설이 여성 영웅의 여정인 이유가 있다. 여성 영웅에게는 의문의 여지 없이 성적 결합이 감정적 지원과 연결, 그리고 권력에 대한 기회이기 때문이다.

그러나 요점은 그것이 친밀함에 다가가는 그녀의 **유일한** 길은 아니라는 것이다. 심지어 로맨스 소설에서도 그렇다.

대략 말하면, 여성 영웅의 여정을 쓸 때 우리의 서사는 친밀감의 긍정적 행동, 정보 교환, 그리고 권력의 모델로서의 인물들 사이의 우정에 달려 있다. 실용적으로 말해서, 이것은 대화와 사랑의 장면이 여성 영웅의 여정에서 더욱 많은 무게와 더 많은 페이지를 갖는 경향이 있다는 뜻이다.

당신이 묻기 전에 말하자면, 그렇다. 연결성과 관계를 강조하는 전투 장면을 쓰는 방법들은 확실히 존재한다. 전사들끼리, 전투에서 기사들끼리, 총격전 속의 카우보이들끼리, 전쟁 속의 군인들끼리 그런 관계를 보여줄 수 있다. 버디 형사 코미디가 그런 '물건'인 데에는 이유가 있다. 누가 전투에서 살아남고 어떻게 살아남는지, 그리고 폭력 속의 친밀함이 연결과 상호 성공에 대한 것인지 아닌지, 또는 영웅이 승리할 수 있게 하는 희생인지 아닌지 하는 구성법에 따라서 두 서사 유형이 구별된다.

여성 영웅의 여정 뒤에 있는 핵심 주제는 친구 관계가 성장, 앞으로 나아감(감정적, 정신적, 육체적으로), 그리고 여정에서의 성공을 위한 기회라는 것이다. 그것이 여성 영웅이 새로운 사람을 만날 때 가장 우선시하는 일이다―위협이나 경쟁이 아니라 관계의 가능성을 보기.

• • •

작가 비즈니스 관점에서, 당신의 여성 영웅을 위한 매력적인 조연, 친구, 연인, 가족을 만들면 가장 좋은 점 중 하나는 독자들이 가장 사소한 조력자조차도 사랑하게 되고, 더 많은 이야기를 달라고 외치리라는 것이다. 독자들은 사랑하는 주인공을 향해 빛나는 도움의 신호등처럼 조력자들을 바라본다.

그러면, 작가인 당신은 자신의 우주에 머물러 계속 글을 쓸 수 있고, 당신의 조연 중 하나를 다음 여성 영웅으로 바꿀 수 있다. 왜냐하면 이 서사의 맥락에서 최고의 조연들은 모두가 각자 자신의 여정 위에 있는 여성 영웅들이기 때문이다. 여성 영웅은 자기 동료들과 상호 이익이 되는 관계를 맺고 있기 때문에, 그 동료들은 그녀의 서사를 성공시키기 위해 죽거나 자신을 희생시킬 필요가 없다.

조연들은 그들 자신이 여성 영웅이 되어 계속 살아갈 수 있다.

이것은 작가들에게 아주 풍부한 먹거리이다. 독자와 팬들이 당신의 조연을 사랑하게 되면서, 그 조연들은 주인공이 되고 자기 자신의 책을 가지게 된다.

여기서 정직해지자. 나는 이 전제 위에 내 경력 전체를 쌓았다.

매력적인 집단을 정의하고 거기에 소속시키기

　독자들에게 매력적으로 느껴지는 개별적 조연들을 쓰는 것뿐만 아니라, 집단 역학도 여성 영웅의 여정을 성공적으로 실행하는 비결이다. 우리의 여성 영웅에게 집단은 자신의 여정을 더 나아가게 하는 연결과 정보 수집의 기회를 나타낸다.

　이 서사에서는 거의 언제나 가족(대안 가족이든 혈연 가족이든), 우정 그룹, 그리고 공유된 가치와 도덕 그리고/또는 윤리를 강조한다. 따라서, 어떤 동족의식이나 더 큰 전체의 맥락 안에서 집단에 속한다는 개념이 강조되어야 한다.

　이것이 실제로 작동한 환상적인 예시는 해리 포터 시리즈의 호그와트 기숙사이다. 진정 천재적 발명품인 이것은 그 시리즈의 학생 인물들에게 대안적 가족 그룹과 공유된 가치 체계를 줄 뿐만 아니라, 독자들이 명확하게 정의된 정체성의 범위 아래 서로 충성할 수 있도록 이끈다. 마법 체계, 학교, 세계, 또는 우주선(당신은 노랑 셔츠인지 파랑 셔츠인지, 아니면 빨강 셔츠인지*)에 속해 있는 인물들을 능력과 성격에 따라서 세부 집단으로 나누는 것은 대안 가족을 간단하게 나타내는 정형화된 방법이다.

독자들은 즉각 자신이 어디에 '속할지' 테스트해서 알아볼 수 있다. 그리고 그들이 여성 영웅의 여정을 읽는 이유는 부분적으로 소속감을 위해서이기 때문에, 이것은 몹시 만족스러운 경험이다. 결국, '소속됨'은 위안의 주된 원천이다.

만약 당신의 이야기 우주가 당신의 여성 영웅과 그녀의 친구들뿐만 아니라 당신의 독자들까지 포함시킬 수 있는 명확한 방법들을 기술한다면, 그것은 독자를 서사적 경험에 밀접하게 참여시킬 수 있게 된다.

예를 들어, 나는 독자들에게 자신의 '파라솔 보호국' 암호명을 고안할 수 있는 방법을 제공함으로써(당신이 가지고 있는 가장 가벼운 옷+가장 좋아하는 디저트) 그렇게 했다. 내 경력 초기에, 나는 독자들에게 자신이 늑대인간, 뱀파이어, 유령 또는 혼이 없는 존재인지 테스트하는 퀴즈를 제공했다.

여성 영웅의 여정은 이런 접근을 하기에 특히 쉽고, 비공식적인 퀴즈나 설문 조사를 제안하는 것도 당신과 당신의 독자에게 매우 재미있는 일이 될 수 있다. 자신들이 어디에 속하며 왜 그런지에 대해 팬 그룹에서 토론하는 것은 말할 필요도 없을 테고. 해리 포터 책들은 호그와트 기숙사로 자신들의 개성을 정의하도록 한 세대 전체를 변화시켰다.

* <스타 트렉>의 승무원 분류이다. <스타 트렉>에서 승무원들은 직책에 따라 다른 색상의 셔츠를 입는다. 노랑은 지휘관 계통, 파랑은 과학 및 의료 계통, 빨강은 보안 및 엔지니어 계통이다.

당신이 내 기숙사가 어디인지 묻기 전에 답하겠다.

나는 후플푸프 학생이 되고 싶고, 그리핀도르 학생처럼 행동하고 싶고, 래번클로 학생의 경력을 가졌지만, 아마 슬리데린 학생일 것이다.

알맞은 악당을 창조하기

우리의 여성 영웅을 도와주는 친구들과 조연 인물들에 대해서는 이야기했지만, 그녀를 좌절시키고 싶어 하는 인물들에 대해서는 어떨까?

여성 영웅에게 최고의 악당은 그녀의 지지 네트워크에서 그녀를 고립시키려고 작정한 자다. 결국, 여성 영웅의 여정 첫 번째 단계인 하강을 촉발하는 것은 바로 분리의 행위이다.

- 하데스는 페르세포네를 납치한다.
- 세트는 오시리스를 죽여서 조각을 내고 뿌린다.
- 악마들은 인안나를 바싹 따라다니며 희생을 요구한다(뭐, 인안나는 스스로 이런 일들을 자초한 감이 있지만, 당신은 내가 무슨 말을 하는지 알 것이다).
- 세상에, 볼드모트는 해리의 온 가족을 죽인다. 심지어 호크룩스도 해리의 우정 지지 시스템에 해를 입힌다.

그래서 당신이 악당들에 대해 쓸 때 그들이 당신의 시점 인물들을 서로 고립시키도록 시도하게 만드는 것은 아주 좋은 아이디어이다. 그들은 이 일을 물리적으로나 정신적으로, 감정적으로 할 수 있다. 예를 들어, 최고의 학교폭력 가해자는 또래 압력과 대화를 통해 여성 영웅의 친구들을 그녀에게서 돌아서게 만드는 자이다.

여성 영웅에게 자신의 사회적 네트워크를 자신에게서 돌아서게 만드는 것보다 더 사악한 일이 있을까?

볼드모트는 해리를 고립시키려고, 그를 다른 사람들에게서 갈라놓으려고 끊임없이 시도한다. 심지어 덤블도어가 계속해서 (겉보기에) 해리를 고립시키고 중요한 정보를 감추려는 행위는 독자가 그를 악당으로 의심하게끔 만들 수도 있다. 나는 덤블도어가 작품 속에서 남성 영웅 여정의 멘토를 표상하는 것인지 궁금할 때가 많다. 그는 계속 해리를 남성 영웅의 길 위에 놓으려고 하며, 자신은 멘토 역할을 맡으려고 하기 때문이다(물론, 그 결과 죽을 운명이다). 그런 환경에서는 해리를 고립시키려는 그의 시도가 해리를 억지로 남성 영웅이 되게 만들려는 시도로 보일 수 있다. 사실 해리는 여성 영웅의 여정에 있는 여성 영웅이기 때문에, 결코 혼자 그 여정을 가지 않으려 함으로써 덤블도어의 의도에 맞설 것이다.

여성 영웅의 여정 속에 있는 남성 영웅은 악당일 수 있다

이 여정의 작가로서, 당신이 나쁜 놈들을 가지고 할 수 있는 다른 재미있는 일들이 무엇이 있을까? 당신의 남성 영웅들을 악당으로, 악당을 영웅으로 변장시켜라.

여성 영웅 여정의 맥락 속에서, 남성 영웅 여정에 있는 남성 영웅은 자신과 다른 사람들에게 위험한 존재이며, 여성 영웅에게 위협일 것이다. 그녀의 서사 속에 있는 그의 존재는 복잡하고, 둘 다에게 위험하다. 그는 결국 복잡하지만 좋은 애정 상대가 될 수 있다—만약 여성 영웅이 그에게 자기 여정의 방식을 가르치고 그를 사랑, 연민, 타협, 네트워킹이라는 그녀의 서사로 방향을 전환시켜 구원할 수 있다면.

그는 유용한 친구도 될 수 있다. 이시스가 호루스를 그의 특별한 기술들에 맞는 퀘스트로 보내는 것처럼, 당신의 여성 영웅도 그녀에게 우호적인 이웃의 남성 영웅(가족 구성원이나 예전 연인일 수 있다)을 활동하게 만들 수 있다. 그러니까, 만약 그가 더 큰 선을 위해 자신을 희생하고 다른 사람들을 뾰족한 물건으로 후려치려고 결심한다면, 그녀는 그런 경향을 이용할 수 있을 것이다. 만약 그녀가 자신의 여정을 정말 잘 간다면, 그가 자살하거나 혼자 외롭게 죽는 것을 막을 수도 있을 것이다.

그는 훌륭한 비극적 애정 상대도 될 수 있다. 만약 그가 자기 길에서 방향을 전환하거나 구원받을 수 없다면, 그는 자기 자신의 목적을 추구하기 위해 비통하게 그녀를 떠나, 일몰 속으로 홀로 달려가 자신의 무기를 되찾고 적을 정복할 것이다. 이것이 당신의 여성 영웅이 하강을 시작하는 분리가 될 수도 있다.

반대로, 진정한 남성 영웅은 훌륭한 악당이 될 수도 있다. 그의 단독 행동 과정과 폭력을 통한 승리는 여성 영웅의 과정과는 정반대이다. 기억하라, 최고의 나쁜 놈은 자기가 좋은 목적으로 그 일을 한다고('그 일'이 무엇이든 간에) 생각한다. 때때로 그들은 정말 좋은 목적을 '갖고' 있기도 하다. 그들은 그것을 잘못된 방향으로 너무 멀리 밀고 나가고 있는 것뿐이다. 이 맥락에서, 잘못된 것은 여성 영웅의 주제들과 정반대인 모든 것이다.

어딘가 사로잡혀 있는 악당은 훌륭한 적이 된다.

잘 만들어진 나쁜 놈은 잘못된 여정에서 영웅처럼 행동하고, 네트워크로서 지원하는 대신 사람들을 움직여서 자기 자신의 승리를 위해 이용한다.

그는 심지어 여성 영웅의 필요에 맞출 수도 있다……. 잠시 동안은.

여성 영웅을 악행으로 타락시키기

나쁜 놈을 쓰는 다른 전개법? 당신의 여성 영웅을 악당으로, 당신의 악당을 여성 영웅으로 변장시켜라.

타락한 여성 영웅도 환상적인 적이 될 수 있다. 이제 무엇이 좋은 여성 영웅을 만드는지 당신이 더 잘 이해했으니, 그녀 반대편에 있는 인물의 행동 수칙이 무엇이어야 하는

지도 이해할 수 있을 것이다. 이기심, 폭력성, 배신, 외로움.

여성 영웅은 잘못된 이유로 올바른 일을 하거나, 올바른 이유로 잘못된 일을 하다가 타락할 수도 있다. 예를 들어, 연결을 추구하면서 아이를 납치하는 것이다. 여성 영웅은 자신의 네트워크가 부서짐으로써 미쳐버릴 수 있으며, 그 결과로 다른 사람의 네트워크를 훔치려고 시도할 수도 있다. 그녀는 연결을 너무나 갈망한 나머지, 다른 사람(연인, 아이, 가족, 친구)에게 속한 것을 빼앗는다.

만약 그녀가 네트워크를 만든 후, 배신의 아주 작은 조짐이라도 보일 경우 잘라내 버린다면, 그녀는 훌륭한 악당이다. 만약 그녀가 다른 사람의 역량을 파악하고 그에 맞춰 위임하기 위해 그들에게 부탁하는 것이 아니라, 다른 사람을 지배하고 무엇을 하라고 '말하거나', 그들을 조종해서 하게 만드는 데서 자신의 힘을 느낀다면, 그녀는 악당이다.

여성 영웅을 만드는 것과 같은 비트들이 여성 영웅을 악당으로 만드는 데 사용될 수 있다. 게다가 이것은 흥미로운 배경 인물을 만든다.

독자들은 그녀의 동기들에 공감하고 그 동기들을 이해할 수 있다. 그녀는 여성 영웅이 약간만 다른 성격을 가졌다면 될 수 있었던 존재의 반영이기 때문이다. 다시 말하지만, 내가 여기서 성별 대명사를 사용하는 것은 생물학적 성을 말하고 있는 것이 아니다. 타락한 여성 영웅은 여성 영웅 자신과 마찬가지로 남성, 여성, 논바이너리, 또는 다섯 개의 사회적 성을 가진 외계인일 수도 있다.

여성 영웅이 **옳은** 이유로 자기 여정에서 밟는 모든 단계를, 악당은 **잘못된** 이유로 밟을 수 있다.

만약 데메테르가 하데스가 페르세포네를 강간했다는 것을 알고 지하로 내려가 그의 목을 치는 것으로 반응했다면, 그녀는 남성 영웅이지 여성 영웅이 아니었을 것이다. 그 이야기는 복수, 승리, 누가 더 강한지에 대한 것일 테고, '우리가 어떻게 이 상황을 더 낫게 만들 것인가?'에 대한 이야기가 아닐 것이기 때문이다. 거기에는 여전히 물러남과 하강, 탐색, 퀘스트 등이 나오겠지만 그저 그것의 타락한 버전일 것이다.

- 만약 주인공이 행동으로 향하는 이유가 망가진 것을 고쳐야 하기 때문이 아니라 복수심이나 저질러진 일을 그녀 혼자 괴로워해야 한다는 감정에 지배되기 때문이라면, 그녀는 잘못된 이유로 하강하고 있는 것이다.
- 만약 그녀가 다른 이의 도움에 등을 돌리고, 스스로 더 고립되는 것으로 반응한다면, 이것은 그녀를 악으로 몰아갈 것이다.
- 만약 그녀의 궁극적인 필요가 연대보다 지배를 위한 것이라면, 그녀의 위장과 조작이 타협과 연결보다 고독한 권력과 영광을 위한 것이라면, 그녀는 우리의 여성 영웅에게

훌륭한 적이 된다.

그녀는 악당일 뿐만 아니라, 독자들에게 여정이 얼마나 잘못될 수 있는지 보여주는 배경 인물이다.

마지막에 그녀가 몰락하고, 반면 여성 영웅이 새로 발견한 가족의 단란함 속에서 살아가는 모습을 보면 독자들은 매우 만족스러워할 것이다.

악당의 패배

이것은 여성 영웅 여정의 맥락에서 악당들이 끝을 맞이하는 방법으로 우리를 자연스럽게 이어준다.

그렇다, 악당은 살해되거나 죽을 수 있다. 그러나 그것은 이 서사 구조를 선호하는 독자들에게는 그다지 만족스럽지 않게 느껴질 때가 많다. 나는 악당을 **배신의 대상이 아닌, 구원의 대상으로** 설정하는 것을 고려해보라고 강력히 권한다.

만약 우리가 나쁘거나 어쩌면 사악할 수도 있는 인물을 감정적 연결을 통해 구원한다면, 이 여정을 더 좋아하는 독자들은 악당을 그의 솔직한 동기 때문에 용서할 것이다. 대표적인 예가 해리 포터 프랜차이즈의 스네이프다. 그가 한 모든 나쁜 짓은 해리의 어머니에 대한 사랑 때문이다. 많은 독자가 스네이프를 용서하는데, 여성 영웅의 여정이라는 틀에서는 사랑보다 더 훌륭한 동기는 없기 때문이다.

권위 있는 조연 만들기

우리는 좋은 놈과 나쁜 놈에 대해서 이야기했다. 이제 나는 조연에 대해서 언급하고 싶다. 아마 겨우 한 장면이나 대사 몇 줄만 나올 인물들 말이다.

그들이 여성 영웅의 여정을 보여주고 독자들을 기쁘게 하기 위해 어떻게 더 잘 활용될 수 있을까?

자, 이 인물들은 당신이 생각하는 것보다 훨씬 더 중요하다. 그들에게는 내가 '당신의 의사를 내게 보여줘' 순간이라고 부르는 것이 있다.

그것은 이 부분의 제목에 맞지 않지만, 그래도 나는 이 우주에 이렇게 외치고 싶다…….

당신의 의사를 내게 보여줘!

모든 이야기는 주인공들과 그들의 사이드킥이나 가까운 동료나 친구 및 가족으로만 이루어져 있는 것이 아니라, 더 사소한 인물들도 나온다.

우리는 이들을 '단역'이나 '엑스트라'라고 부를 수도 있다. 내가 아는 어떤 저자들은 그들을 '일회용 인물'이라고 부른다. 이 인물은 당신의 탐정이 핏방울에 대해 상의하는 전문가일 수도 있고, 당신의 형사가 부상 때문에 찾아가는 의사일 수도 있고, 대저택에서 도서관을 운영하는 먼 친척일 수도 있고, 대학의 언어학 교수일 수도 있다.

이런 인물들은 필요 때문에 등장하고, 다른 무엇보다도 플롯 장치로 존재한다. 그들은 장면을 강화하고, 서사를 진전시키고, '권위 있는 목소리'로 필수적인 정보를 전달하기 위해 존재한다.

그러나 그들은 그 필요성 때문에 엄청난 힘을 가진다. 여성 영웅의 여정에서, 그들은 특별한 중요성을 가진다. 여주인공에게 정보를 전달하는 것은 중요한 네트워킹 순간이며, 따라서 그녀의 여정에 '필수적'이기 때문이다.

이 권위 있는 목소리들은 서사의 맥락에서 세계 내 권력을 가진 사람들일 때가 많다. 자산가, 정치 지도자, 교육자, 치유자, 마법사, 그리고 엄청난 부자. 그들은 제한된 시간 동안만 책에 등장할지는 몰라도, 당신이 서술자로서 책 속의 세계에 갖는 영향과 당신의 소설이 당신의 청중에게 전달하는 메시지에 매우 중요하다.

그냥 에두르지 않고 바로 말하겠다.

만약 당신이 일반적으로 더 포괄적인 서사를 향해 변화를 이끌어가고 싶다면, 특히 당신의 우주의 맥락에서 그러고 싶다면, 이 인물들이 '관건'이다.

이성애자 백인 비장애인 남성을 이런 강력한 역할에 넣는 것에 대해 **매우 매우 매우** 신중하게 판단하라.

왜 내가 이것을 '당신의 의사를 내게 보여줘' 순간이라고 부르는가?

슬프게도 우리는 의사의 모습을 서술할 때 현명한 백발의 아저씨 같은 코카서스 인종 남자를 넣으려고 할 때가 많다. 이런 식으로 우리는 책 속에서 거듭해서 한 가지 유형의 사람만 권위와 지식(이것은 '권력'이다, 특히 여성 영웅에게는)을 보유한 이로 그리게 된다.

권위를 그릴 때 **우리 자신의 본능을 점검하는 예민함**은 매우 중요하다.

그것은 우리 작가들이 전달하는 메시지들을 어느 정도 통제할 뿐만 아니라, 우리의 인물들이 거주할 세계를 더욱 복잡하고 흥미롭게 구축할 수 있는 기회를 우리에게 주기도 한다. 솔직히, 이성애자 남성 백인 의사? 심하게 지루하다. 하품이 나온다.

권위 있는 인물들

이런 권력의 자리에 있는 당신의 조연들에 대해 신중하게 생각해야 할 이유가 더 필요한가?

권위의 복잡성은 독자들에게 책 속에서 자기 자신을(그리고 자신의 힘의 가능성을) 발견할 더욱 폭넓은 기회를 제공한다는 추가적인 이점을 가진다.

또한 당신은 독자들이 이해할 수 있는 독특한 조연 캐릭터들을 만들고 있을 것이다. 그들은 이런 단역들을 더 보고 싶어 할 것이다. 독자들은 당신에게 편지를 써서, 당신이 쓴 그 환상적인 페루인 레즈비언 재규어 변신자 의사의 배경 이야기를 달라고 간청할 것이다. 그것은 당신의 세계에 더 많은 흥미를 더해줄 것이다. 솔직히 말해, 그것은 당신의 창조적 목소리를 더 자연스럽고 덜 따분하게 만들 것이다.

어떤 작가에게든 치명타는 '그건 형편없었어'나 '난 그게 정말 싫었어'가 아니다. 적어도 그런 서평에서 당신은 감정적인 반응을 얻을 수 있다. 작가에게 치명타는 '그건 지루했어'다. 왜냐하면 독자들은 그럴 때 더 이상 아무것도 애써 하려고 들지 않을 것이기 때문이다. 그들은 그저 당신과 당신 작품에 대해 영원히 잊어버릴 것이다.

그것이 직업 작가가 당신의 강력한 플레이어인 단역들에 대해 생각해야 하는 이유이다.

'당신의 의사'를 비롯해 이런 인물들을 전인적으로 그려내는 것은 그저 당신의 창조력을 발휘하는 방법만이 아니다. 그것은 실제 세상에 지지의 메시지를 보내는 것이고, 두려움을 조장하는(그리고 편견을 북돋우는) 스테레오타입을 막으며, 대중의 잠재의식 속에 미묘한 변화를 일으키는 방법이다.

이것은 여성 영웅의 여정을 쓸 때 특히 중요하다. 그녀에게는 지지 네트워크가 중요하며 정보가 아주 높은 가치를 가지기 때문이다. 유용한 정보의 공급자는 우리의 여성 영웅을 배신할 가능성이 별로 없다. 실제로, 여성 영웅은 이 강력한 새 플레이어를 그녀의 영역에 흡수하고, 그들을 자기 네트워크의 일부로 만들고, 긍정적인 역할 모델로 자기 친구들에게 열심히 알릴 가능성이 더 크다.

그래서 이런 권위의 목소리들은 그들이 여성 영웅과 서사 여정에 중요한 것을 주는 존재로서 매우 강력한 힘을 가지고 있다.

나는 이 조연들이 어떻게 묘사되는지, 그들이 나오는 장면 너머 그들이 어떤 삶을 지니고 있는지 신중하게 생각해볼 것을 권한다. 우리가 단지 게으르고 다른 대안을 생각하기 귀찮다는 이유로 이성애자 백인 남성이라는 뻔한 타입에 기대지 않도록 주의해야 한다.

모든 것은 디테일에 있고, 우리 스토리텔러들은 인물을 만들 때 디테일에 특히 주의해야 한다. 만약 당신 책의 맥락에서 그들이 강력하다면, 그들은 당신 메시지의 맥락에서 전복적이다. 반면, 우리는 무의식적으로 타락과 지배의 모델을 지지할 수도 있다.

당신이 결정한다. 그것은 당신의 이야기이다.

나는 단지 당신이 그 결정을 내릴 수 있는 힘을 갖고 있다는 것과, 당신이 사소한 디테일이라고 생각할 수 있는 작은 선택 수천 번이 수백만 개의 대표적 순간들이 될 수 있다는 사실을 당신에게 알려주려는 것뿐이다.

그리고 소설에서 수백만 개의 작은 예시는 우리의 현실 인식을 바꿀 수 있다. 좋은 쪽으로든 나쁜 쪽으로든. 결국, 그것이 바로 서사의 진정한 힘이다. 공감을 통해 낯선 것을 쉽게 받아들일 수 있게 하는 것 말이다.

대화는 당신의 친구다

이 부분의 처음 네 장은 인물 상호작용의 힘에 관한 것이었다.

이제 나는 여성 영웅 여정의 지원 아래 이런 상호작용을 어떻게 가장 잘 전달할지에 초점을 맞출 것이다. 한마디로 요약하겠다. 대화다.

대화

대화는 당신의 친구다. 인물 간의 대화는 연결을 성립시키며 네트워크의 토대를 형성한다. 독자들이 인물들에게 감정을 느끼게 하고, 그들을 정말로 선명하고 현실감 있게 보이게 만드는 것은 대화이다.

나는 성격이 나쁘거나 음침한 조연들에 개인적으로 커다란 기쁨을 느낀다.

괴팍한 인물들은 훌륭한 코믹 릴리프가 되고, 그들은 기분 좋게 비꼬거나 감상적인 방식으로 필요한 정보를 전달하기 때문에 독자들에게 용서받는다. 나는 심지어 이 인물을 내 첫 번째 책의 남성 영웅으로 만들었고, 세상에, 독자들은 그를 정말 좋아했다.

다른 극단적인 경우는 터무니없는 사람을 바보 같거나 비꼬는 조연으로 과장하는 것이다.

이번에도 나의 인기 있는 조연 중 하나인 아켈다마 경은 제멋대로에 다이아몬드로 반짝이는 멋진 동성애자 뱀파이어로, 이탤릭체로 표현된 애칭들을 자주 구사한다. 그는 또한 스파이 달인이다. 나는 지금까지 쓴 어떤 인물에게보다 더 많은 팬 메일을 그에 대해서 받았다. 하도 많이 받았기 때문에, 그는 내 블로그에서 조언 칼럼을 연재하기 시작했다.

두 가지 개성(성격 나쁜 것과 바보 같은 것) 모두 대화에서 매우 효과적이다. 그들은 현명한 바보 원형과 잘 맞어진다. 본질적으로 우스꽝스러운 인물(어느 방향으로건)은 특히 영민하거나 난데없이 예리한 관찰을 우스운 방식으로 전달하여 독자를 놀라게 할 수 있다. 이것은 독자들을 사로잡을 수 있고, 단순히 플롯에서뿐만 아니라 이해에서도 전환을 제공하고, 인물에 새로운 깊이를 더하고, 게다가 중요한 정보를 주며 우리의 여성 영웅이 더 깊은 연결을 맺게 해준다.

내게 묻는다면, 작가로서의 완벽한 승리라고 하겠다.

정상인 신드롬

내가 경계하는 것은 어느 한 인물에게 좋은 대사를 '전부' 몰아주는 것이다. 또는 언제나 당신의 조연들에게 최고의 비판을 하게 하는 것이다.

작가들은 특별히 빛나는 조연 한 명에 애정을 쏟는 습관에 빠질 수 있다. 이런 인물은 등장 시간이 적은 덕분에 갑자기 뛰어들어 매력적이고 재미있고 멋진 모습을 보여준 다음, 여봐란 듯이 나갈 수 있다. 그 인물은 그다음 어느 장면의 가장 흥미로운 부분이 된다. 한 책에서 같은 인물이 이런 일을 너무 많이 하면, 이것은 당신의 주인공에게 향할 주의를 분산시킨다.

특히 만약 당신이 가벼운 내용을 쓰고 있다면, 당신은 정상인 신드롬(대조적으로 당신의 주인공이 너무 정상적이고 재미가 없어지는 것)에 빠질 위험이 있다. 당신의 주인공은 그를 둘러싼 색깔이 너무 많으면 그 결과 흐릿해진다. 그녀가 가져야 할 반짝임과 빛을 잊지 말라. 그리고 그녀가 확실히 생기를 갖도록 하는 좋은 방법은 그녀의 대화와 목소리이다.

현대 로맨스와 현대 배경의 다른 장르들은 일반적으로 대화에 가장 많이 의존할 것이다. SF/F처럼 고딕 트로프들('핵심 역할로서의 설정' 같은)에 더 가까이 기대는 장르들은 그 세계와 인물을 더 묘사할 필요가 있을 것이다. 다른 장르들은 사이드킥 트로프에 기댄다.

예를 들어, 코지 미스터리와 버디 형사 코미디들은 거의 언제나 사이드킥을 포함한다. 이 중 어느 정도는 이 기법을 대중화한 셜록 홈즈 탓으로 돌릴 수 있을 것이다. 그러나 다른 측면으로 범죄를 해결하기 위해 단서와 정보를 전달하는 대화가 중요하다는 이유도 있다. 대화를 하는 사이드킥은 세 가지 역할을 한다. 첫 번째로 여성 영웅이 끊임없이 네트워킹하고 의사소통하는 모습을 보여주고, 두 번째로 독자에게 정보를 전달하고, 세 번째로 대화를 통해 개성을 적극 표현하게 한다.

한 번은 책에서 타자성(이 경우에는, 성 정체성)을 공감 가게 그리는 법에 대해 질문받은 적이 있었다. 이 주제에 대해서는 좋은 책과 기사 및 강의들이 많지만, 여성 영웅 여정의 작가로서 나는 보통 대화를 이용해서 그 과제를 해결한다.

여기 내가 대화를 사용해 한 인물의 과거, 자신이 퀴어임을(혹은 아님을) 커밍아웃하는 경험, 그리고 양성애 성향을 숨기는 것에 대한 나 자신의 개인적 감정을 전달한 예가 있다. 탱크는 커다란 늑대인간이자 양성애자이며, 이 대화는 그와 그가 반한 남자 사이에 오간 것이다. 탱크는 자신이 속한 늑대인간 무리가 동성애자를 포용하려 하지 않았기 때문에 다른 늑대인간 무리에 합류하기 위해 그의 가족을 떠났지만, 그들에게는 그 이유를 결코 말하지 않았다.

탱크가 말했다. "우리 가족에는 사내아이가 아홉 있어요."

"모두 당신만큼 큰가요?"

탱크가 웃었다. "내가 제일 크지만, 그들도 그렇게 많이 작지는 않아요. 데페인 가문 남자들은 무리의 중추죠. 우리는 기본적으로 함께 이 커다란 방어용 고기 방벽을 형성합니다."

"많은 가족을 두고 나왔겠군요."

"내가 떠나서 남긴 크기의 구멍도 채울 만큼 많죠."

"당신은 그들에게 커밍아웃하고 싶지 않았어요?"

"그러고 싶지 않았어요."

"양성애라서 편하군요."

"안 보이게 하기 쉽죠. 그게 꼭 같은 말은 아니고."

― G. L. 캐리거, 『오메가 오브젝션』

왜 대화가 그렇게 효과적인가?

대화의 주된 힘은 잘 쓰였을 때 엄청난 양의 정보를 청중에게 전달하는 도구라는 점에 있다. 주고받는 대화를 읽는 행위는 '직접성'과 '관련성'을 독자에게 전달한다.

만약 당신이 3인칭으로 글을 쓰는 경향이 있다면, 대화(1인칭 현재 시제)는 당신의 독자들이 그 대화 속에 있게 함으로써 더욱 긴박감을 느끼게 한다. 마치 실시간으로 오가는 말을 엿듣고 있듯이 말이다.

그것은 당신의 텍스트에서 가장 '현재적인' 부분이기 때문에 강력하다. 대화는 즉각적인 감정적 연결을 독려한다. 대화를 읽을 때 감정이 피어나는 이유는 그 일이 '지금' 일어나고 있기 때문이며, 이는 대화를 둘러싸고 있는 3인칭 과거 서술과 대조된다. 당신은 또한 인물의 내면 생각을 사용해 이런 종류의 직접성을 활용할 수 있다.

도움이 힘이 되도록 하기

이 여정을 쓸 때 당신 주인공의 지성과 힘을 보여주는 한 가지 방법은 그녀가 문제를 인식하고서, 그 문제의 해결책이 다른 등장인물의 전문 지식에 있다는 것을 파악하는 장면을 넣는 것이다. 결국 그녀는 하나의 네트워크 속에 있으며, 그녀의 주요 기술 중 하나는 그 네트워크를 활용하는 것이다.

이런 방식으로, 작가들은 다른 인물들의 역량과 상호 보완적인 능력들을 당신의 여성 영웅에게뿐 아니라 서로에게 보여줄 수 있다. 이것은 그들에게 깊이와 복잡성을 더하며, 결과적으로 당신의 우주에 대한 접근성을 넓힌다.

여성 영웅의 여정을 쓰고 있기 때문에, 당신은 조연이 당신의 주인공을 구출하게 할 수 있다.

이것은 흥미진진한 장면이나 극적인 순간을 비트는 재미있는 방법이다. 론이 해리를 위해 그리핀도르의 검을 찾아내는 것은 훌륭한 예시이다. 헤르미온느가 또 다른 주문이나 중요한 정보를 가지고 해리를 구하러 오는 것은 이 기법이 계속 사용되는 예이다.

여성 영웅의 힘은 그녀와 다른 사람 간의 관계 속에 있다는 것을 기억하라. 이것은 당신의 여성 영웅이 독특한 능력을 가질 수 없다거나, 특별할 수 없다고 말하는 것이 아니다. 당연히 그럴 수 있다! 그러나 해리 포터가 특히 팀 스포츠를 잘한다는 것은 우리에게 놀랍게 느껴지지 않는다.

이것은 우리를 여성 영웅의 성공의 정의에 다시 연결시킨다. 그 정의에는 적을 패배시키는 것도 들어갈 수 있지만, 그녀가 그것을 혼자 다 해야 할 필요는 없다. 그녀가 모든 사람의 이익을 위해 재건하고, 재결합하고, 연결하고, 협상하는 더 중요한 역할을 추구하는 동안 다른 사람들이 그녀의 적을 파괴하는 것을 도와줄 수 있다.

성취를 나누기

효과적으로 여성 영웅의 여정을 쓰는 다른 방법은 성취의 분배를 통해서 문제가 해결되는 과정을 그리는 것이다.

여성 영웅(과 독자)은 영광 그 자체뿐만 아니라 영광이 나누어지는 것을 보며 기쁨을 느낀다. 정보를 제공하거나 도움을 준 사람에게 칭찬이나 보상을 주는 것은 좋은 여성 영웅의 특징이다. 그녀 자신은 그런 것들을 필요로 하거나 원하지 않으며, 다른 이들에게 기꺼이 나눠 주는 걸 좋아한다.

해리 포터 프랜차이즈에서, 네빌은 단순히 다른 여성 영웅이자 해리를 위한 배경 인물이 아니다. 그는 해리의 부담과 의무를 부분적으로 떠맡고, 영광도 부분적으로 나누기 위해 존재한다. 해리가 이시스라면, 네빌은 어느 정도 호루스다. 흥미롭게도, 해리 포터의 첫 번째 권에서 그는 작은 장애물로 등장한다―해리와 친구들이 하강과 탐색에 착수하는 것을 그가 막으려고 할 때다. 재미있게도, 그는 이 일로 칭찬을 듣고 기숙사 점수라는 보상을 받았는데, 그 점수 때문에 그리핀도르가 기숙사 우승컵을 탈 수 있었다. 성취의 분배 그 자체다! 나중 책들에서 뒤에 머물러 학교(그의 집이자 네트워크)를 위해 싸우는 것은 네빌이다. 그리고 마지막 호크룩스(뱀)를 칼로 제거하는 것도 네빌이다.

호루스 대 세트 같지 않은가!

이 서사의 독자로서, 우리는 이런 역할의 네빌을 사랑하고 지지한다. 첫째로 그가 플롯에 아주 중요하기 때문이고, 둘째로 그가 여성 영웅의 여정에 매우 중요하기 때문이다. 그는 행동할 수 있는 능력이 있고 자신의 여정 위에 있는 해리를 돕기 위해 용기를 점차 키워 나가면서, 동시에 자기만의 여정에 나서서 더욱 복잡하고 강인한 캐릭터로 성장한다.

이런 종류의 전략은 이 여정의 독자들과 공명한다. 왜냐하면 그 독자들의 다수는 이 서사에서 공동체에 대한 감각을 갈망하기 때문이다.

또한 그것은 외부인, 괴짜, 왕따에게도 자리와 역할이 있고 그들도 플롯의 전환점이 될 수 있다는 것을 보여준다. 독자들은 여성 영웅이 짐을 나누는 것을 보고 싶어 한다. 그러나 또한 그녀가 보상과 승리를 나누는 것도 보고 싶어 한다.

혼자보다 다른 사람들과 함께 축하하고 기뻐하는 것이 훨씬 낫다. 실제로, 긍정적인 결과를 북돋울 네트워크가 없다면 축하할 일이 전혀 없을 것이다. 그녀는 다른 사람들 없이는 자신의 여정을 완결하지 못할 것이기 때문이다. 좋은 여성 영웅은 이 사실을 깨닫고 다른 사람들을 칭찬하고, 이 여정의 좋은 작가는 그것을 책 안에서 보여준다.

당신의 캐릭터에 유머를 부여하기

데메테르 신화의 이암베를 기억하는가?

여성 영웅의 여정을 쓸 때 그녀도 중요하다. 만약 당신이 이 서사를 쓰고 있는데 본격적인 코미디를 다루기는 힘들다면, 적어도 몇 가지 경박한 순간을 넣는 것을 시도해보라. 유머는 많은 것을 위한 도구이다. 주로 페이스 조절을 위해 사용되지만, 또한 당신의 독자들과 감정적으로 연결되기 위한 접근법이 되기도 한다.

웃기게 쓰는 것은 분명히 엄청나게 어려운 일이다. 하지만 당신이 만약 해낼 수 있다면, 세상에나, 당신은 헌신적인 팬들을 얻게 될 것이다.

코미디와 긴장감

독자를 웃기는 행위(독자를 울리는 것과 매우 흡사하게)는 몰입형 경험에 대한 독자의 방어를 허물 수 있다. 그것은 작가가 자유롭게 독자의 영혼에 내밀한 접근을 할 수 있게 해준다.

당신이 그들을 웃게 만들 정도로 충분히 놀라게 했다면,

적어도 아주 짧은 순간만큼은 그들은 당신의 감정적 조작에 마음이 열린다.

웃음은 독자의 심박수에 영향을 미친다. 따라서 당신은 그들을 재미로 편안하게 만들고 다음 순간에 서사적 일격을 먹일 수 있다. 그러면 대조 때문에 그 일격은 더욱 강력하게 작용한다(나는 바람에 나부끼는 나뭇잎 같은 존재다, 누군들 안 그렇겠는가?).

당신은 이 반대로 할 수도 있다. 뜨거운 섹스 신을 익살극으로 끝낸다든가, 강렬하게 슬픈 장례식을 가벼운 유머로 끝낸다든가, 아니면 싸움 장면을 신랄한 비판으로 끝내든가, 독자를 의도적으로 긴장을 풀게 했다가 다시 긴장하게 만드는 것이다. 당신은 항상 준비된 재담을 집어넣어 의도적으로 긴장을 풀어주고, 당신의 독자에게 숨 돌릴 여지를 줄 수 있다. 우리는 이런 기법을 제임스 본드 프랜차이즈에서 항상 볼 수 있다.

그렇다, 나도 안다. 이런 말은 차가워 보인다. 그러나 우리 작가들이 낯선 사람의 감정을 조종하는 마키아벨리적 조종자들 아니면 무엇이겠는가?

그것이 우리가 글을 쓰는 이유가 아닌가. 다른 사람들로 하여금 느끼고 생각하게 만드는 것.

경박함과 유머의 순간들은 긴장감을 계산된 방식으로 부수는 데 놀라울 정도로 효과적이다.

코미디와 페이스

순전히 기술적인 면에서 보면, 유머를 활용하는 것은 또한 효율적이다.

만약 당신이 독자들을 미소 짓게 만들면, 독자들은 많은 것을 용서할 것이다. 긴 도입부, 정보 쏟아 넣기, 묘사, 느리고 액션 없는 장면들, 중요한 곳에서 관심을 다른 데로 돌리기, 로맨틱한 순간들 등등을 포함해서 말이다.

작가들은 글을 쓰다 보면 문장과 문단 구조, 단어 길이, 그리고 단어들이 서로 배열되는 순서 같은 것들이 단조로워지곤 한다. 이렇게 무의식적으로 생겨난 구조는 독자들을 나른하게 만들 수 있다. 당신은 웃음으로 그들을 흔들어 깨울 수 있고, 그러면 갑자기 그들은 뒤이어 오는 텍스트에 매우 주의를 기울이게 될 것이다.

이런 식으로, 코미디는 독자의 집중력을 붙잡는 도구가 될 수도 있다.

코미디와 정보

코미디, 코믹한 대화, 코믹한 인물은 작가가 독자들에게 정보를 섬세하게 전달하는 수단이 될 수 있다. 다른 인물, 플롯, 그리고 세계 구축에 대한 정보는 물론이고 희망과 변화에 대한 심원한 메시지들도 전달할 수 있다.

나의 가장 인기 있는(그리고 가장 우스꽝스러운) 조연 중 하나인 아이비 히셀페니가 이렇게 말하듯이.

> "어리석다고 여겨지는 것의 커다란 장점은 사람들이 그 점을 잊고 그 사람이 정말 바보일지도 모른다고 생각하기 시작하는 거지요. 라이올 교수님, 나는 내 매너와 드레스에 좀 열정적일지는 몰라요. 하지만 난 바보가 아니에요."
> ― 게일 캐리거, 『블레임리스』

유머는 당신의 작가적 기교를 넣은 가방 속에 있는 환상적인 도구이다. 당신은 유머를 사용하여 깨달음, 심리적 연결, 또는 감정적 조작을 날카로운 원투 펀치로 전달할 수 있을 뿐 아니라, 사회적 정상화도 일어나게 할 수 있다. 코미디는 삶, 사랑, 심지어 문화의 대안적 모델들을 멀쩡한 것으로 보이게 만들 수 있다는 말이다. 속임수가 아니라 정당한 방법으로.

유머는 전복적이다

여성 영웅의 여정은 대화와 여정을 중시하기 때문에 자연스럽게 유머라는 무기가 아주 잘 어울리고, 나는 당신에게 이 강력한 도구를 쓸 것을 권한다.

또한 유머를 포함할 때 감수해야 할 위험에 대해서도 알 필요가 있다. 만약 당신이나 당신의 책이 주로 '우습다'고 정의된다면, 그것은 진지하게 받아들여지기 힘들 것이다. 그러나 만약 당신이 여성 영웅의 여정을 쓰고 있다면, 당신은 이미 그런 위험을 감수하고 있다.

코미디는 쉽게 무시되기 때문에, 너무 쉽게 과소평가될 수도 있다.

이 사실이 코미디를 매우 전복적으로 만든다.

고딕 트로프들을 사용해 장르를 드러내기

고딕 트로프들을 사용해 당신의 여성 영웅의 여정을 여정과 이야기 양쪽 다에 적합한 장르와 하위 장르에 배치하라.

이런 방식으로, 독자들은 당신과 당신의 작품에서 무엇을 기대할 수 있을지 알고 추가적인 만족감을 느끼게 된다.

'올바른' 방식으로 분류된 '올바른' 책을 읽는 것은 독자들에게 추가적인 위안을 제공한다.

기억하라. 특히 여성 영웅 여정의 독자는 그들의 이야기들에서 위안을 찾고 있다. 트로프를 사용하여 당신의 서사를 완벽한 틈새에 자리 잡게 하는 것은 연관된 모든 사람들에게 좋다. 그렇게 하면 그 이야기처럼 오래 가는 기쁨과 만족감을 줄 수 있을 것이다.

이것이 내가 고딕에 대한 부분 전체를 쓴 이유이다.

고딕 원형들을 사용해 독자를 놀라게 하기

반면에, 당신은 고딕 원형들을 사용하여 오래된 캐릭터들을 여성 영웅 여정의 맥락에서 새롭게 비틀어 당신의 독자들을 놀라게 할 수 있다. 이것은 독자들이 읽을 때 기쁨과 흥분의 느낌을 더해주고, 게다가 그들이 공감하거나 더 알고 싶은 조연들을 선사할 것이다.

당신이 이런 원형들을 사려 깊게 적용하면 그들은 '기분 좋게' 놀랄 것이고, 부정적인 메시지는 통제하는 것이 좋다. 그런 메시지는 당신 작품의 질을 약화시킬 수 있다.

됐다, 여기까지가 현대 시대에 여성 영웅의 여정을 쓰는 데 가장 좋은 당신의 열 가지 도구이다.

상담 시간

장담하는데, 나는 전혀 상담사 자격이 없다

이제, 작가의 건강에 대해 짧은 이야기를 하겠다.

내가 6장에서 논의했듯이, 여성 영웅의 여정은 현재 현대 서구 세계에서 비평적으로 그리고 문화적으로 심하게 평가절하되고 있다. 이것은 우리 사회의 고질적인 현상이며, 만약 당신이 이런 하위 장르에서 이런 여정들을 쓴다면, 당신은 그것 때문에 맹공격을 받을 가능성이 크다.

당신이 가는 평균적인 칵테일파티에서 당신이 로맨스 작가라고 털어놓아보라. 아마 별로 재미있을 것 같지는 않다, 그렇지 않나?

그렇다. 예전보다는 약간 나을 수도 있지만, 비-작가 사회에서는 장르 소설을 쓴다고 털어놓는 것조차 사회적 위험이 될 수 있다.

이 서사를 쓰는 우리가 할 수 있는 유일한 일을 알려주겠다. 우리가 여성 영웅의 여정을 쓰고 있기 때문에 부드럽고, 감상적이고, 연약하고, 하찮다는 꼬리표가 붙을 거라는 걱정을 하지 마라. 평범한 보통 사람들에게 왜 이 서사가 중요한지 설명하기는 어렵다. 나를 보라. 결국 이런 책 한 권을 써야 했지 않나.

그러나 코미디를 쓰는 것처럼, 진정한 비밀은 이 서사가 매우 강력하고 이득이 된다는 것이다. 사람들이 무슨 생각을 하고 크게 공개적으로 떠들든 사실 별로 중요하지 않았다. 왜냐하면 엄청난 수의 로맨스 독자들이 증명하듯이, 그것은 당신이 가닿을 수 있는 청중의 범위에 영향을 미치지 않기 때문이다. 우리는 칵테일파티에서 조롱을 받아도 살아남을 것이다.

만약 당신이 독자들에게 공동체의 느낌과 행복감을 남긴다면? 그들은 어떤 꼬리표가 붙어도 당신을 영원히 사랑할 것이다. 그리고 독자들은 당신을 찾을 것이다. 우리 중 많은 사람들이 점점 더 큰 위안을 필요로 하고 있기 때문이다.

연결은 경력을 의미한다

예전에 내가 경력을 쌓던 매우 초기에 나는 SF/F 분야에서 수상 후보에 올랐다. 나는 상을 타지 못했다(알고 보니, 꽤 큰 표차였다). 솔직히, 그다지 속상하지는 않았다. 왜냐하면 로맨스 맥락이 강하고 유머가 많은 SF/F를 쓰는 것으로는 절대 내가 상을 탈 수 없을 거라는 걸 알았기 때문이다. 결국, 내게는 세 가지 커다란 불리한 점이 있었다. 코미디, 로맨스, 그리고 여성 영웅의 여정. 절대 진지하게 받아들여지지 않을 운명이었다.

저주받은 운명이여!

물론, 이제는 왜 그런지 당신이 더 잘 이해하기를 바란다.

나는 동정을 받자고 이러는 게 아니다. 단지 그날 밤 수상에서 떨어진 후 바에서 내 출판사 사람이 옆으로 다가와 위로를 건넨 이야기를 전해주고자 한다.

"당신이 상을 타지 못해서 유감이에요." 그가 말했다.

나는 그에게 활짝 웃으며 대답했다. "뭐, 난 언제든지 베스트셀러가 되는 쪽을 택할 거예요." 이건 진심이었다.

그는 자기 잔을 내 잔에 부딪쳤고 우리는 다른 이야기를 했다.

만약 당신이 여성 영웅의 여정을 쓴다면, 당신은 당신의 말로 위안과 연결을 제공하고 있다. 이것은 세상에 가상의 포옹 같은 이야기를 내보내는 것과 같다.

만약 이 일을 당신이 잘 한다면, 팬들은 스토리텔러인 당신을 '그들의' 위안과 연결감을 주는 도구로 보게 될 것이다.

결국 당신이 바라게 될 것은 열렬한 팬들이다. 그들은 자연스럽게 이 감정을 그들의 작가인 당신에게로 옮긴다. 그들은 당신의 목소리를 사랑하기 때문에 당신을 사랑한다. 그리고 그들은 당신이 사랑과 통합과 가족을 장려하는 깊이 간직된 고대의 서사를 활성화시키기 때문에 당신의 목소리를 사랑한다.

어떤 면에서, 당신의 책은 책에서 말하는 대로 할 것이다.

그 책들은 공동체를 창조할 것이다. 당신이 운이 좋다면, 그 책들은 나아가 독자들의 지지 네트워크를 만들어줄 것이다. 이것은 그 팬들 중 최고의 팬들이 당신에게 보답하고, 당신을 지원한다는 뜻이다. 여성 영웅 여정의 서사에서 당신이 그들에게 보여준 바로 그 모델처럼 말이다.

결국 그것은 당신에게 스토리텔러로서 평생 동안 이어질 경력을 줄 것이다.

여성 영웅이 되기

왜 우리에겐 두 번째 여정이 필요한가

내가 이 책을 통해 확립하고자 한 핵심 중 하나는 우리가 여성 영웅의 여정과 남성 영웅의 여정 둘 다를 서사 구조로 고려할 때, 이야기의 '목적'이 두 서사를 구분하는 가장 중요한 특징이 된다는 것이다.

우리가 남성 영웅의 여정을 사랑하는 이유는 그것이 분투와 정복과 승리하는 힘에 대한 것이기 때문이다. 남성 영웅은 모든 역경에 맞서 성공한다. 그의 영웅성은 방해를 이겨내고 자신에게 주어진 일을 스스로 성취할 수 있는 능력에 있다.

우리가 여성 영웅의 여정을 사랑하는 이유는 그것이 연결과 다른 사람의 능력에 대한 인정을 통해 역경을 이기는 것이기 때문이다. 이것은 도움을 요청하는 용기에 대한 것이다. 이 맥락에서 도움을 요청하는 것은 약점이 아니다. 사실, 그렇게 하는 여성 영웅의 능력이 그녀의 가장 오래가는 힘이다.

여성 영웅들은 신이자 부모이고, 배우자이자 연인이고, 남자이자 여자이고 논바이너리인 사람들이다. 여성 영웅들은 그들이 빼앗긴 것을 찾고 있다. 이것은 또한 그들을 지도자, 장군, 전략가, 설계자로 만든다. 다른 사람들과 연결되는 것은 결점이 아니고, 그들이 지닌 힘의 원천이다. 여성 영웅들은 고립될 때 가장 위험에 처한다. 여성 영웅들은 복수를 원하지 않고 모든 상대와 홀로 싸우려고 하지도 않는다. 그들은 가족을 원한다.

나는 이 점을 마지막으로 다시 한 번 말한다. 그것이 현대 세계에 너무나 낯선 개념이기 때문이다.

여성 영웅은 도움을 요청할 줄 알 뿐만 아니라, 도움 청하기를 잘한다. 그녀는 딱 맞는 사람들에게 도움을 청하는 법과, 그들과 그들의 조언을 받아들이는 법을 배운다.

여성 영웅에게는, 도움을 요청하는 것은 **약점이 아니며** 아주 큰 힘을 주는 일이다.

스토리텔러는 어느 쪽 서사를 사용하든 부끄러워할 필요가 없다. 스토리텔러들과 비평가들의 문화 전체가 한 가지 서사를 다른 것보다 중시하는 것이야말로 부끄러운 일이다. 우리가 전체적으로 하나의 여정을 다른 하나보다 더 낫거나, 더 강력하거나, 더 매력적이라고 알린다면, 그것은 문화 전반에 걸쳐 해를 끼친다고 나는 믿는다.

우리가 그렇게 할 때 비극을 낳는다……. 그 단어의 모든 의미에서.

만약 우리가 독자들이 남성 영웅의 여정을 더 즐기며 그 여정을 어디에서나 찾는 데 익숙해져 있다고 문화적으로 판단한다면, 남성 영웅의 여정이 '강함'이라는 뜻을 정의하게 될 것이다. 그렇게 되면 우리가 생각하는 강한 여성 캐릭터는 생물학적으로는 여성이지만 극도로 남성 영웅적인 방식(예를 들면, 폭력적이고, 고립되고, 물리적으로 강력한 방식)으로 행동하게 된다. 여러분이 이 책에서 무엇보다도 배웠기를 바라는 것은, 바로 그 편견에 의문을 던지는 법이다.

사실, 이런 상황 아래에서 비판적으로 검토되어야 할 것은 **여성**이란 무엇인가에 대한 우리의 개념이 아니라 **강하다**는 것이 무엇인가에 대한 우리의 개념이다.

그것은 우리의 책임이다

소설을 쓰는 우리는 서사의 관리인이다.

우리는 우리 이야기를 쓰고 싶다. 우리는 우리 이야기를 쓸 '필요가' 있다. 그리고 사람들은 그것을 읽을 필요가 있고 읽고 싶어 한다.

그런 필요가 있기에 그 이야기들이 얼마나 강력한지 결코 잊지 말자.

모든 것을 말하고 행동한 후, 우리는 써야 하기 때문에 쓴다. 그러나 우리는 연결에 굶주렸기 때문에 우리의 이야기들을 세상에 내놓는다. 우리는 우리 독자들을 발견하기를 열망한다. 우리의 청중을.

우리의 가족을.

우리의 이야기가 위안과 지지의 네트워크를 찾아서 우주

로 보내는 외침이 아니라면 무엇인가? 우리가 우리 자신의 방식으로 여성 영웅들이 아니라면 누구인가?
   그러니 자, 앞으로 가자.

   글을 써라.
   여성 영웅이 되어라.

에필로그

인터넷 트롤들에게 대처하기

여성 영웅의 여정에 대한 책을 쓸 것이라고 트윗했을 때, 나는 즉각 악플을 받았다.

요컨대 그 자식은 다음과 같이 말했다. '당신이 무슨 자격이 있다고 그런 책을 써?'

내 본능적인 반응은 정확히 당신이 기대할 만한 것이었다. 그것들은 스스로 낙심하는 가면 증후군*부터 비난하는 반박, 방어적으로 화난 상태, 학문적으로 지나치게 세세한 태도까지 여러 가지에 걸쳐 있었다.

낙심: '내가 무슨 자격이 있지? 오 없지. 내가 뭘 하고 있

---

* 가면 증후군(Impostor Syndrome)은 자신의 성취와 능력을 의심하고 자신이 지금껏 주변 사람들을 속여왔다고 생각하면서 불안해하는 심리 증상이다. 사기꾼 증후군이라고도 한다.

는 거지? 내 인생의 목적이 뭐지?'

비난: '나는 여성 영웅이기 때문에 매일 아침 일어나서, 차를 마시고, 너 같은 녀석들을 인터넷에서 상대해야 하는 거야.'

방어적: '두 개의 석사 학위, 《뉴욕 타임스》 베스트셀러 열세 권, 그리고 백만 부 이상의 판매 기록이 있는데. 너는 나와 대화할 자격이 있어?'

학문적: '당신이 나에 대해 아무것도 알지 못하면서도 그런 질문을 당연하다는 듯 던졌다는 사실이 남성 영웅의 여정이 얼마나 단단히 뿌리 박혀 있는지 보여주지. 협력하는 대신 대립하고, 정보 제공에 의심으로 반응하고, 열린 자세로 관계를 맺는 대신 자기 방어를 하는 태도 말이야.'

나는 이것들을 하나도 트윗하지 않았다. 그냥 그를 무시했다. 왜냐하면 인터넷 시대에 10년 동안 책을 쓰면서 배운 것이 딱 하나 있다면 바로 이것이기 때문이다. **나쁜 서평을 읽지 말고 트롤들과 얽히지 마라.**

솔직하지?

학문적으로 말하자면, 내가 여성 영웅의 여정에 대한 논픽션을 쓸 자격이 당신보다 더 많은 것은 아니다. 내가 제시할 수 있는 유일한 사회적 증거는 내가 쓴 여러 권의 베스트셀러 소설과 그 작품들이 모두 여성 영웅의 여정을 뼈대로 하고 있다는 사실뿐이다.

어쩌면 더 자격 있는 학자가 나타나서 스토리텔러들이 바랐던 여성 영웅의 여정에 대한 분석을 할지도 모른다. 그때까지는, 여러분은 나와 함께 있어야 한다. 이 책이 지적 부재의 구멍을 막는 물 새는 마개에 불과할지도 모르지만.

웩, 이 비유는 내가 좀 지나쳤다.

여러분은 내가 무슨 말을 하려는지 알 거다.

만약 당신이 이 책을 쓸 자격이 나보다 더 있다고 느낀다면, 혹은 더 잘 할 수 있다고 생각한다면, 부디 써주시라. 더 많은 책이 나오는 것은 중요하다. 언제나. 나는 여성 영웅의 여정에 대한 더 많은 책, 더 많은 생각, 더 많은 작품이 나오는 것을 간절히 원하고 있다.

만약 당신이 이 여성 영웅의 여정 모델에 맞는 또는 맞지 않는 다른 신화나 전설이나 옛날이야기를 알고 있다면, 부디 그것에 대해서 쓰고, 블로깅하고, 이야기하고, 논의해주기를 바란다.

우리는 이제껏 무시당한 이야기들을 되살려내고, 다시 알리고, 그 이야기들에 대해 말하고, 그 이야기들이 우리와 우리의 소설 작품에 어떤 영향을 미쳤는지 열심히 알려야 한다. 그때까지는 여성 영웅의 여정에 대한 더 나은 이해와 애정, 그리고 옹호가 절실히 필요하기 때문에 나는 이 책을 써야 한다고 느꼈다.

우리 어머니는 언제나, "문제를 인식한 사람이 해결책을 제시할 책임이 있다"고 내게 말씀하셨다.

이 책은 아마도 여성 영웅 여정의 내 개인적 버전일 것이다―네트워킹과 이해, 그리고 나아가 타협이 깃든.

자, 나는 기다리고 싶었다. 나는 이 책임을 위임하고 싶었다(좋은 여성 영웅이 그래야 하듯이). 대신, 나는 계속 기다리기만 했고 부족함과 상실을 계속 한탄하기만 했다. 나는 계속 사후 세계와 광기로의 하강을 주목했고, 그곳에 탐색과 정보의 수집이, 그리고 이해가 있어야 하며, 그 이해를 퍼뜨려야 한다는 것을 알았다. 좋든 싫든 그 책임은 나한테 떨어졌다.

나는 이 책의 내용이 도움이 되기를 바라고, 정말로 우리 모두에게 좋은 일이기를 바란다. 여성 영웅 여정의 열쇠 중 하나는 우리가 이것을 함께 한다는 것이고, 그 안에 우리의 힘이 있다.

그래서, 이것을 읽고 이런 여정들을 읽어주신 데 대해 감사한다. 저자들을 사랑하고 그들을 지지해주신 것에 감사한다. 여성 영웅의 여정을 쓰고 소비해주신 것에 감사한다.

우리는 연결을 가지고 싸운다. 그러니 부디 나를 온라인에서 찾아주시거나, 혹은 내 웹사이트를 통해 한 줄 남겨주시거나, 나의 뉴스레터 치어럽(Chirrup)에 가입해주시거나, 서평을 써주시라. 아니면 당신이 사랑하는 다른 작가를 위해 그런 일을 해주셔도 좋다.

당신 자신과 다른 사람들에게 친절하길.
지원과,
연대와,
위안을.

인용과 참고 자료 설명

나는 의도적으로 내 참고 자료를 각주나 미주로 쓰지 않았다. 왜냐하면 솔직히, 요즘 같은 전자책 시대에는 그런 건 별로니까. 대신, 나는 이것을 두 부분으로 나누었다. 나는 당신이 이 부분까지도 재미있게 읽을 수 있도록 만들려고 노력했다.

인용

'인용'은 이 책에서 세부 사항을 집중적으로 다루고 직접 인용한 문서, 고고학적 파편, 출판물 등을 포함한다.

첫째, 나는 인용이 본문에 실제로 나타난 대로 구성했다. 그다음 내가 그것을 선택한 이유를 당신이 더 잘 이해할 수 있도록 몇 가지 추가 설명을 포함했다.

만약 당신이 더 읽고 싶을 때(그리고 내 작업을 확인하거나 스스로 결론을 내리려 할 때) 이것 덕분에 찾기가 쉬워졌으면 좋겠다. 나는 종이책과 전자책을 둘 다 읽기 때문에, 나의 일부 직접 인용의 기준점은 Loc이다. 이것은 위치 코드(location code: Loc)

로, 페이지 번호의 디지털 버전이다. 디지털 콘텐츠는 형태가 바뀔 수 있기 때문에, 페이지 번호는 유동적이며 그 결과 디지털에서는 의미가 없다. Loc는 책의 전체 단어 수에서 완료된 비율을 기준으로 한다.

참고 자료

두 번째 부분인 '참고 자료'에서, 나는 책에서 내가 이야기한 대중문화에 대한 내용을 백과사전 스타일의 간단한 소개글로 썼고, 이것은 프랜차이즈/일반명이나 제목별로 나열되어 있다. 나는 이 책과 관련이 있다고 느끼는 정보를 포함시켰고, 동시에 절묘하게 건방지게 썼다.

인용

익명의 비평가.(1966) "Extracting Emily," *Time*, 22 April 1966.

Budge, E. A. Wallis.(1911) *Osiris and the Egyptian resurrection*. (디지털 자료이기 때문에 Loc 숫자로 참조되었다). 어니스트 알프레드 톰슨 월리스 버지 경(1857-1934)은 영국 이집트학의 아버지로 널리 간주된다. 그의 작업은 의견과 사실을 혼동하는 경향과, 우주가 작동하는 방식에 대한 빅토리아 시대의 편견에 찬 개념, 그리고 오컬트에 대한 뚜렷한 신념에 영향을 받았다. 그러나 그의 이집트 신화 번역은 그 당시 서구 문화에 엄청난 영향을 미쳤으며, 따라서 이 신화들에 대한 사회의 전반적 지식 형성에도 영향을 미쳤다.

Budge, Ernest Alfred Wallis.(1960) *The Book of the Dead: The Hieroglyphic Transcript of the Papyrus of ANI, the Translation into English and Introduction by E.*

Wallis Budge, Late Kepper of the Egyptian and Assyrian Antiquities in The British Museum. Bell Publishing, New York. 나는 1879년 프랑스어로 처음 번역된 상형문자 텍스트인 *Les monuments egyptiens de la Bibliotheque nationale, Plates XXI-XXVII, Paris.*를 버지가 영어로 번역한 것에 특히 흥미가 있다.

Budge, Ernest Alfred Wallis.(1895) *The Book of the Dead*의 원본 출판물은 퍼블릭 도메인에 속하며, gailcarriger.com/HJ_Budge1895를 통해 온라인에서 볼 수 있다.

Burkert, Walter.(1985) *Greek Religion.* Harvard University Press. 데메테르 신화에 대한 2차 자료를 포함하고 있는 종합적인 가이드로, 1977년에 독일어로 처음 출간되었다. 고고학적 증거, 그 주제에 대한 고대 철학, 그리고 (무엇보다도) 선형 B 문자 비문(碑文)을 사용해 미노아-미케네 시대의 종교적 믿음, 의식, 축제, 사원, 종교 집전자와 종파들을 재구성한다. 이론의 여지가 있는 학문적 분석과 여전히 불분명한 역사 기록의 일부에 주목했다.

Carpenter, Julia.(2019) "Romance Novelists Write About Sex and Pleasure. On the Internet That Makes Them Targets for Abuse" article for *Glamour Magazine* online

June 25, 2019. gailcarriger.com/HJ_Carpenter를 통해 온라인에서 볼 수 있다.

Campbell, Joseph.(1949) *The Hero with a Thousand Faces*. Published by the Bollingen Foundation through Pantheon Press.(『천의 얼굴을 가진 영웅』, 조지프 캠벨, 이윤기 옮김, 민음사) 다양한 신화에서 발견되는 남성 영웅(원형으로서)의 여정을 기술하고 그 구조에 대한 캠벨의 이론을 다룬 비교 신화학 연구. 그의 분석은 프로이트의 개념, 융의 원형, 무의식적 힘, 그리고 통과의례 의식(예를 들어, 아놀드 반 게넵의 『분리, 입문과 귀환』)에 기반을 두었다.

Corelli, Marie.(1855~1924) 영국 소설가이자 문학적 성공을 거둔 작가(1886년부터 제1차 세계대전까지)로 엄청나게 대중적이고 고딕 스타일의 영향을 받은 로맨스 소설들을 썼으며, 이 소설들은 또한 오컬트, 미스터리, 기독교적 도덕성을 결합했다. 그녀는 그 당시 남성 동료들보다 훨씬 더 팔렸는데도 역사학자와 문학 비평가들에게 대체로 무시당해왔다.

Homer. *Homeric Hym to Demeter* translated by Gregory Nagy (no date given). Center for Hellenic Studies, Harvard University. 이 신화의 가장 흔하게 사용되는 번역본 중 하나다.

하버드 대학교에서 온라인으로 이용할 수 있다. gailcarriger.com/HJ_Nagy

Larsen, Stephen and Robin Larsen.(2002) *Joseph Campbell: A Fire in the Mind*. Inner Traditions. 조지프 캠벨의 공식 전기는 친구들과 동료들의 목소리를 통해 그의 인생과 개인적인 관점을 다루고 있다. 캠벨의 공책과 일기를 읽었던 그의 두 제자가 썼다.

Murdock, Maureen.(1990) *Heroine's Journey : Woman's Quest for Wholeness*. Shambhala Publications.(『내 안의 여신을 찾아서』, 모린 머독, 고연수 옮김, 교양인) 조지프 캠벨의 학생인 머독은 이 책을 부분적으로 캠벨의『천의 얼굴을 가진 영웅』에 대한 반박으로 출판했다. 융 학파 치료사인 머독은 여성 영웅의 여정을 주로 온전한 자신을 찾기 위한 치료적 과정으로 보았고, 그 이야기 형식은 구조적으로 남성 영웅의 것과 유사하다고 보았다. 더 많은 정보는 온라인에서 찾을 수 있다. gailcarriger.com/HJ_Murdock

Plutarch.(1936 translation by F. C. Babbitt) *De Iside et Osiride and Moralia. Vol. v: Isis and Osiris* (transl.) London and Cambridge, MA. 온라인에서 *Plutarch's Morals, Theosophical*

Essays, Isis's quest, section 18 translated by Charles William King (1908)으로도 찾을 수 있다. 다음 온라인 주소에서 더 많은 정보를 찾을 수 있다. gailcarriger.com/HJ_Plutarch

Rogers, Deborah D.(1994, editor) *The Critical Responses to Ann Radcliffe.* Greenwood Press, Connecticut and London. 래드클리프의 생전과 사후에 그녀와 그녀의 작품에 대해 역사적으로 기록된 의견과 비평적 서평의 모음. 거기에 현대의 에세이와 분석을 더했다. 다소 긍정적으로 편향된 것 같고, 부정적인 서평은 의도적으로 피하고 있다.

Radcliffe, Ann.(1764~1823) 영국 작가이자 고딕소설의 개척자, 자기 시대의 가장 인기 있던 작가이자 1790년대에 가장 높은 보수를 받은 작가. 그녀의 가장 잘 알려진 작품은 나중에 제인 오스틴이 『노생거 사원』(1817)으로 패러디한 『우돌포의 비밀』(1794)이다. 그녀는 결국 오늘날 우리가 아는 로맨스 장르를 탄생시킨 낭만주의 작가 한 세대에 영향을 미쳤다.

Schmidt, Victoria Lynn.(2001) *45 Master Characters: Mythic Models for Creating Original Characters.* Writer's Digest Books.(『이야기를 창조하는 캐릭터의 법칙』, 빅토리아 슈미트, 남길영 옮김, 바다출판사) 신화와 옛날이야기의 기초 양쪽을 다 활용

하여 인물 원형을 분석하고 인안나와 여성 영웅의 여정에 대해 논의한다.

Scott, William Stuart.(1955) *Marie Corelli: The Story of a Friendship.* Hutchinson, London.

Siculus, Diodorus.(1933 translation by C. H. Oldfather) *Library of History: Book 1.* Kondon and New York.

Shaw, Garry J.(2014) *The Egyptian Myths*. Thames & Hudson. 여러 이집트 신화에서 모은 이차 자료. 출처와 상충되는 설명에 주의를 기울인다.

Watt, Ian.(1957) *The Rise of the Novel: Studies in Defoe, Richardson, and Fielding.* Los Angeles and Berkeley, University of California Press.

Wolkstein, Dian and Kramer, Samuel Noah. (1993) *Inanna: Queen of Heaven and Earth.* Harper & Row. 번역된 고고학적 파편들과 여러 저자들의 해석에 대한 에세이의 복합적 모음. 세기의 전환기에 서로 다른 두 군데 대학에서 수집된 증거를 바탕으로 한다.

참고 자료

- 배트맨 캐릭터. DC 코믹스의 슈퍼히어로 캐릭터로, 아티스트 밥 케인과 작가 빌 핑거가 창조했다. 그는 1939년 《디텍티브 코믹스》 27호에 맨 처음 등장했고, 수 년 동안에 걸쳐 어린이 중심의 실사 TV 프로그램뿐만 아니라 애니메이션 TV 시리즈, 여러 편의 영화, 비디오 게임으로 제작되었다.
  ⇒ 게일의 평가: 보통 전형적인 바이런적 남성 영웅으로 그려진다.

- <배틀스타 갤럭티카>(2004~2009) TV 시리즈. 로널드 D. 무어가 개발한 SF TV 시리즈 스페이스 오페라. 글렌 A. 라슨이 창조한 1978년 <배틀스타 갤럭티카> TV 시리즈의 리부트.
  ⇒ 게일의 생각: 그 당시 큰 인기를 끌었지만, 형편없는 마지막 시즌 때문에 비판받았다. 나는 이것이 부분적으로 여성 영웅의 여정과 남성 영웅의 여정 사이의 충돌의 결과라고 믿는다.

- <블랙 팬서>(2018) 영화. 동명의 마블 코믹스 캐릭터에 바탕

을 둔 슈퍼히어로로 영화. 엄밀히 말하면 오리진 스토리이지만, 보통 기대하는 발견과 자기표현의 전형적인 트로프들은 갖고 있지 않다.

⇒ **게일의 분석:** 이 영화는 적과의 일대일 대결에서 적을 물리치고 신체적 폭력을 표출하는 것이 승리로 연결된다는 점에서 남성 영웅 여정의 요소들을 갖고 있다. 또한 죽은 아버지/멘토 인물과 죽음이 나온다(한번이 아니라 두 번이나). 반면에, 동료의 상실과 고립이 위험과 죽음 직전의 상황을 초래한다는 점에서 여성 영웅 여정의 트로프들도 갖고 있다. 주인공을 되살리기 위해 도움이 요구된다. 탐색하는 동료들은 가족(어머니, 누이, 연인)이다. 블랙 팬서의 힘은 네트워킹을 통해 되살아난다. 그리고 그는 자신의 친구들이 그를 지켜주리라 믿는다. 또한, 이 영화는 집단 행동, 잠입, 유용한 정보 교환, 그리고 스파이 활동 같은 요소들을 많이 갖고 있다(특히 처음 절반 동안)—케이퍼 무비의 전형적 특징이다. <블랙 팬서>는 공동체에 대한 헌신으로 끝나지만, 마지막 장면은 고독한 모습이다. 결정적으로, 남성 전사들은 방어적인 초자연적 능력을 부여받고, 여성 전사들은 공격적인 능력을 받는다. 솔직히, 나는 이것이 너무 혼란스럽고 최소한 의견을 표현하고 싶기 때문에 여기에 포함시켰다. 따져 보면, 남성 영웅의 여정도 여성 영웅의 여정도 단독 골조로 사용하지 않은 성공적인 대중문화 작품의 예시이다. 놀랍다.

◆ <캡틴 마블>(2019) 영화. 안나 보든과 리안 플렉이 각본과 감독을 맡은 동명의 마블 코믹스 인물에 바탕을 둔 슈퍼히어로 영화.
⇒ 게일의 분석: 버디 형사 코미디가 여성 영웅의 여정을 만나다.

◆ 「옥수수밭의 아이들」(1977). 스티븐 킹의 소설. 처음에 <펜트하우스> 잡지에 출간된 호러 단편이고, 나중에 『나이트 쉬프트』(1978) 선집에 실렸다. 뉴 월드 픽처스에서 영화화(1984)했고, 그다음 프랜차이즈 영화(1992~2018)가 되었고, 2009년 폭스21 텔레비전이 사이파이 네트워크를 위해 TV용으로 리메이크했다.
⇒ 게일의 반응: 무섭다.

◆ <CSI: 과학 수사대>(2000~2015) TV 시리즈. CBS에서 15시즌 동안 방영된 경찰 수사 범죄 드라마 TV 시리즈.
⇒ 게일의 생각: 남성 영웅이 남성 영웅의 여정에서 집단을 이끌다가 시간이 지나면서 여성 영웅으로 변하는 사례.

◆ <위험한 관계Dangerous Liaisons>(1988) 영화. 피에르 쇼데를로 드 라클로의 18세기 프랑스 서간체 소설 『위험한 관계Les liaisons dangereuses』를 각색해 크리스토퍼 햄튼이 시나리오를 쓴 시대 배경 드라마 영화. 이 원작은 매우 상징적인 작품이고, 연극, 오

페라, 발레, 일곱 편의 영화로도 각색되었다. 내가 가장 좋아하는 1988년작 말고도 *Les liaisons dangereuses*(1959), *Une femme fidele*(1976), *Valmont*(1989), *Cruel Intentions*(1999), *Untold Scandal*(2003), *Dangerous Liaisons*(2012)가 있다.*
⇒ 게일의 평가: 고딕 원형을 역사 멜로드라마로 재포장한 훌륭한 예시이다.

◆ <데드풀>(2016) 영화. 렛 리스와 폴 워닉이 시나리오를 쓴, 동명의 마블 코믹스 인물에 바탕을 둔 슈퍼히어로 영화.
⇒ 게일의 생각: 데드풀은 더욱 전형적인 남성 영웅의 여정 위에 있는 전형적인 바이런적 안티히어로이다. 그 사랑스러운 여자 친구는 절대로 끝까지 버텨내지 못할 것이었다.

◆ <다이 하드>(1988) 영화. 스티븐 E. 드 소우자와 젭 스튜어트가 시나리오를 쓴 액션 스릴러 영화(로더릭 소프 Roderick Thorp의 1979년 소설 『영원히 지속하는 것은 없다 Nothing Lasts Forever』가 원작이다).
⇒ 게일의 분석: 남성 영웅의 여정의 상징적인 예이며, 갇힌 공간의 서스펜스와 재난 스토리라인의 비트들을 정의하게 되었다.

* 1989년 영화는 <발몽>으로, 1999년 영화는 <사랑보다 아름다운 유혹>으로 국내 개봉되었으며, 한국에서 2003년 <스캔들>로 각색되기도 했다.

◆ 다이버전트 책 시리즈(2011~2013)와 영화 시리즈(2014~2016). 베로니카 로스의 세 권의 YA 디스토피아 SF 모험 소설(『다이버전트』, 『인서전트』, 『얼리전트』)가 동명의 세 편의 영화가 되었다.
⇒ 게일의 평가: 주인공 트리스는 비극적인 남성 영웅의 여정에 참여했고 그 여정은 결국 그녀의 자기희생적 죽음으로 끝나게 되는데, 이것은 독자들을 양분시켰다. 분석에 따라 비극적인 여성 영웅의 여정으로 보일 수 있고, 이것이 일부 독자들이 느낀 배신감을 설명할 수 있다.

◆ 듄 프랜차이즈. 프랭크 허버트의 소설 『듄』(1965)에서 시작된 SF 스페이스 오페라 프랜차이즈. 『듄』은 필시 역대 가장 많이 팔린 SF 소설일 것이며, 영화(1984와 2020), TV 미니시리즈(2000), 게임들로 각색되었다.
⇒ 게일의 생각: 『듄』은 다중 시점을 사용하며, 전형적인 남성 영웅의 여정의 여러 서사적 요소들을 차용하고 있다.

◆ <ER>(1994~2009) TV 시리즈. 소설가이자 의사인 마이클 크라이튼이 만들고 NBC에서 방영된 메디컬 드라마 TV 시리즈(경찰 수사극적 요소가 있음).
⇒ 게일의 분석: 여성 영웅의 여정일 가능성이 높은 이야기에서 집단을 이끄는 여러 남성 영웅과 여성 영웅들의 예시. 이렇게 장기적으로 방영된 경우, '성공적인 결과'를 뭐라고 정의하기가 어렵다.

◆ <익스팬스>(2015년부터 진행 중) TV 시리즈. 제임스 S. A. 코리의 『익스팬스: 깨어난 괴물』 소설을 원작으로 한 SF 정치 스페이스 오페라 TV 시리즈.
⇒ 게일의 생각: 남성 영웅의 여정이 될 수도 있고 여성 영웅의 여정이 될 수도 있는 서사 구조에 여러 남성 영웅과 여성 영웅들이 나오는 다중 시점 서사의 예시이다. 결말을 알지 못하고는 말하기 어렵다.

◆ <파이어플라이>(2002~2003) TV 시리즈. 스페이스 오페라가 서부극 TV 시리즈를 만나다. 작가, 감독, 총괄 프로듀서인 조스 웨던이 그의 뮤턴트 에네미 프로덕션 레이블 아래에서 제작했다.
⇒ 게일의 분석: 조기에 취소되었지만, 후속 영화 <세레니티>(2005)와 함께 고려해보면, 이것은 아마도 여성 영웅의 여정 골조를 가지고 있을 가능성이 높다.

◆ <왕좌의 게임>(2011~2019) TV 시리즈. 데이비드 베니오프와 D. B. 와이스가 만들고 HBO에서 방영된 에픽 판타지 TV 시리즈. 조지 R. R. 마틴의 『얼음과 불의 노래』의 각색으로, 다중 시점의 정치 중심 에픽 판타지 시리즈다. 장미 전쟁을 포함해 다양한 역사적 사건들을 바탕으로 했다고 널리 믿어진다.
⇒ 게일의 노트: 책 시리즈는 이 글을 쓸 당시 완결되지 않았지만,

TV 프로그램은 여정의 패턴과 의도에 대해 어느 정도의 통찰을 주고 있다. 이것은 여러 남성 영웅과 여성 영웅들이 아마도 남성 영웅 여정의 골조에 나오는 다중 시점 서사의 예시이다.

◆ <걸즈 트립>(2017) 영화. 말콤 D. 리가 감독하고 여행과 여성 우정에 초점을 맞춘 코미디 영화.
⇒ 게일의 노트: 이 영화는 남성과의 이성애적 로맨스들뿐만 아니라 여성의 우정과 플라토닉한 관계의 형태를 집단 안에서 묘사하고 있다. 이것은 여성 영웅의 여정이다.

◆ 해리 포터 캐릭터. J. K. 롤링이 쓴 해리 포터 시리즈(1997~2007)의 주역. 시리즈는 일곱 권의 책으로 이루어져 있고, 첫 번째 권은 『해리 포터와 마법사의 돌』이다. 같은 내러티브 아크를 따르는 각색 영화가 여덟 편(2001~2011) 있다. 이 책에서, 나는 보통 책과 영화 둘 다를 포함하는 이 전부를 '해리 포터 프랜차이즈'라고 부른다.
⇒ 게일의 생각: 나는 이유가 있어서 이것을 여성 영웅 여정의 예로 사용한다.

◆ <하우스 M.D.>(2004~2012) TV 시리즈. 진단 의학 팀을 이끄는 의학 천재 그레고리 하우스 박사가 나오는, 폭스 네트워크에서 방영된 TV 의학 드라마.

⇒ **게일의 평가:** 이것은 의료 수사를 골조로 한 셜록 홈즈의 의사 버전이다(그렇다, 그의 참을성 많은 절친의 이름은 윌슨이다……. 윌슨 씨 거기서 뭘 했나요). 꼭 홈즈처럼, 하우스는 분명히 남성 영웅이다. 그러나 장기 방영되는 수사 드라마의 애매한 특성상 전체적인 이야기가 없기 때문에, 이 프로그램에 여정 구조를 적용하는 것은 거의 불가능하다(그리고 기본적으로 불필요하다).

◆ 헝거 게임 삼부작(2008~2010)과 영화 시리즈. 수잔 콜린스가 쓴 세 권의 YA 디스토피아 SF 모험 소설『헝거 게임』(2008), 『캣칭 파이어』(2009),『모킹제이』(2010)가 같은 이름의 네 편의 장편 영화로 제작되었다(세 번째 책은 두 부분으로 나뉘었다). ⇒ **게일의 평가:** 주인공 캣니스 에버딘은 여성 영웅의 여정과 성년 YA 서사에 고유한 많은 트로프들과 원형들을 포함하는 여성 영웅의 여정을 겪는다. 여기에는 사랑의 삼각관계와 파트너십, 위임 그리고 구원의 주제가 포함된다. 그녀의 행동을 처음 촉발한 것은 그녀의 여동생 프림로즈를 제거하겠다는 위협이다.

◆『일리아드』시. 호메로스의 작품이라고 하는 트로이 전쟁 배경의 고대 그리스 서사시.
⇒ **게일의 노트:** 극도로 감정적인 영웅 아킬레우스와 그의 절친/연인/배경 인물 파트로클로스가 등장한다.

◆ 제임스 본드(1953년부터 진행 중) 캐릭터. 스파이 서스펜스 장르 속의 남성 영웅의 상징적인 예시. 그 스파이 서스펜스 장르는 책, 영화, 라디오극, 만화, TV 프로그램, 비디오 게임, 기타를 포함하는데, 이 모든 것은 작가 이언 플레밍이 창조한 허구의 영국 비밀정보부 요원 제임스 본드에 초점을 맞춘다. 플레밍은 열두 권의 본드 소설과 두 권의 단편집을 썼다. 그가 죽은 후(1964) 다른 여덟 명의 작가들이 그의 뒤를 이어 횃불을 집어 들었다(또는 총이라고 말해야 할까?). 제임스 본드 영화는 역사상 가장 오랫동안 지속된 영화 시리즈가 되었다.
⇒ 게일의 노트: 본드는 전형적인 남성 영웅이다. 심지어 원형적인 남성 영웅이라고까지 말할 수 있다.

◆ 잭 리처 캐릭터. 리 차일드가 쓴 스릴러 서스펜스 책 속의 허구의 인물. 그는 1997년부터 1년에 대략 한 권의 속도로 쓰고 있다. 주인공은 전직 미군 경찰로 (주로) 미국을 떠돌며 이상한 일자리를 구하고, 의심스러운 활동을 조사하다가 위험에 빠진다. 톰 크루즈가 나오는 두 편의 영화(2012, 2016)로 각색되었다.
⇒ 게일의 분석: 스릴러 장르 안에서 남성 영웅의 여정을 가고 있는 주인공의 매우 인기 있는 예이며, 이 장르는 보통 남성 영웅에 잘 어울린다.

◆ 지브스 캐릭터. 여러 번 영화와 연극으로 각색된 P. G. 우드하우스의 코미디 소설 및 단편소설 시리즈에 나오는 허구의 인물. 집사나 하인을 의미하는 단어로 문화적 어휘에 들어왔다.
⇒ **게일의 생각**: 지브스는 부유하고 한가한 바보 버티 우스터의 영리하고 유능한 하인이다. 그는 우스터와 똑같이 어리석은 그의 친구들을 일련의 연애 문제와 다른 곤경들에서 구하느라 시간을 보낸다. 그는 현명한 하인 원형의 완벽한 예시이다.

◆ <로 앤 오더>(1990~2010) TV 시리즈. 경찰 수사가 법정 드라마를 만난 TV 시리즈. 딕 울프가 만들고 NBC에서 20시즌 동안 방영되었다.
⇒ **게일의 분석**: 남성 영웅과 여성 영웅 원형이 작용하는 것을 발견할 수 있지만, 이야기 여정의 분석이라는 관점에서 다른 장기 방영 수사극들이 가진 문제들과 유사한 문제들을 가지고 있다.

◆ 『반지의 제왕』(1937~1949) 책. J. R. R. 톨킨이 세 권으로 쓴 하이 판타지 소설이고, 세 편의 영화로 나왔다. <반지 원정대>(2001), <두 개의 탑>(2002), <왕의 귀환>(2003). 그 당시 가장 인기 있던 책 중 하나. 톨킨은 하이 판타지의 아버지로 널리 간주된다.
⇒ **게일의 생각**: 톨킨에 대한 분석은 많이 나와 있다. 이 책/시리즈는 다중 시점이고 복잡하다. 그러나 여러 명의 남성 영웅들(과 몇

명의 여성 영웅들)이 여러 가지 여정을 떠나는 구성으로, 이는 방대한 판타지의 특징 중 하나이다.

- ◆ <레버리지>(2008~2012) TV 시리즈. 코미디 요소가 있는 하이스트/케이퍼 드라마 TV 시리즈.
  ⇒ **게일의 느낌**: 나는 이 프로그램을 정말 좋아한다. 이 프로그램은 다섯 명으로 된 안티히어로 팀을 따라가며 로빈 후드 내러티브 장치를 사용한다. 이것은 다중 시점이지만 여성 영웅의 여정을 강하게 시사하는 이야기가 깔려 있다.

- ◆ <러브, 사이먼>(2018) 영화. 베키 앨버탤리의 YA 책 『사이먼 대 호모 사피엔스 아젠다 Simon vs. the Homo Sapiens Agenda』(2015)를 원작으로 이삭 앱테이커와 엘리자베스 버거가 시나리오를 쓴 로맨틱 십 대 코미디 드라마.
  ⇒ **게일의 생각**: 현대적인 배경에서 표준적인 십 대 로맨스 트로프가 적용된 교양 있는 여성 영웅 여정의 좋은 예시.

- ◆ <맨 인 블랙>(1997) 영화. 에드 솔로몬이 시나리오를 쓴 SF 버디 형사 코미디 영화. 지구의 외계 생명체를 감독하는 임무를 맡은 인물들이 등장하며, 동명의 만화 시리즈를 기반으로 하지만 원작 만화와는 상당히 다른 분위기를 띤다.
  ⇒ **게일의 생각**: 남성 영웅 한 명과 여성 영웅 한 명이 등장하는

여성 영웅 여정의 골조를 가진, SF와 버디 코미디의 상징적인 조합이다.

◆ 셜록 홈즈 캐릭터. 여러 책, 영화, TV 프로그램의 주인공. 아마도 세계에서 가장 잘 알려진 가상의 탐정. 아서 코난 도일 경이 창조했고, 1887년 처음 지면에 나타났다. 도일은 종종 코지 미스터리의 아버지로 언급되며, 애거서 크리스티는 어머니로 불린다.
⇒ **게일의 분석:** 대부분의 홈즈 미스터리는 그의 룸메이트 왓슨이 액자 내러티브 기법을 사용하고, '설명하는 사이드킥' 플롯 장치를 활용하여 이야기한다.

◆ 스파이더맨 캐릭터. 작가 겸 편집자인 스탠 리와 작가 겸 아티스트인 스티브 딧코가 《어메이징 판타지》 15호(1962)에서 창작한 마블 코믹스의 슈퍼히어로 캐릭터. 수많은 영화, 텔레비전 프로그램, 비디오 게임으로 각색이 되었다.
⇒ **게일의 생각:** 아마도 만화책 세계에서 YA 성장 서사의 주요한 예시일 것이다.

◆ <스파이더맨: 뉴 유니버스>(2018) 영화. 마일스 모랄레스 버전의 스파이더맨이 나오는 슈퍼히어로 애니메이션 영화.
⇒ **게일의 생각:** 성년 남성 영웅의 여정 YA 서사(일명 대부분의 성

장소설Bildungsroman에서 다루어지는 감정적, 심리적, 도덕적 여정의 액션 버전)의 전형적인 예시. 여러 친구/멘토 캐릭터들, 사악한 삼촌, 일대일 전투에서의 폭력적인 승리를 포함하며, 그 결과 내면의 힘을 발견한다는 것과 어른의 책임이라는 부담에 대한 전형적인 메시지를 준다.

◆ <스타 트렉: 오리지널 시리즈>(1966~1967) TV 시리즈. 진 로든버리가 만든 SF TV 시리즈.
⇒ **게일의 분석:** 주로 버디 코미디/드라마이며, 단 한 명의 남성 영웅과 두 명의 배경 인물만 등장한다(본즈는 여성적인 것을 대표하고, 스포크는 현명한 바보 원형이다). 시리즈가 예정보다 빨리 종료되었고 확연한 에피소드 형식이었기 때문에, 궁극적으로 어떤 여정이 의도되었는지 알기 어렵다.

◆ <스타 트렉: 더 넥스트 제너레이션>(1987~1994) TV 시리즈. 진 로든버리가 만들고 앙상블 캐스트가 나오는 스페이스 오페라 TV 시리즈.
⇒ **게일의 생각:** <스타 트렉: 오리지널 시리즈>의 평등주의 버전 후속 시리즈로, 선장이 보다 위임하는 인물이 된다. (적어도) TV 시리즈는 여성 영웅의 여정인 것 같아 보인다.

◆ <스타 워즈>(1977) 영화. 일명 <스타워즈 오리지널> 또는

<스타워즈: 에피소드 IV―새로운 희망>. 조지 루카스가 쓰고 감독한 SF 영화이고, 오리지널 <스타워즈> 3부작 중 첫 번째 영화다. 그다음 <제국의 역습>(1980)과 <제다이의 귀환>(1983)이 뒤따른다.
⇒ **게일의 노트:** 의도적으로 남성 영웅의 여정을 표현한 것으로 널리 알려져 있다.

◆ <스타워즈>(1999) 프리퀄 영화. 일명 <스타워즈: 에피소드 I―보이지 않는 위험>. 조지 루카스가 쓰고 감독한 SF 영화이고, 두 번째 <스타워즈> 삼부작 중 첫 번째 영화이며, <클론의 습격>(2002) 과 <시스의 복수>(2005)가 뒤따른다.
⇒ **게일의 노트:** 여러 가지 이유로 이 영화들이 상당히 비난받고 있다는 것 외에는 이것들에 대해 솔직히 할 말이 별로 없다.

◆ <슈퍼걸>(2015부터 진행 중) TV 시리즈. DC 코믹스의 캐릭터 슈퍼걸(오토 빈더와 알 플라스티노가 창조)을 바탕으로 제작된 슈퍼히어로 TV 시리즈이며, '애로우버스Arrowverse' 프랜차이즈의 세계관 속에 포함돼 있다.
⇒ **게일의 생각:** 이 글을 쓰는 시점에서는, 이 시리즈는 여전히 전형적인 여성 영웅의 여정에 초점을 두고 있는 것으로 보인다.

◆ <내가 사랑했던 모든 남자들에게> 책과 영화. 이 책에서 인

용한 텍스트는 2014년 제니 한의 YA 로맨스 소설과 수잔 존슨이 감독한 2018년 영화 둘 다이다.
⇒ 게일의 분석: 여성 영웅의 여정이자 전형적인 로맨틱 십 대 코미디. YA 로맨스 장르의 많은 트로프와 원형들을 사용했다. 가짜 남자친구, 비밀 짝사랑, 오해와 화해, 복잡한 가족 역학, 죽은 부모, 공개적인 굴욕, 자기 발견, 그리고 성장.

◆ 트와일라잇 사가 영화 프랜차이즈와 책 시리즈. 이 책에서 활용한 텍스트는 스테프니 메이어의 네 권의 로맨틱 판타지 YA 소설들(2005~2008)과 서밋 엔터테인먼트에서 제작한 다섯 편의 영화(2009~2012)를 가리킨다. 각 편의 제목은 <트와일라잇>, <뉴 문>, <이클립스>, <브레이킹 던>(이 마지막 영화는 두 편으로 나뉘었다)이다.
⇒ 게일의 노트: 이 프랜차이즈는 여성 영웅의 여정이고 엄청난 상업적 성공을 거두었다.

◆ <사랑을 기다리며> 책과 영화. 이 책에서 활용한 텍스트는 테리 맥밀란의 1992년 소설과 포러스트 휘태커가 감독한 1995년 영화 둘 다이다.
⇒ 게일의 노트: 책과 영화 둘 다 이성애적 로맨스뿐만 아니라, 어떤 경우에는 그것을 대신하여, 여성 간의 우정과 플라토닉한 관계에서의 권력을 그린다. 이것은 여성 영웅의 여정이다.

◆ 울버린 캐릭터. 1974년 마블 코믹스에서 처음으로 책으로 등장한 허구의 안티히어로 슈퍼히어로로, 로이 토마스, 렌 웨인, 존 로미타 시니어가 창작하고 허브 트림프가 출판을 위해 그림을 그렸다. 울버린은 애니메이션 TV 시리즈, 비디오 게임, 영화에 나왔다.
⇒ **게일의 생각:** 아마도 현대에 가장 잘 알려진 바이런적 남성 영웅의 새로운 버전일 것이다.

◆ <원더우먼>(2017) 영화. DC 코믹스의 동명의 캐릭터에 바탕을 두고 앨런 하인버그가 각본을 쓴 슈퍼히어로 영화.
⇒ **게일의 노트:** 전형적인 남성 영웅 여정의 가장 뛰어난 최신 사례 중 하나.

감사의 말

저자가 부탁한 가장 훌륭한 초기 독자 그룹에게 나의 가장 깊은 감사를 전한다. 여러분의 바쁜 생활과 훌륭한 원고 작업 중 시간을 내어 나의 원고를 도와준 것에 감사한다.

여러분은 나의 여성 영웅들이다. 아사 마리아 브래들리, 로렌 해리스, 파이퍼 J. 드레이크, 테스 라이더, 스테파니 버지스, 리베나 알트먼, 크리스틴 넬슨, 안젤리카 R. 잭슨, 크리스티나 뵈켈루, 타이, 조시 스토리, 마리사 프라이스트, 레아 커크, J. 다니엘 소여.

그리고 마감 시간이 훨씬 짧았는데도 최선을 다해 준 두 번째 검토 과정에 참여한 리사 루트, 타니아 J. 닐슨과 재니스에게 감사한다.

나의 지역 로맨스 작가 모임, 《로커스 매거진》, 그리고 나에게 여성 영웅의 여정을 발표로 시험해보게 해주어 예상치 못한 작가 그룹에서 문제들을 해결하게 해준 브론원 에모리에게 감사한다.

그리고 이 책을 읽어주신 모든 독자들에게 매우 감사드립니다. 만약 이 책을 즐겁게 읽으셨다면, 부디 서평에 그렇게 적어주십시오. 여러분이 그렇게 하는 데 들인 시간에 감사드립니다.

마지막으로, 그녀의 평소 관심사가 아닌데도 이 엉망진창인 원고를 교정하기 위해 나선 문셀 북스의 셸리 베이츠에게 감사드린다.

여자는 우주를
혼자 여행하지 않는다

2025년 8월 6일 초판 1쇄 발행

글 게일 캐리거 • **번역** 송경아
편집 이기선, 김희중 • **디자인** Firstrow
펴낸곳 원더박스 • **펴낸이** 류지호
주소 (03173) 서울시 종로구 새문안로3길 30, 대우빌딩 911호
전화 02-720-1202 • **팩시밀리** 0303-3448-1202
출판등록 제2024-000122호(2012. 6. 27.)

ISBN 979-11-92953-53-3 (03800)

- 잘못된 책은 구입하신 서점에서 바꾸어 드립니다.
- 독자 여러분의 의견과 참여를 기다립니다.
  블로그 blog.naver.com/wonderbox13 • 이메일 wonderbox13@naver.com

* 이 책은 아모레퍼시픽의 '아리따 글꼴'을 사용하여 디자인되었습니다.